樹蔭的溫柔

La Douceur de l'ombre

第一本關於樹的情感年表,
看樹如何撩撥想像、觸動心靈、
成為生命永恆的連結

Alain Corbin
當代感官史巨擘——阿蘭・柯爾本——著
張喬玟——譯

樹木不需要自我就能存在。
這個形式下的生命是純粹的自我，沒有主觀，沒有投射。
在樹木面前，我有幸直接接接觸未知，即非我。

——伊夫·博納富瓦[1]

編按：本書註解除了註明「作者註」的條目外，皆為譯註。以[]括起處為文獻出處註解，見全書末「參考文獻」。

Contents

Contents

引言

「他懂得看樹[1]。」貝璣[2]這麼寫雨果，言下之意是撇開他認為雕章鏤句的部分不談，這位偉大的法國國民詩人首先是名異教徒。這就是本書的目的：跟隨那些自古至今「懂得看樹」的人的腳步。

賀拉斯[3]、維吉爾[4]、阿里奧斯托[5]、龍沙[6]、杜爾菲[7]和拉封丹[8]，都懂得看樹。接下來還有盧梭、歌德、諾華利斯[9]，法國的夏多布里昂[10]、施南古[11]、莫里斯·德·葛航[12]，之後是維爾哈倫[13]、普魯斯特、法蘭西斯·蓬日[14]和博納富瓦。當然，以上舉的都是作家，而我們還會在這場漫步中遇到畫家。

他們都曾因眼前的樹木神魂震動，著迷於它作為天地間信使那循環不息的能力。他們讚賞過，也曾為這至高無上的植物悚然心驚。幾乎每個人都巴望過、聆聽過樹木說話。有些人期望從樹木傳達的訊息中得益，讓它成為他們的心靈導師，與之對話；還有比較罕見的一群人則試圖與樹木融為一體，向之示愛。

如此豐多的感覺與情感化為行動：躺在綠蔭下放鬆度日、冥想、遁逃、隱伏、躲避、攀爬……這種種行為都是在回應內心深處的衝動。

我寫的不是對樹木興味盎然的舉動、臣服及眷戀；然而在那些訴說他們情感的人當中，有很多也指出自己擁抱、親吻過樹木。有些人嘗試將身體嵌進樹皮，企盼植物能讓此印記長大；更極端的一些人甚至在臨亡前希望自己的基因能傳遞進墳樹裡。

本書邀請大家走一趟漫漫長途。我們不去森林，因為木隱於林，主要是看看鄉間的樹木、籬笆樹、卓然不群的野樹及家樹。這些樹令人激動了好幾個世紀，而要分析這些情感的多樣性即使連篇累牘也難以盡寫。不要把本書與植物學、森林開發或是針對樹木的民俗集體表現、樹木披上的政治象徵還有（重於一切的）它引起哲思的效果混淆了，那些東西今日都已了無新意。

書中提到的只是一些千百年來能言擅寫的人，特別是傳達作為本書背景的感受：**因為樹木的乍現及存在而動魄驚心**。

看樹的眼光

在分析之前，樹木確實驚奇駭異，特別是乍見之際。自古以來，這種衝擊拈來皆是，泰奧弗拉斯托斯[15]或老普林尼[16]的作品皆可為證[2]。在千百年來的西方文學中頻頻出現的普遍性題材，即人們歡慶令人嘆為觀止的樹木（無論是老橡樹、栗樹還是加州巨杉）所強加在人身上的形象，就是由他們的文字首開其端。整個中世紀下半的驚嘆則集中在旅人及商販描述的東方邊境樹木上。

從現代[17]初期開始，與熱帶植物面對面，令人耳目一新，強化了這種動人心魄的感覺，還有圍繞在樹木上的極樂快感。凝視著從未遭受砍伐、被視為紀念物的樹木，讓人有些醺醺然[3]。見到意料之外的植物的全新未知體驗，這種面對人類不熟悉的樹木的陌生感（inamicalité），引發矛盾的情感。的確，在這種感覺中還摻雜了對樹木的生命力和凌駕時間的神化，在達爾文對巴伊亞州[18]地區樹木的描寫中，就可以讀到。亞歷山大・馮・洪堡德[19]在柏林植物園的古塔內看見龐大無比的龍血樹，震愕無語，這個意外「與植物王國的彪然巨木直接面對面」所觸發的衝擊，讓他矢志成為學問淵博的探險家[4]。

有三種看樹的眼光經常被混淆。因乍見樹木而感覺驚異離奇的人，可以單純把樹木視為景觀，或是馬上認定樹木代表生機，又或是想像萬物的內在本質，讓它們躍躍勃動的生命力。我們從這裡可以隱隱看見一個人類共有的經驗：樹木讓人思考，因為它是一個謎[5]。

樹所引發的多樣情感

樹木的厚實最先教人驚異，而厚實讓人聯想到莊嚴；自古以來這種印象就再三重演，無論是以西結[20]還是維吉爾都有過。有時過度的莊嚴會令人不安，因此霍傑・凱窪[21]提過樹木「雄偉壯麗，極易望之而生畏[6]」。另外還有一種情感：樹木搖擺自如，所以優雅。因此牧師吉爾平[22]盛讚梣樹的纖柔、梣葉的稀疏通透、那勻稱而千變萬狀的搖曳方式——一言以蔽之，它天然單純。最後也是最主要的一點：樹木散發出剛健雄勁、生機勃勃的印象，所以震撼人心。在這一點上，樹木值得學習：它勵人向上。同樣根據吉爾平的說法：「沒有什麼比一棵樹的枝葉，更能給人生機煥發這種快樂的念頭[7]。」

這麼說來，樹木的衝勁是我們最主要的感受，保羅．嘉登[23]寫道：「往天際竄高的衝勁，如呼喊，如飛箭，〔……〕像一股恰到好處的力量還有努力的完美成果[8]。」賈斯頓．巴什拉[24]說看著樹木所觸發的驚異，會讓人想要「親密體驗植物的扶搖直上」「感受整個天地間那同樣的向上力量[9]」。這種對樹木成長的迷戀促成了篤信樹液的力量——即欲望的力量。這樣的感受成為米榭勒[25]作品的**宗旨**：認為樹木主要是衝勁、渴望、志在高處。凝視樹木會有一種感受，就是除了峻直，沒有其他動作：它是一把站立的火燄。

除了這一連串遇上樹木產生的感受，還有面對其神祕時必定會懷有的印象，而樹木成長時謎樣的安靜更加強了這個印象，給人平和的感受。樹木在無形之中茁發生長，不聲不響，撩起人們浩瀚無垠的幻想。施南古寫道：「我身邊這棵年輕松樹的莖桿英挺，牢不可拔，直伸天際，似乎毫無生氣，也沒有動作；可是它屹立不死，要是它認識自己，就會知道奧祕及活力都在其體內；甚至在寒雪中、夏陽下，也能成長；它隨大地一同轉動，靜止地轉動，在世間萬物中[10]。」亨利．大衛．梭羅寫道：「有別於人類，樹木似乎不曾等待，彷彿眼下就是讓樹液往上輸送至幼芽中的黃金時期[11]。」字裡行間都透露出在無聲無形之中完成的事，進程必定緩慢。

但這也能夠激發恐懼。博納富瓦主張虯根曲繞的樹木會讓人聯想到心如鐵石的自大[12]。之後會談到二十世紀中葉的巴代伊[26]及沙特，回到豁然開朗，回到他們碰上不可思議的未知之物，以及凝視樹木就遠溯至人類存在之初所觸發的情感上。

樹木還能勾起其他撼人心弦的印象，就是見證樹木的歷久不衰、頑強，以及凌駕時間的印象。和枯敗凋殘的樹木這樣異形般的龐然大物面對面，創造出一種獨特的讚嘆模式：無論是空心樹，妖形怪狀、奄奄一息的樹木，只剩下樹樁或在地上盤屈虯結的樹根生物，樹葉幾乎脫盡，蛀蝕斑斑，儘管如此依舊殘喘。所以吉爾平才會讚賞樹根隆起、蛀跡斑斕、萎弱瀕死、樹冠盡禿的美，還有空心老樹或「枯枝殘葉[13]」的風韻。

最後，我們往往認為樹木是個有生物寓居的世界，像夏多布里昂筆下的「空中城堡」。觀者隨即感覺樹裡頭似乎隱伏著成千上萬的生物，構築起一個諧洽的有聲景色。誰不愛聽動物繞著自己身邊飛舞或停棲樹上群起鳴叫，開起音樂會？沒有比隻身坐在故鄉的老樹下，要更能感受這個響動[14]。

幾分鐘下來，除了聆賞和諧音樂會的趣味，還有從透過枝葉間隙，結合霧靄、日光或月華的變幻游移產生的印象，這一切形成大量洞察入微的分析。還有當樹木碰著白雪，天地無聲，瑩然有光，也會令人驚愕稱奇。

僅僅是枯葉就能引發一連串情感，我們必須回到這上面。《追憶逝水年華》的主角回到十一月末的巴黎，染上「一種對枯葉的病態狂熱，直到寢不能寐的地步[15]」；他在緊閉的房內萌生看枯葉的渴望，已持續了一個月。他總算明白欲望成了需求，在晴空朗日的一早，去布洛涅森林看著光線疏落落從葉間穿透而下，「美麗不可方物」。

在畫筆快速刷過這個塗有樹木引發的立即、強烈的情感畫布後，就可以開始為這些被尋常經驗引起的澎湃心潮，畫出最精準的彩畫。毫無疑問，這個經驗為人類全體共有，那就是在樹木上書寫。

註解

1 伊夫・博納富瓦（Yves Bonnefoy, 1923-2016），法國詩人。

2 貝璣（Charles Péguy, 1873-1914），法國作家、詩人。

3 賀拉斯（Quintus Horatius Flaccus，前65-前8），奧古斯都時期著名詩人、批評家、翻譯家，代表作為《詩藝》。

4 維吉爾（Publius Vergilius Maro，前70-前19），被奉為羅馬國民詩人，當代及後世公認為古羅馬最偉大的詩人之一。

5 阿里奧斯托（Ludovico Ariosto, 1474-1533），文藝復興時代的義大利詩人，代表作是《瘋狂奧蘭多》（*Orlando Furioso*）。

6 龍沙（Pierre de Ronsard, 1524-1585），十六世紀最重要的法國詩人。

7 杜爾菲（Honoré d'Urfé, 1567-1625），法國作家，他的《愛斯翠雅》（*L'Astrée*）是法國文學史上第一部大河小說。

8 拉封丹（Jean de La Fontaine, 1621-1695），法國詩人，以《拉封丹寓言》（*Fables choisies mises en vers*）留名後世。

9 諾華利斯（Novalis, 1772-1801），德國詩人。

10 夏多布里昂（François-René de Chateaubriand, 1768-1848），法國浪漫主義作家。

11 作者註：施南古（Étienne Pivert de Senancour, 1770-1846），最重要的法國浪漫主義作家之一，《對人類原始本性的遐想》（*Rêveries sur la nature primitive de l'homme*）還有自傳體小說《奧伯曼》（1804）在一八三〇年後都大獲好評。施南古特別讚揚憂鬱情調帶來的快感。

12 莫里斯・德・葛航（Maurice de Guérin, 1810-1839），法國作家、詩人。

13 維爾哈倫（Émile Verhaeren, 1855-1916），比利時詩人。

14 法蘭西斯・蓬日（Francis Ponge, 1899-1988），法國作家、詩人。

15 作者註：泰奧弗拉斯托斯（Theophrastus, 前372-前287），古希臘哲學家，先是柏拉圖的弟子，後師從亞里斯多德。從他的《植物的故事》（*Histoire des plantes*）可知，他特別醉心於植物學，多次在這本書中提到。

16 作者註：老普林尼（Pliny the Elder, 23-79），西班牙總督，儘管身兼要職，仍撰寫了名為《自然史》的浩繁百科全書，其中有好幾本都在談論樹木；喪命於維蘇威火山爆發。

17 現代（Temps modernes）是指中世紀末至法國大革命這段期間。

18 巴伊亞州（Bahia）是巴西的一州。

19 亞歷山大・馮・洪堡德（Alexander von Humboldt, 1769-1859），德國生物地理學家。

20 以西結（Ezekiel）是《聖經》中的一位祭司。

21 霍傑・凱窪（Roger Caillois, 1913-1978），法國作家、評論家。

22 作者註：吉爾平（William Gilpin, 1724-1804），聖公宗的牧師、學校教師、業餘藝術家，在一系列英國領土、森林、河流（威河）、河岸的美學探索專著中不遺餘力塑造旖旎風光的觀念，並將之傳播開來。

23 保羅・嘉登（Paul Gadenne, 1907-1956），法國作家。

24 賈斯頓・巴什拉（Gaston Bachelard, 1884-1962），法國哲學家。

25 米榭勒（Jules Michelet, 1798-1874），法國歷史學家。

26 巴代伊（Georges Bataille, 1897-1962），法國哲學家、作家。

第 1 章
寫在樹上

樹木身上帶著文字。我們稍後會看到，它的痛楚，它茁發生長的各種模式，就印在樹身上。它會成為一個可嵌可刻、可體現可展示訊息的媒材，也是天經地義的事。剖開樹皮（特別是最柔嫩的那些），再剝下來等著文字到來的動作，似乎與書寫的誕生混為一談了。

昂德莉．寇沃爾（Andrée Corvol）記述，古人會剝下椴樹的樹皮及韌皮部，獲取柔軟的纖維，並裁成帶子，在上頭寫字，再綁到樹上。因此椴樹就和極地的樺樹一樣，被使用在占卜上；韌皮部既能讓人讀出命數，又能蒐集願望，然後「在願望成真後，寫上謝辭[1]」。

據普魯塔克[1]的記載，在樹皮上寫字救了當時只是新生兒的皮魯士[2]一命。護衛帶著他躲避追殺，原本期望到墨伽拉[3]避禍，卻硬生生被一條溪流阻隔。於是他們扯下橡樹樹皮，在上頭刻下呼救，綁到石頭上，給樹皮增加一點重量，並成功擲向對岸[2]。「哨兵要寫給指揮官，」老普林尼寫道：「在新鮮的樹皮上刻字，刻到樹液都流了出來[3]。」

書的原型：樹皮、樹葉與書頁

有多篇研究專門討論樹木與書本的關聯。

拉丁文的「*liber*」同時指稱位於木質部及樹皮間的薄層，還有書本。侯貝．杜瑪（Robert Dumas）說明德文的「*buch*」、英文的「*book*」、法文的「*bouquin*」的源流[4]，指出數千年來，這些字都與人類思想最基本的表現有關。

乾燥的韌皮部可供銘寫。

很久很久以後，樹木成了紙漿的原料，讓杜瑪足以斷言「從韌皮部一直到紙張，都離不開樹木[5]」。紙張讓這個連結加倍緊密，女預言家在棕櫚樹的神聖葉子上寫下神諭，「葉」（feuille）很自然變成書本的「頁」（feuille）。

莎拉・凱（Sarah Kay）記述，中世紀的成書方式就像樹木，是由一根接著一根的樹枝添加而成。例如十三世紀末的百科全書——曼弗雷・埃爾蒙戈的《愛的祈禱書》[4]中，對愛之樹的描述同時建立了書籍編排的原則及世界地圖學，該著作的手抄本繪有一幅愛之樹的精美插圖[6]。按照這個邏輯，中世紀小說比較像是深諳嫁接藝術的園丁的成果，而非博學的建築師[7]。

在中世紀，「只要攸關兒童啟蒙，都可以見到植物圖案[8]」，因此字母與樹木有一層特殊關係。中世紀的字母採用哥德式木雕花樣的形狀，山毛櫸、雪松、絲柏被用來做識字讀本。因此廣義來說，**樹木是知識與智慧的象徵**；可想而知，兒童的啟蒙不能沒有樹木。樹木（arbre）的A就是第一個字母。

印刷術跌跌撞撞的起步期也牽涉到樹木。亞德里安・德・榮赫（Adrien de Jonghe）敘述一四二〇年，羅倫・尚・德哈倫（Laurent Jean de Harlem）「在城市附近的森林裡散步時，開始把山毛櫸的樹皮削成字母的形狀，一個一個壓在紙上，描出一個由數行文字組成的模子，來教自己的孩子識字[9]」。

家族紀念物與個人回憶的守護者

自古以來，人們期望將事件的回憶或群體認同刻下來，於是把戰利品掛在市中心最強韌的樹枝上。凱斯．湯瑪斯[5]讓我們知道十七世紀的英國人賦予樹木在家族回憶的證明與維護上的重要性。因此，樹木扮演了家族紀念物或個人回憶的守護者角色[10]。在樹皮刻下文字，讓刻文與植物一起成長，顯然很適合這個記憶性功能。

很久以後，在截然不同的文化背景下，梭羅記述十九世紀中葉，緬因州森林的印第安人會在樹幹上刻下其族徽動物的臉，例如熊臉。

在樹上刻字：訊息、記號、所有權

樹木還是夜間書寫的媒介，以確保匿名性。趁夜在樹上貼或刻下號召抗爭的訊息，是十九世紀的慣例。一八四八年六月，法國克勒茲省（la Creuse）的居民準備發動抗爭，反對四十五分稅，就是這樣做的，這場抗爭最後演變成血腥暴動[11]。

簡言之，在樹皮上刻字回應了人們傳播資訊、便於辨識方位的欲望。這種方式在梭羅於一八四六年、一八五三年及一八五七年踏遍的緬因州森林裡大行其道，刻文不僅讓人利於辨認方向，還可以找到迷路的人。在二十世紀第二次世界大戰前夕，讓童子軍和其他眾多年輕人樂此不疲的追蹤遊戲，就跟日後長途健行、騎馬或徒步步道的路標一樣，都仰賴刻在樹皮上的「標記」；用漆在樹幹塗上「信號」，比刻快得多。

樹幹上的記號記錄著包羅萬象的資料。十八世紀末，華特雷[6]的花園裡有幾棵古老楊樹的樹幹上，刻有多次洪患的水位標記。

在樹木上刻字經常與所有權有關。小普林尼[7]就是那些羅馬地主的一員，喜歡讓自己名字的首字母以造型剪樹（topiary）的方式出現在領地的植物上。無論樹木是挺立還是砍倒在地，經常藉由樹幹上的刻文來確認其所有權。在森林開發的過程中，這樣的標記指出權屬或者表示待砍，是現代就已經在做的事；用來流送[8]的樹幹也是。

在某些場合中，在樹上做記號代表殖民者占有的領土。洪堡德說十五世紀的加泰隆尼亞及葡萄牙航海家，習慣把自己的名字刻在樹上，特別是猢猻樹，而且這些刻字經常相當於以國家之名和利益的名義去占有[12]。十八世紀的法國植物學家及旅遊家米榭・阿登森[9]記述，幾個世紀前的荷蘭及法國航海家會把名字刻在樹皮上，字母足足有十六公分長[13]。

樹皮上的箴言

比起樹木成為宗教箴言及道德訓誡的媒介，那些千般萬樣的風俗似乎沒那麼重要。在《愛斯翠雅》中，於樹木上刻字的場景無所不在，而此作品對十七世紀的風尚影響甚鉅。數十年後的塞維涅夫人[10]對刻有箴言的樹木興致甚高，有時那些樹還會彼此對話。她去探視這些樹木時總是滿心歡喜，還向女兒坦承，羅榭堡（château des Rochers）及周邊樹上的刻文有助於冥思，也便於遙憶年少的快樂時光。她寫道：「我們的箴言絲毫沒有變形；我經常去看，數量甚至增加了，而且相鄰的兩棵樹有時還會唱反調：〔……〕其中一棵樹說『無所事事，一樁美事』；另一棵回覆『談情說愛，最忌緩慢』（引自奧維德）[14]。」

到了十八世紀，或刻印或塗貼在樹幹上的道德箴言漸漸多了起來；甚至訪客到這些浪漫花園漫步，就可以在樹上讀到一門完整的道德課程：每一條箴言都在提醒世人某項義務或一種感情的宏大。蘇菲・勒梅那埃茲（Sophie Le Ménahèze）寫道：「每一棵樹都有一個在年幼無知時代構思的，或是主人口述的感性座右銘[15]。」特別用來顯揚休息的哲學。於是這些美德花園、神聖的印跡，成為朝拜的對象。到了十八世紀末，道德準則與遐想、沉思、冥想掛上鉤，也與形形色色的植物引發的各色情感相應。

華特雷分析並細述自家花園裡的箴言所帶來的情感，不遺餘力向讀者褒揚「刻在樹上的一些文句及精選的小段落」，說它們「維護（花園）整體帶給人的印象，也就是一種柔柔的憂鬱，一種愜意的消遣，可能會跟尊榮高尚的感受混淆莫辨〔……〕而當中，道德撐持著詩意[16]」。華特雷在幾棵觸碰到房子的老樹最高處的樹皮上，寫下一首詩，謳歌簡單的幸福：

古老的楊樹，樹林的榮光，

莫要嫉妒自大的雪松。
它們的命途是粉飾假道學的牆板；
你們的命運是為快樂的人遮蔭[17]。

他蓋的小屋倚靠在一棵老樹上，形成覆滿了枝條的隱蔽處。「小屋兩側的樹枝彷彿要讓人讀到刻在樹皮上的內容，而靠了過來。」其中一則刻文邀人體驗「平靜樹蔭」的「祕密魅力」，樹蔭讓不幸的人找到平靜，快樂的人加倍快樂；另一則刻文的口氣較為慎重，請人把餘暇貢獻在學習還有「友情、人生」上。這座花園裡也有「詩人樹[18]」。

在十八及十九世紀之交，樹皮上的格言變得豐富起來。相較於以往，個人的情感與感受講得更明白了。要好好理解，必須回頭看。

刻在樹上的情書

山毛櫸的樹幹因為樹皮柔軟平滑，具有光澤，易於寫下愛情的悲歡，自古以來就用來做寫字板。把情詩刻在柔軟樹皮上的做法，因古代的田園詩和哀歌而遍地開花。在維吉爾的《牧歌集》第五首中，梅那爾克（Ménalque）提議莫普索斯（Mopse）坐在榆樹間的草地上。「不，」對方回道：「我比較想吟詠前幾天寫在樹皮上的詩，一首接一首[19]。」樹蔭撫慰了伽盧斯（Gallus），他宣告最好到森林來「受苦，在柔軟的樹上刻下我的情詩；它會長大，你們會跟樹一樣，看到我的愛[20]」。

到了現代初期，阿里奧斯托的《瘋狂奧蘭多》還有塔索[11]的《耶路撒冷的解放》翻新了在樹上傳情的各色情感，於是浪漫傳奇故事裡充斥這些描寫，見諸當時的田園文學。在阿里奧斯托書中的第十九首詩，隨著故事進展，在樹木上書寫的情節分量趨重。安潔莉卡和梅鐸的情趣之一，作者寫道：「就是在為噴泉或清澈溪流遮蔭的每棵樹上，用刀或短劍刻下他倆的字母[21]。」「安潔莉卡和梅鐸的名字交纏在一起的方式林林總總」，他們的名字也布滿兩人偷情的小屋牆上[22]。

遭遇情變的奧蘭多發現「蔭蔽這條溪流的大部分樹上都有刻字」，並認出這是他女神（安潔莉卡）的手跡。「他看著安潔莉卡和梅鐸的名字牽纏不清，而且隨處可見。這兩個名字的每個字母都像一枚釘子，刺穿他的胸口，剜破他的心[23]。」有那麼一刻，奧蘭多期待這些塗鴉不是出自安潔莉卡之手，可是很快就認清現實：「這些字跡我明明熟悉得很，我看過、讀過那麼多次[24]！」在佳人所到之地的樹上和牆上，處處刻著風情月意。奧蘭多心如刀割，痛不欲生，並在暴怒之下，先把這些百年老樹連根拔起，再把刻文上的濃情蜜意搗毀一通。

十六世紀的法國，龍沙靈活揮灑可由植物傳達的一系列感受，在樹上寫下對年輕女子的愛意，把保守民風禁止吐露的情感傳達出來。塔索的艾米妮（Herminie）早已在一棵樹的樹皮上寫下對唐克瑞德（Tancrède）的情意，這矜持的一幕啟發皮爾．法蘭切斯科．莫拉[12]畫下一幅作品[25]。

我的靈魂會永遠繫著長春藤的枝條，
那裡有我的貴婦鼓起勇氣寫下的，
她羞於親口對我說的愛[26]。

在樹皮上鑿字刻句既不傷風，也不敗俗。龍沙迫切需要看見本能表達欲望的證據能留存下來；此外，在樹上刻下愛意，或是看樹木表達出自己的愛意而心滿意足，是保證即使在心愛之人死後，這個回憶依然會隨著樹木一起成長。於是頌揚感受漸漸變成藉由樹木來歌詠熱戀與哀傷的回憶；有時這把樹木會繼續成長的承諾，與它活的衣冠塚功能連結起來。來聽聽龍沙歌頌對艾蓮娜（Hélène）的回憶：

我為妳種下這棵西碧兒之樹[13]，
每天都可以在這棵松樹上看見妳的榮耀，
我在樹幹上刻下我們的名字和愛，
讓它們盡情地與新生樹皮一起茁壯[27]。

接著龍沙在這首詩的後半段提到，請未來的牧人每年在樹上掛一幅畫，「向過路人證明我的愛與痛」，此詩開了「確保情感是神聖的」儀式風尚。

當然，這些虛構內容不能是這類行為有多頻繁的證據，但我們不能忽略《愛斯翠雅》的巨大迴響對此舉確實有擴大的作用，這本書使戀愛中人的塗鴉行徑成為必要。

來看看原先以為愛人移情別戀的賽拉東（Céladon）憂悒的一面：「他沿著〔利尼翁河岸〕礫石路散步。那邊的樹木年輕，他很常在柔軟的樹皮上刻下煩惱，有幾次刻了他和愛斯翠雅名字的首字母。他偶爾會交纏字母，轉眼又抹掉，說：「你搞錯了，賽拉東，你已經失去資格了〔……〕。擦掉，可憐蟲，擦掉這個開心過度的見證吧？〔……〕如果你要用自己的字母去刻下什麼，不如刻下淚水、悲痛、死亡吧，合適多了[28]。」故事發展下去，有段時間愛斯翠雅在女神殿裡唸著賽拉東的刻文，他在上面歌詠自己的愛情。

在《愛斯翠雅》的影響下，把紀念缺席愛人的箴言刻在樹上的風尚就從那時候起（整個十七世紀上半）廣為散布，甚至讓斯庫戴利夫人[14]在《塞勒斯大帝》（*l'Artamène ou le Grand Cyrus*）中加以嘲諷。「苦命戀人的故事」裡的一角提摩克拉底（Timocrate）提到那些把辛酸刻在樹皮上的有情人，語氣間充滿譏諷[29]。我們注意到共同點是哀戚的情懷，而非謳歌愛情的喜樂。

許多十七世紀的童話，特別是多諾瓦夫人[15]的故事裡，不幸人士總想在樹皮上雕下他們的痛楚。因此在〈金枝〉裡，灰心喪志的聖佩爾（Saint Pair）拿來一把錐子，在花楸樹的樹皮上刻下一句長詩，表達他的絕望：

噢，你！柔軟的灌木，原諒我為你造成的傷口，
我為了刻下痛苦，竟然在你胸膛留下傷口：
但那些都只是輕輕的劃痕，
比不上那個負心人對我的傷害。
這鐵器的尖端不取你性命；
有他名字的首字母，你看起來會更美[30]。

刻滿情話的紀念冊森林

在十八世紀，甚至到十九世紀，有情人的塗鴉散見處處，最後普及了起來，進入「在變成紀念冊的樹上抒懷」這個更廣袤的宇宙。因此情感的記號及文化的參考，充斥在鄉間及森林裡。據尚－克勞德．波爾東（Jean-Claude Polton）所言，楓丹白露這座森林因為樹幹布滿你情我愛或徒具紀念性質的塗鴉，成為「綠色博物館[31]」：一個自身情感散播到社會上的明證[32]。

戀愛中的人需要刻下他們的名字，讓字母交纏如麻，給自己創造一個祕密的樹木朝聖地，維護這段情感，以待重逢，我們可以從許多私密日記和通信裡，找到這個需求的普遍化。一八二九年五月二十日星期三，文學教授艾梅．居耶．德．費內克斯（Aimé Guyet de Fernex）寫給情婦

阿黛兒・香克（Adèle Schunck）：「我搭車到杜樂利花園去看我們的第一棵樹——因為情人愛情朝聖地的樹木不會只有一棵——我駐足在樹下十五分鐘之久，靠在妳占據過的位置，重溫我倆在一八二四年六月十七日，在這個樹蔭下說過的每句話，做過的每件事，想過的每個念頭。我在樹上找到昔日刻下的A，很後悔身上沒有合適的工具，讓我再刻下第二個。說到這裡，妳有沒有去看看我們在布勒特伊大道上的那棵樹呢[33]？」阿黛兒對「親愛的榆樹」「親愛的我倆的樹」發言，對它說：「你為我倆的愛情保密，是我倆的碰頭處。你或許會活得比我倆更久，假如我倆之中有人先走，你會為留下來的人傾注溫柔的眼淚[34]。」

庫爾貝[16]的「大橡樹」樹皮上刻著麗絲（Lise）這個名字，好像欲語還休的愛情告白……邀請觀者自比為這位神祕年輕女子的情人。庫爾貝的這個手法補強了上述所言[35]。

永不再的感受

當雨果在《沉思集》裡強調樹木的日漸茁壯與情感的日漸消弱之間相互牴觸，植物的永恆與人生的短促有了區別，把情感刻在樹皮上有紀念性的期望也跟著磨滅[36]。矛盾的是，植物的生命力倒是加強了「永不再」（*never more*）的感受。

在記錄情感的樹木紀念冊或私密日記裡，愛情這個主題簡直氾濫成災。突發事件造成的衝擊讓欲望湧現，想要寫在某個比紙張更能永存的東西上，具體傳達情感，將之長存成回憶，或是用一種更強烈的方式來撫平震撼。剛滿十五歲的丁尼生[17]聽聞詩人拜倫的殞落，逃出家門，沿路失聲高喊：「拜倫已死！拜倫已死！」他躲到山谷森林裡哭泣，在樹皮上刻下：「拜倫，原諒我們[37]。」

在樹幹上刻下首字母，也滿足了方便日後重逢且未來可以享受「永不再」感受的欲望。一七九五年，施南古筆下的主角艾爾多曼（Aldomen）喜愛隻身在親自整頓的花園中漫步，去遇見、重溫並辨讀那些為他的想像添枝加葉的刻文與箴言。

神性書寫

最後來說神性的書寫。夏多布里昂的《阿達拉》有多處描述這些苔痕斑斕的橡樹和詩人，隱士在這些橡樹的樹皮上刻了荷馬的詩句及所羅門王的箴言，這本書造成的迴響很大。夏多布里昂寫道：「在這個世世代代的智慧、這些苔跡肆虐的詩句、刻下它們的年邁隱士，還有這些被他當成書的老橡樹之間，有一種不可言喻的神祕和諧[38]。」在印第安人的眼中，這些詩人樹是「亡魂樹林」的入口。

寫在一棵樹上，是指向虛空，這種在植物上鑿字刻句的俗例也是一種類似古代女預言家的行為，還有無疑更為深層的，與薩滿教重新搭上線的方法。梭羅在某次散步中，留意到一片樹葉突伸到路上來，正巧懸掛在他頭頂上方。「我拉下那根樹枝，」他自供，「把我的祈禱寫在葉子上，接著放開手，讓樹枝彈起，將我潦草的文字直送天聽[39]。」這讓人想起對百姓而言，樹木經常具有還願物的功用。在樹上刻下願望和謝辭是很普遍的習俗，早已有人嚴謹地研究過。

數百年來人類自抒於樹皮之上，最後來到吉賽培·佩諾內[18]的作品，不再自我滿足於刻字在樹木紀念冊上。對藝術家來說，重點不再只是銘刻感受、情感、回憶，而是把肉體嵌進樹木中，將肉體的印記託付給樹木，這樣等樹木長大，印記也會跟著茁壯，也因此生氣勃勃地保存了回憶，把肉體的印記傳衍下去。

註解

1 普魯塔克（Plutarch），羅馬時代著名的希臘傳記作家、哲學家。

2 皮魯士（Pyrrhus），希臘伊庇魯斯王子，襁褓時期因為父親遭到政敵謀殺，在父親舊部的護衛下成功出逃，後來成為希臘化時代著名的將領和政治家。

3 墨伽拉（Megara）是希臘一座古城。

4 《愛的祈禱書》（*Breviari d'amor*）是十四世紀法國神學家曼弗雷・埃爾蒙戈（Matfre Ermengaud）的代表作。

5 凱斯・湯瑪斯（Sir Keith Thomas, 1933-），威爾斯歷史學家。

6 作者註：華特雷（Claude-Henri Watelet, 1718-1786）是詩人、畫家、雕塑家和版畫家，他在一七六〇年撰寫了《繪畫藝術》（*Art de peindre*），並在塞納河畔建造了美麗磨坊（Moulin-Joli），這個住所成為法國的英式園林典範，多虧他的《花園隨筆》（1774），此地因而聲名遠播。

7 作者註：小普林尼（Pliny The Younger, 61-114）是老普林尼的外甥，也是才華洋溢的律師，他那十本《書信集》讓人了解他這個住在土斯庫倫（Tusculum）別墅裡的「有文化的悠閒（*otium*）貴族」怎麼生活。

8 指利用河川運送木材。

9 米榭・阿登森（Michel Adanson, 1727-1806），法國博物學者。

10 塞維涅夫人（Madame de Sévigné, 1626-1696），法國書信作家，大部分信件都寫給她的女兒。

11 塔索（Torquato Tasso, 1544-1595）是義大利詩人，《耶路撒冷的解放》（*La Gerusalemme liberata*）是他最著名的長篇詩歌集之一。

12 皮爾・法蘭切斯科・莫拉（Pier Francesco Mola, 1612-1666），巴洛克時期的義大利畫家。

13 西碧兒是神話中的自然女神、大地之母，故「西碧兒之樹」（arbre de Cybèle）是指四季常青的針葉樹，尤指松樹。

14 斯庫戴利夫人（Mme de Scudéry, 1607-1701）是法國作家，「典雅之風」流派（Préciosité）的代表人物之一。

15 多諾瓦夫人（Marie-Catherine d'Aulnoy, 1651-1705），法國童話作家。

16 庫爾貝（Gustave Courbet, 1819-1877），法國現實主義畫家。

17 丁尼生（Alfred Tennyson, 1809-1892），英國桂冠詩人。

18 吉賽培・佩諾內（Giuseppe Penone, 1947-），義大利雕塑家。

第 2 章

逝去時光的老證人

站在樹下細細端詳，不由得默然無聲，思考起短暫與永久之間的反差，去面對**不屬於人類的時間性**。樹木的古邈和人類記憶之間的差距，一下子就能感覺得到，讓人不禁動問，彷彿這個想法是找到意義的希望，「與世界結合的欲望[1]」。

在樹下的訊息何其多，使得人疏遠當代歷史，任由自己對過去浮想聯翩。因為強烈感受到人類與樹木的時間性規模不同，所以世人對樹木說：「你看著人來人往，看著世代流轉。」這種感受到了浪漫主義之初倍加強烈。貝拿丹・德・聖皮耶[1]把這些樹看作我們未曾生活過的前面世紀所遺留下來的紀念物，拉馬丁[2]則將樹木視同為「逝去時光的老證人」。按照他的說法，黎巴嫩雪松有無數的帝國、宗教、消泯的人種可以縷述[2]。至於橡樹：

> **無數世代在它的樹蔭下死死生生，**
> **那麼它呢？看呀！它回春了**[3]。

半個世紀後的米榭勒也體會到同樣的情感，向樹木宣言：「你們看著人來人去，一看就是千年[4]。」

樹木把世界的古老記憶交給人

植物比廢墟恆久，因為植物是活的。在石器時代遺跡蔚為風潮的時代，狄德羅說考古遺址中植物裡萌動的生命力，震撼了自己的身心[5]。貝拿丹稍後寫道：「埃及金字塔會灰飛湮滅，而法老王時代的禾本植物依然常在。多少用鐵鉤住的古老石墳都蕩然無存！四周只剩下絲柏，為這些廢墟遮蔭[6]。」後來雨果也說等凱旋門只是個古址，巴黎成了廢墟的時候，橡樹與長春藤仍然健在。

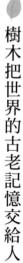

十九及二十世紀在石頭廢墟中住過的旅人，也被同一種情感糾纏。這些植物活過了石器時代，旅客都巴望著植物的音訊。賈克·拉卡里埃爾[3]遊觀德爾斐，聆聽過去的聲音，宣布神廟已圮，神祇已死，怪獸已伏，什麼都聽不到了，「只有樹木延續著窸窣有聲的歷史長鍊。到了晚上，我們細思起人類節制的、幾乎疲憊不堪的有限生命，與月光下巍然不動的橄欖樹那無窮、亙古不變的力量，實是鮮明的對照[7]。」

畫家保羅·賈莫[4]在一八八七至一八九一年間被派往希臘考古，他自問：「為了取得銘文而摧毀老樹，有道理可言嗎？綠橡豈不比挖出來的碎石片瓦，更能傳遞古代回憶[8]？」

永生的象徵

這激發我們去想像樹木看見過什麼。要哺育這種遐想，首先要估量樹木的壽命。整個希臘時代已經表現出這種需求，閱讀泰奧弗拉斯托斯就能知道這種欲望何其強烈，他努力不懈，為最老的樹木編製目錄。只不過史實、神話和傳說混雜，證據、計算和遺跡的判讀也跟著模糊不清。泰奧弗拉斯托斯偶爾從希羅多德身上提取靈感，認為傳說的傳統寫法見證了樹木的長壽：尤里西斯在提洛島看見的棕櫚樹、奧林匹亞的野橄欖、德爾斐的懸鈴木可能是阿嘉曼農所種，伊瑞克提翁的橄欖樹讓人想起波塞頓與雅典娜之爭，這些樹可能都還健在。保薩尼亞斯[5]認定「安提阿[6]附近的達芙妮阿波羅聖殿的一棵月桂樹，可能是達芙妮變形而來[7][9]」。阿卡迪亞的卡菲伊[8]那棵懸鈴木，或許是墨涅拉奧斯[9]在前往特洛伊之前種下的。

儘管如此，泰奧弗拉斯托斯心裡仍是生疑，自問：「是同樣那幾棵樹嗎？尤里西斯說曾經在提洛島凝視過一棵柔軟的年輕棕櫚樹，它似乎見過阿波羅誕生，而且到了西塞羅的時代還有人看過，該不會它來自一連串的幼芽吧？」因為這個理由，泰奧弗拉斯托斯推想樹幹「身為個體」，是「樹木的基礎與本質[10]」。

在帝國時代的羅馬中心，老普林尼參考傳說及羅馬城市史，正賣力為最老的樹木編列目錄。盧西娜廣場（Place de Lucine）上的朴樹有五百歲，按照他的說法，廣場的神殿建於羅馬紀元三七九年[11]。還有一棵朴樹被人說「長了頭髮」，因為樹上掛著維斯塔貞女[10]的頭髮，它無疑比前一棵更老，不過老普林尼估計它的年紀不可考定。第三棵同樣品種的樹就挺立在火神宮[11]內，據說這棵樹與羅馬在同一個年代誕生。

除了羅馬，老普林尼也收錄了生長在地中海沿岸地區最古老的那些樹。這次他毅然參考神話：人說那棵曾經栓過變成白牛的伊娥的橄欖樹[12]，還站在阿爾戈斯；本都[13]依然矗立著海克力斯種的兩棵橡樹。老普林尼指出提洛島的棕櫚樹跟阿波羅同齡，也寫到奧林匹亞有棵野生橄欖樹可能曾為海克力斯加冕。雅典人認定生自雅典娜（密涅瓦）的那棵橄欖樹還在[12]。

老普林尼藉由舉證來計算樹木壽命的方法，似乎在他參考歷史甚至傳說的時候，比參考神話還準確。

無論如何，計算樹木壽命的企圖心令人浮想聯翩，神馳歷史中。這種白日夢迄今盛行不衰，包含**想像樹木有生以來的所見所聞，以及過去可能被哪位人物見過**。這種被「已經在那裡」（déjà là）所促成的遐想，到了浪漫主義時代更甚，在十九世紀又受到歷史影響的刺激。斯湯達爾[14]在一八〇八年拜訪布倫瑞克（Brunswick）時說：「我見過的許多橡樹〔……〕，查理曼大帝可能也見過[13]。」拉馬丁提到黎巴嫩雪松時，咬定它們跟所羅門王時代一樣歷史久遠。米榭勒在埃及凝視過一棵「黑樹」，它「活過第一任法老王」，還「聽過人第一次吟唱《梨俱吠陀》[14]」。

因為歷史英雄拜訪過，或是曾經為英雄遮蔭而被認同為記憶體的樹木，在法國不知凡幾。不計其數的樹都可以拿來做查理曼大帝、聖路易、貞德時代的參考。專家孜孜不倦，忙著編立這些樹的目錄。樹木證明歷史事件實際發生過，有時候親歷其境，它的在場讓該事件的回憶得以留存。樹木的存在就紀念著這個回憶。看著這些樹木並不只是立即的視覺現象或是對樹木外表偶一為之的欣賞，而是放任自己去感受歷史的邈遠。

意識到樹木橫跨的時間幅度有多廣，促使人們長久以來就算不信樹木長壽無疆，至少也視之為永生的象徵。**樹木的生命是一種變化狀態，會讓人聯想到重生，而非死亡**。許久以來，有些品種的樹特別能象徵永生：雪松、松樹、棕櫚樹尤最[15]。關於這一點，老普林尼說在他眼裡，這種樹能自動重生，無異於鳳凰。

我們會看到年輪（也就是樹木的真實年紀）破壞了人們對樹木永生的信仰，相信它不只是個象徵。然而十九世紀初，洪堡德援引一位瑞典植物學家的說法，「樹木就是只會因為外在因素而限制成長的一個範例[16]。」貝拿丹認為在法國領土上，山楂樹似乎長生不死，正是因為如此，才會崇拜山楂樹[17]。他強調人生短促的特性，認為樹木會無盡延伸這個短暫：「待我死後，你依舊在。」凝視樹的人說。

樹木的永生不死繼續吸引十九世紀的作家：拉馬丁在《墜落天使》中咬定黎巴嫩雪松將會見證末日，一如它曾經目睹天地初開；米榭勒呼喝樹木：「年老的祭司，強大的神醫，懇請你們告訴我長生不死的祕密！整個奧義都在你們體內[18]。」

今天，屍體的短暫易逝多虧基因傳遞給樹木而長生不滅，在美洲某些墓園裡可見到這種欲望的表現。現代的英國已經是這麼一回事，種植、獲得一棵永續的家庭紀念物（因此是回憶的看守者）的樹，在某種程度上被視同為賭注，賭家族傳代千年萬載。還有一個近似的觀點，十九世紀中葉的某些人沉迷於樹木不絕的生命力、連時間都是它的手下敗將，這些人懷抱著一種夢想，希望能跟樹木一樣。因此琳達・諾克林[19]認為庫爾貝的橡樹剛硬不動，樹疤斑斑，枝繁葉茂，充滿符號又歷久不衰，傳達出悠長的時間性，這是畫家在看著待在樹下或往來林中、人生如寄的人們的時候，夢寐以求的。

發現年輪，對樹木時間性的認知也改變

在剛才提及的那些遐想之後，我們必須回過頭，多花點時間說明一些在十七世紀、特別是十八世紀當中，深刻改變了樹木時間性表現法的事實。

首先是發現年輪讓人得以精算出樹木的年紀，能夠讀出被鋸樹木的過往，還有它遭遇過的氣象及氣候事件的歷史，等到二十世紀佩諾內打開樹木並挖洞之後，重建它生命的各階段。因此，自十八世紀起直到當時，樹木與過去的關係的主要工作（換句話說就是紀念任務）有了變化。從此以後，一種特殊的紀錄傳遞的訊息就在樹木體內。

洪堡德把年輪的發現歸功於蒙田，認為可能是後者在一五八一年去義大利旅遊時發現的——這就是為什麼洪堡德不肯承認發現這個科學知識的功臣是馬爾比基[16][20]。無論如何，重要的是這個發現傳播得頗快：一七三七年，普呂胥神父（Abée Pluche）在他當時的暢銷書《大自然的奇觀》（*Spectacle de la nature*）中描述了年輪，表明「我們可以利用在木質部中發現的圈數，精確數算這棵樹活了多少年[21]」。

將近一個世紀後，為樹木橫跨的時間幅度廣闊而醉心不已的洪堡德，受奧古斯丹・德康多[17]的《樹木長壽論》（*Traité sur la longévité des arbres*）啟發，回顧他那個時代最老的樹木的年

齡測量，重算結果綿延了三千年[22]。他汰換了泰奧弗拉斯托斯及老普林尼的方法，僅以樹體為根據，而非傳統、傳說或神話。

地質時代的規模超出《聖經》的計算，換句話說就是地球的過去來了個大轉變，還有這件事造成了想像空間的革新，都是樹木時間性的表現法不變的第二個理由。百萬年變成地質單位，替代了十七及十八世紀學者提出的說法，他們依照〈創世紀〉的敘述，估計地球約莫四千至六千歲。因此地質時間問世了，地球、大自然的時間歷史，跟文明（尤其是地中海、歐洲的文明）的時間規模一點關係也沒有[23]。

同一時期，人們對大洪水對地形影響的認知也改變了。災變論與連續論學者[18]之間沒完沒了的爭論，以及我先前提到的那些改變，都迫使我們重新想像人類誕生前的地球。

地球歷史的表現法有了革新，因此人們對樹木時間性的認知也跟著改變。儘管如此，人們對地球（就像海濱的岩石）的年齡長久以來依然爭辯不休。聖經年表[19]的擁護者不願意繳械，以《聖經》為根據和推斷出化石存在的這兩派信仰系統，這兩種語言對立已久。因此確定猢猻樹有六千歲，就是承認早在亞當與夏娃存在以前就有猢猻樹，而且更嚴重的是它還撐過了大洪水[24]。然而神在第三天創造了植物並未過分打臉〈創世紀〉——除了大洪水的部分。

無論如何，樹木化石的發現與研究，在過去的痕跡裡尋找大自然[25]，都告訴我們樹木先於人類存在，尤其是樹木能獨立於世。有些作家在作品中傳達出這個表述方式的變異：夏多布里昂說自己為樹木「天生的老態」癡迷，樹木把世界的古老記憶交給他；拉馬丁從黎巴嫩雪松感受到

「大自然的千年聖物」，它們「比歷史本身更清楚地球的歷史[26]」。

然而在同一時間，偉大的探險家突然在植物學上有了發現，在遊歷之際，驚奇一個接著一個來，這些旅程不斷啟動強烈的情感。他們感受到一股欲望，想要被一種有摧毀能力但本身永存不朽的物質淹沒或納入，這個物質不朽是因為它持續的生命力、能量，能適應變化，而非坐以待斃。這種情感反覆出現在西方人的想像中，而且在十九世紀經常與當時人類的一種主要衝動一致：面對未知，尋找貞潔無瑕的陸地。

詩人述說這些情感，因此勒貢特．德．里爾[20]在《野蠻詩集》（*Poèmes barbares*）中，想像人類出現之前、已經活了十萬多年的處女森林見過什麼[27]。梵樂希[21]稍後也加入，想像「植物健旺精力的輝煌時代[28]」，即世界被創造的這個時刻，植物能夠獨立於世。

巨杉的啟示：遺世獨立、永存不朽

從十九世紀中開始，發現巨杉的驚異可以說明上述所言。這些優勝美地[22]的樹立刻被認為是太古遺下的產物。一八六九年，賀拉斯．葛瑞利[23]認定它們屬於大衛王、忒修斯[24]，甚至埃涅阿斯[25]、耶穌的時代。

約翰．繆爾[26]針對巨杉寫道：「巨杉與你們保持距離，不看重你們，只與風說話，心繫天空，其姿態與行為，在近旁的樹木之間顯得如此標奇立異，就好比熊與狼這些俗物之中的乳齒象或長毛象。」

二十世紀中葉，朱利安．葛哈克[27]剝除所有神聖的成分，回到這個看法上。他覺得巨杉就像活化石，跟已知的樹種截然不同，彷彿來自他方。「巨杉的種種令人想起另一個時代，而當時的氣候已不復見。」巨杉可謂「森林的尼安德塔人」「植物立石」（menhir），是「某種莫可名狀的植物的災害[29]」後果。

我們在看到優勝美地的巨杉時，會突然有種感知，這些樹是不會死的：這些不同凡響的樹木的年齡似乎難以想像。巨杉都不會死，繆爾仍然如此肯定，只要還站著，就永遠不怕衰朽。巨杉只會死於天雷，或是瀆神者的斧頭[30]。

那麼今天呢？對於樹木的長壽、它和人類生命期限的不一致，有哪些新的情感？儘管最近或預計要來的暴風雨造成的創傷，就我所知，我們依然缺乏相關主題的綜合論述。

面對世上最古老的樹

讓我們以蘇菲．布魯諾[28]及馬克–安東尼．胡迪[29]的優美文章作結。他們到加州死亡谷拍攝《刺果松》（*Pinus aristata*）。今天刺果松被認為是世界上最古老的樹，據悉有四千五百多歲。有意思的是，這兩位旅人的情緒和感受屬於一個徹底當代的觀念：關注地球及其未來。這兩位作者敘述自己面對世界上最老的樹的反應，文字裡洋溢著同情。見到這個「數千年來正在凋亡的活死人」觸發了哀戚的情懷，是**對生態的焦慮**。對這棵老樹而言，時間停滯不前，「世間記憶濃縮在它的年輪裡」，看起來像吃盡了苦頭，受盡了凌虐，「某樣東西宣告它永生不死」。布魯諾為此下了結論：「它的疲累和高齡、智慧與孤獨感動了我們，我們以大特寫拍攝樹皮開始，像是在輕撫它的皺紋[31]。」

註解

1 貝拿丹・德・聖皮耶（Jacques-Henri Bernardin de Saint-Pierre, 1737-1814），法國作家及植物學家。

2 拉馬丁（Alphonse de Lamartine, 1790-1869），法國浪漫主義詩人、作家。

3 賈克・拉卡里埃爾（Jacques Lacarrière, 1925-2005），法國作家，擅寫旅遊文章。

4 保羅・賈莫（Paul Jamot, 1863-1939），法國畫家、藝評家。

5 作者註：保薩尼亞斯（Pausanias）生於西元二世紀，他的作品來自旅行，特別是《希臘紀行》（*Description de la Grèce*）。儘管作者的可信度相當可疑，這本書依然是該時代的希臘的珍貴見證。

6 安提阿（Antioch）是一座歷史古城，位於今日的土耳其。

7 達芙妮為了擺脫阿波羅的熱烈追求，祈求父親將她變形，於是化身成月桂樹。

8 卡菲伊（Caphyae）是古希臘城市，位在伯羅奔尼薩半島上的阿卡迪亞（Arcadia）。

9 墨涅拉奧斯（Menelaus）是希臘神話中的斯巴達國王，海倫的丈夫。

10 維斯塔貞女（Vestals），古羅馬的爐灶及家庭女神維斯塔（Vesta）的女祭司。

11 火神宮（Vulcanal），祭祀火神伏爾甘（Vulcan）的神廟。

12 伊娥（Io）是宙斯的情人之一，為了隱瞞妻子赫拉，將伊娥變成一隻白牛。

13 本都（Pontus）是位於黑海南岸的歷史地區。

14 斯湯達爾（Stendhal, 1783-1842），法國作家，代表作為《紅與黑》（*Le rouge et le noir*）。

15 琳達・諾克林（Linda Nochlin, 1931-2017），女性主義藝術史家。

16 馬爾比基（Marcello Malpighi, 1628-），義大利醫生、博物學家。

17 奧古斯丹・德康多（Augustin de Candolle, 1778-1841），瑞士植物學家。

18 作者註：災變論學者（catastrophiste）賦予地表災難很大的重要性（特別是大洪水和海水淹灌的情形），連續論學者（continuiste）則重視其他因素（尤其是侵蝕）的持續作用，認為是這些緩慢進行的地質因素決定地球的表面。

19 聖經年表（chronologie biblique）是指按照《舊約聖經》裡的事件發生年代的次序排列而成的表。

20 勒孔特・德・里爾（Leconte de Lisle, 1818-1894），法國高蹈派（Parnasse）的代表詩人。

21 梵樂希（Paul Valéry, 1871-1945），法國作家、詩人、哲學家。

22 優勝美地（Yosemite），美國加州著名的國家公園。

23 作者註：賀拉斯・葛瑞利（Horace Greeley, 1811-1872），來往於紐約及舊金山之間的美國旅行家、探險家。他在一八六九年發現加州巨杉，是頭一批觀察加州巨杉的人。

24 忒修斯（Theseus）是希臘神話中的英雄。

25 埃涅阿斯（Aeneas）是希臘羅馬神話中的英雄。

26 作者註：約翰・繆爾（John Muir,1838-1914），現代環保主義之父之一。他對美國森林還有被他認定是伊甸園的西部風景的未來，深感憂心。他在加州巨杉中看見不死的生物，後人視之為優勝美地國家公園之父及守衛，他對那裡的每一條小徑瞭若指掌。繆爾認為印第安人跟大自然及動物共生。

27 朱利安・葛哈克（Julien Gracq, 1910-2007），法國作家。

28 蘇菲・布魯諾（Sophie Bruneau, 1967-），比利時編劇、導演。

29 馬克－安東尼・胡迪（Marc-Antoine Roudil, 1958-），荷蘭導演。

第 3 章

地獄與天堂間的使者

樹木是天地間的使者，在地獄與天堂之間，參與了死亡與重生。賀拉斯把樹木比喻為墨丘利，周旋於天地間，穿針引線。

薩滿巫師體現了樹木的天空性質，能與靈魂交流[1]。橡樹是代表風、雨、雷電之神索爾的樹木，對古凱爾特人來說，它代表支撐世界的宇宙生物，就像非洲的猢猻樹、溫帶亞洲的銀杏樹或赤道印度的無花果樹[2]。橡樹身上的天空性質顯著，透過樹枝的款擺，與上天的神祕力量對話。

數世紀以來，基督教植物學家都執著於天空，捨棄地底下的樹根。他們偏袒天空及所有令人聯想到向天騰升者，因而排斥陸地，即低處。由此可知，植物的高貴來自它接近天神，遠離地底的一切。

十八世紀末的人對大自然有了新感觸。貝拿丹寫了一首詩，讚美樹木的天空性質。樹木從空氣吸取養分，多過於從土地吸收；它飲取天之水，且年飲數千噸，就像橡樹。這位《大自然的和諧》（*Harmonies de la nature*）的作者慷慨激昂，歌頌生命之樹的神威，它的「根在太陽裡，莖在星球裡，樹枝在衛星裡，最細小的枝條綿延至遙不可見的彗星中[3]」。棕櫚樹是「絕佳的太陽之樹」，它的高不可攀營造出「無限的感覺[4]」。

貝拿丹提到樹根與其直衝霄漢的行為相背，更新了自古以來存在的一個意象，而且它迄今仍遍布當代藝術之中，巴塞利茲[1]的作品可茲證明。聖瓊．佩斯[2]擴大視角，並在某種程度上與貝拿丹重新搭上線，他覺得天空像樹木[5]。而著重樹木的呼吸，與對樹木的肺部形象的虔誠信仰，不謀而同。一七六四年，夏爾勒．邦納[3]在《大自然的冥想》（*Contemplation de la nature*）中強調樹液要豐沛，空氣是不可或缺的[6]。

樹根：召喚大地的力量

樹木的大地性質比天空性質還要常見。荷馬曾指出一個風靡一時的信仰，篤信人類出自礦物與植物。潘妮羅佩在認出眼前的乞丐是尤里西斯之前，問道：「你不是從傳說的橡樹或是某種岩石裡來的嗎？」在盧克萊修[4]的眼裡，一切都出自陸地，而不是天空或海洋。陸地是基本容器，所有身體都來自那裡，大地生殖先於有性生殖。

樹根長久以來是一個謎，常讓人滿腹疑問，因為在一八四〇年代的學者眼中，樹根的呼吸作用依然神祕。寇沃爾肯定自這個年代起，物理學家、化學家和力學專家讓樹根成為植物功能的主要工廠，以他們的方式證實了盧克萊修對大地之母的見解[7]。

貝拿丹認為樹木最令人讚賞之處，在於看不見的地方，即樹根不同凡響的力量，以及「大自然這座龐大機械的整套繩具、槓桿和抽水系統[8]」。後來米榭勒說自己因為那粗壯樹幹裡運轉著的龐大實驗室，眩目懾魂；巴什拉提到叔本華曾遐想松樹下的地底生活。

許多二十世紀中葉的作家依然癡迷。梵樂希突然關心起「地底奇異的意志力[9]」，巴什拉引述D・H・勞倫斯的話，強調「樹根的貪婪無厭」。勞倫斯將樹根視為樹木的「性欲」，這個深層的生命力足以讓恐怖感爬上心頭，他寫道：「我害怕（……）它們貪不可擋，一窩蜂湧上來[10]。」

蓬日則在植物的行為裡感到「一股毅力，要纏繞、綑綁大地，要成為大地的宗教、修士——做大地的主人」。因此他對樹根的形狀起了疑問：「為什麼是繩索狀，而不是軸狀或樹狀[11]？」這個問題引來了吉爾．德勒茲[5]「地下莖」[6]的觀點。

有時候，對樹根的神祕如此癡迷被認為是要召喚大地力量，於是有了挖掘的欲望。這就是米樹勒最大的幻想，因為他察覺樹根參與了地底的原始運行。在他身上，「看、渴望、挖掘、認識」即一切——對女人的看法自然也是。米樹勒越是挖掘，越是深入大自然一分，越是有所發現，越是瞭然[12]。他在一八五七年八月十七日的日記裡寫道：「這座森林鋪灑著如此美麗動人的樹葉，我很想要掘遍這樣的森林底下的樹根，這個『地下王國』（*subterranea regna*）儘管神祕，卻生鮮活跳[13]。」

雨果的《九三年》[7]裡有位人稱「叫花子」（le Caimand）的乞丐泰馬什（Tellmarch），從名字來看不難理解是一位大地型人物（personnage tellurique），他是雨果小說世界存在感最強烈的人物之一。泰馬什四十年來都住在一棵巨樹的樹根裡，毫不在乎革命份子與白軍正在附近惡鬥。他是個貨真價實的異教徒，宗教信仰只是口號。他似乎不懂人類的七情六欲，漠視財富，表現出天生的良善。「巨大的老橡樹讓這個人在它體內**占去**一種類似房間的地方；這個房間是在橡樹根下面挖出來的，覆蓋著樹枝」，人只得躬身進入，然後「爬行入室，裡頭有碩大的樹根切割出怪異的隔間（……）。兩條樹根之間的空隙充當進屋的門，賜予這個地方些許光明」。據雨果描述，「泰馬什是黑暗力量的化身」，所以生活在他口中的「灌木叢」裡，他把這個地方當成城堡的對照。在這位地下人物出現的章節裡，無一處跟天空有關[14]。

扎根：回歸原始的植物生命節奏

在大西洋另一邊，樹根的神祕讓梭羅生出扎根的欲望，回歸原始，退化成被動模式，去採用植物的生命節奏。

到了十九世紀末，對人類落葉歸根正面作用的讚揚，以及針對背井離鄉的抨擊，雙雙擴大了。人們越來越篤信「人萬萬不能沒有根」。一八九七年，巴雷斯[8]將自己的小說《浮萍斷梗》（*Les déracinés*）獻給這種信念。在這本書中，丹納[9]強調落葉歸根的需要，且在一八八九年九月九日寫給保羅．布爾傑[10]的信中提到尚未落地生根的年輕人，以及所有仍漂泊他鄉的成人，情況堪虞。

這個意識型態養出了地區主義和荷內．巴贊[11]的小說，還有他的農本主義（agrarisme）及稍後的地權主義（terrianisme）。簡言之，法國人對東遷西徙的焦慮引發一連串的想像，莫拉斯右翼[12]抓住這些想像，啟發了日後的法蘭西運動[13]。今天，「根」這個主題，無論是留在家鄉還是遷徙他鄉，只要事關移民，媒體都狂追猛報。或許離鄉背井這件事，從未被人如此齊心一意地鄙斥過。這一切都與樹木的象徵一致，同時樹木也得益於這個以各種形態回歸大自然的新行動：這些形態組成了生態學。

一九六六年，馬丁．海德格在《泰然任之》（*Gelassenheit*）裡大力強調人類有多麼需要根。令他感動的「田間小路」邊緣長出樹木，啟發他寫下：「人類要從故土深處才有望升天。」換句話說，就是「精神的開放疆域」。看見橡樹，了解它扮演著天地間使者的角色，促使海德格自問：「我們還能談論人類在天地間的平靜居處嗎？〔……〕沉思之思有別於計算性思維，後者講求實際，專注日常瑣事，那麼沉思之思怎展開得了？」海德格用另一個疑問作結：「對事物奧祕開放的精神之新根基，它的土壤、它的土地會在哪裡[15]？有可能復歸樹木的本質嗎？」

串起樹葉、腐植質和人類的長鍊

讓我們擱置地底下的東西不論，來談腐植質，換句話說就是有關土壤，無關深度，也無關底下的地質層，從這裡開始了地獄的分界。我們來到表層，植物組織與正在分解的礦物質在那裡接觸，所有準備重生的死物都會來到這個地方，大雜燴似地讓這裡成為最肥沃、養分最充足的一層，然後就能死而復生。腐植質充斥著殘渣，沉埋的部分在那裡進行作用，未來便可再利用[16]。諾華利斯在一八〇一年已經強調過這樣的觀點，植物從過去的殘骸碎屑中取得養分[17]。

有關腐植質的文藝表現與引起的情感中，不能沒有枯葉及枯葉和地面的結合，浪漫主義時代尤是如此。在施南古的小說裡，奧伯曼（Oberman）停下腳步，留意起「風驅趕著枯黃的樹葉，拂過乾燥的青草及路上的塵埃[18]」。在夏多布里昂的作品裡，多次出現聆聽枯葉聲的橋段，他在《墓畔回憶錄》中描述與姊姊露西兒結伴散步鄉間時，會注意到枯葉、它們的氣味和踩在腳下的簌簌聲；早在《基督教真諦》（*Génie du christianisme*）裡，他就提過「獨自行走的樵夫腳下乾葉的氣味，都給風從四面八方刮來了[19]」。繆爾後來體驗到「興奮」，在針葉樹的「乾燥針葉裡移動雙腳，幸福得無以言喻」。

分析枯葉帶給人各色情感的佼佼者，莫過於梭羅。他先是頌揚在葉子脫離樹木時節散步的樂趣，寫道：「我非常喜愛在枯樹葉墳堆之間遊走，**空想著它們**[20]。」的確，僅是枯葉就能讓他神馳良久。他會觀察枯葉如何形成「平躺在地上的樹」，注意到「葉子鋪成的床正符合樹木的形狀及尺寸[21]」。樹影的輪廓令人想要尋找原本承載枯葉的樹枝；枯葉繼續活在土壤中。「枯葉是為了上升才落下，以便在接下來幾年內直升更高處[22]」，目前則是以腐植質的形式，充當我們這些活人的床，有時候則在墳墓裡與死人相遇。

凝視枯葉，讓梭羅質問起自己的身分：「我不就有一部分是葉子和腐植質嗎[23]？」停下來觀察枯葉，就是去體會一個原始經驗，在當下返本歸源，幻想著串連起樹葉、腐植質和人類的長鍊。梭羅感受到「低調的潛伏」，既「陌生又熟悉[24]」，滋孕著這個原始經驗。

然而樹葉可說是個典範，具教育意義。樹葉獻身給腐植質，梭羅寫道：「樹葉赴死的姿態多麼優雅！落地落得多麼輕柔，轉變成腐植質，色彩斑斕，變成床，給我們活人睡！它們如此輕盈、飄搖，成群結隊，趨赴墳頭。它們無需悲悼，開心離去，飛奔過地面，選擇它們的墳墓，在林間低語[25]。」

許多近代藝術家強烈體驗到腐植質的影響，有時還感受到一股欲望，想直接與腐植質接觸。因此安迪・高茲沃斯[14]認為自己只不過是自然的元素，在戶外工作中偶爾會躺在地上，例如驟雨初降時——這是為了在地上留下身體的痕跡；而且他覺得樹木和雕塑家的他之間有個類比關係，在他眼裡，他的雙腳為根，身體是樹幹，手臂和雙手是樹枝和樹葉，兩者的搖動表示他在揮手示意。

從此我們理解高茲沃斯為什麼要用樹根與樹葉來創作[26]。在一九九六年一月創作的《向日葵之樹》（*arbre de Capenoch*），他寫道：「與地面平行，橫向生長的長樹枝教會我樹木就是大地，樹枝就是風景。是土壤、是石頭，透過樹木而流動[27]。」由此我們可以理解他的創作，就是讓用樹木呈現的石頭及冰雪有流動的感覺。

在作品中把對腐植質的癡迷推得更遠的，是攝影家米樹勒・康波[15]。他實踐「臥地活動」（humicubation），不只直接睡在地上，更確切地說是睡在腐植質上。這個動作就像重複體驗及接納死亡的信號。在他眼中，臥地是記得每個樹種會安排、準備自己的後續並且把這點表現出來的一種方式，是讓重生後的每種樹不會被感知為毫無價值、遭人遺忘輕忽的方法。康波奉行臥地活動，拍下擺出這個姿勢的自己，使我們憶起並未擺脫原始的根源，而且遙遠的過去仍不斷影響我們[28]。

蓬日還提醒[29]，有別於人類及動物，樹木不需要為了死亡另覓他處。或許就是因為這樣，看

到樹木在它活著的地方站著死去，此情此景真是動人心魄，所有非同尋常的情感齊湧；彷彿在這立地而死的景象裡，有什麼不正常之處。

奧伯曼目睹高齡數百的老樹失去生命，不禁浮想聯翩，為之悲憐。這個野蠻強悍、壯麗高聳的「古老莖幹」，「哺育著生物，將之納入自己的庇護，喝空氣中的水，哪怕狂風怒吼，也依然屹立；它在從自己的果實萌生的群樹中死去[30]。」

不久，足跡踏遍鱈魚角的梭羅，在一片荒郊曠野中大受衝擊：極目望去，除了圍著教堂的一方倫巴第楊樹，一棵樹也沒有。他寫道：「整飭得跟建築工程的梁柱一樣筆直，邊角同樣方正，但除非我錯了，否則從第一棵到最後一棵都死氣沉沉，像是最後一次走入睡鄉，不會再醒來[31]。」他看見更遠處矗立著一些乾巴巴、奄奄一息的樹木。沒有任何景色能讓梭羅用同樣強烈的象徵力度，提及鱈魚角的寂寥與荒涼。

枯樹、死亡、循環不息的再生

在藝術家的作品裡，枯樹的形象表現特別強烈地令人聯想起死亡，用羅倫佐・洛托[16]的畫《聖尼古拉》（*Saint-Nicolas*）為例[32]，當樹木遭遇雷殛，又在狂風暴雨中被殘殺，觀者的情緒會被帶到頂點，而這也是普桑[17]在名為《暴風雨》（*L'Orage*）的畫裡頌讚過的繪畫主題。

當然，樹木在冬天褪下綠衣，藉由木頭的劈裂聲和呈現的景象讓人胸口一緊，讓死亡的形象多了起來。拉馬丁在《喬西林》（*Jocelyn*）中寫道：

橡樹繁茂的樹冠漸禿
骷髏抬起赤裸的長枝；
冷風搖顫，捲起的葉子
在我們腳下起伏如流動的沼澤，
死去的樹木傾倒，拂地有聲，
像掘墓人挖出來的骸骨[33]。

許多當代藝術家都選擇死樹為素材及靈感來源，挖開木頭，攤開樹皮，展示於牆。關於這點，法蘭西斯·梅山（François Méchain）的《康多布赫之樹》（*L'Arbre de Cantobre*）特別有意義。這棵年輕橡樹的樹皮被攤開來，釘於牆上，昭示它的內在臉孔。這一整棵年輕樹木攤展在展覽室裡，包括在畫布上摩擦後留下的樹枝印跡，都一覽無遺[34]。

樹木在嚴冬之中看似死亡的景象所激發的震愕，可能會掩蓋同樣強烈的感覺：等待重生的感覺。按照巴什拉的觀點，真正遵循自然節奏的生物是樹木。樹是一座精妙的宇宙時鐘，展現四季的律動，此外它本就是循環的象徵。**樹木不諳人類不可逆返的線性時間，它是曆書，宣告四季的遞嬗。**

許多古老宗教都讚頌過樹木的循環不息。農業之神阿提斯[18]的命運是文學中拈來皆是的參考，可見這個概念影響深遠[35]。對「再生」主題的執著，在古代先哲身上一再重演。泰奧弗拉斯托斯特別注意樹木在冬季看似萎死之後會回春的情形，覺得這場死亡是在等待復活。他說所有樹，特別是花楸樹，都「拚了命要活下去[36]」；證據就是樹幹被砍斷時，從樹樁綻出的嫩枝，好似在為它加冕。

因為樹木神祕的復活能力，擅於表達神奇異事，中世紀作家透過「春歌」[19]這個詞來表現。騎士文學把這個時期變成純美愛情與感官享樂、生機蓬勃的環境背景；法國學童今天依然在學習查理一世[20]的詩。後來每到大自然的力量再生之時，田園詩就會有如雨後春筍。

二十世紀，蓬日尤其留心樹木等不及吐出「綠色的穢物[37]」的時候。這時的樹木是座超大型的實驗室，也是「立體掛毯」。同時，嘉登的小說《西羅亞》（*Siloé*）的主角西蒙從樹木在春天的行為（不留情地轉向未來）裡讀出給人類的訊息：樹木朝他喊話，要他務必活下去[38]。

杜瑪[39]概述了樹木之所以成為獨特的生物，就是「再生能力」。這種植物有複雜的抵抗系統，高防禦力的樹皮是完美的隔絕，但仍能從一些地方透氣。樹木自我修復與癒合的本事高強，它的根系牢牢將它固定在地上，提供養分。最後，樹木自給自足，同時讓土地肥沃。蓬日寫到樹木靠著「嚴密的多元制」維生，在「行動中剖析[40]」，反覆玩著是土又非土的遊戲。

今天，像高茲沃斯這樣的地景藝術（land art）家，都醉心於樹木強勁的成長能力，這股壓縮集中在果核內的促發再生之力。

宜人的靈魂之所

樹木與死亡及再生之間的關聯並不僅止於此，墓園、墳地裡的喪葬樹木存在了數百年就是明證。譬如從希臘與拉丁墓園，還有色諾芬[21]的《經濟論》中描述的波斯墓園，就能知道神聖花園還有喪葬花園都種了樹。那就是讓人類接近自然的方法。從這個觀點看來，現代英國是很有意義的特殊例子。在鄉間墓園裡，喪葬儀式和對樹木的迷信緊密得難分難解，十八世紀的湯馬斯・格雷[22]有許多著名的輓歌都獻給這些**教堂墓園**（churchyards）。此地的紫杉保護墓園不受風襲，當時的人認為紫杉能屏退墳墓排出的毒氣，也能防禦邪靈。此外，紫杉還象徵生生不息。

浪漫主義詩人緊跟格雷的腳步，在他們對鄉間墓園的追憶裡，樹木占據了很大的位置。夏多布里昂的《基督教真諦》有一整個章節都沒離開這個主題。關於這一點，他引述豐塔納[23]撰寫於一七九五年的詩，名為〈鄉間死者的一天〉（*Le Jour des morts dans une campagne*），該詩主要在描述一場葬禮。豐塔納列舉了一群樹木，專做環繞長眠地之用：

然而我們來到死亡之所。
紫杉、淒楚的黃楊、不掛果的長春藤，
四面八方叢生的莓果就在附近；
我們看見幾株散亂的椴樹亭立；

風兒披拂凋零的樹冠，颯颯呼嘯[41]。

夏多布里昂也提過法國大革命之前的鄉間古老墓園，曾在文章裡說人們喜歡在墓園看見拔地參天的紫杉，它們「只靠樹皮生長〔……〕，還有死者的小榆樹及黃楊。」「在這些地方，滿耳只有紅腹知更鳥的歌唱，還有羊兒在牠們以前的牧羊人墳旁啃草的聲音[42]。」誰都記得雨果在《沉思集》裡的驚嘆：「紫杉下方多冷啊！」米榭勒一度住在拉雪茲神父墓園附近，很喜歡去這個「墓園兼花園」（歷史學家埃曼紐·富黑克斯〔Emmanuel Fureix〕的用詞[43]）散步，根壯葉茂的植物霸據著那個地方。在這遼闊的死亡之域中，走道寬廣筆直，椴樹、栗樹、相思樹、岩槭和楊樹夾徑。

二十世紀的民族學者做了喪葬樹木的廣泛調查，某些地區的墓園因為這些樹木，多少總是給人離離蔚蔚的印象。每個地區都有特定的品種留給亡魂之地：普羅旺斯的絲柏、諾曼第和布列塔尼的紫杉、普瓦圖和利夫拉杜瓦（Livradois）的胡桃樹、亞爾薩斯作為聖誕樹的松樹。喪葬樹木有時候會顯現較少見的地區特色，像是科唐坦半島（Cotentin）的棘刺或奧恩省的蘋果樹[44]。跟我們想的可能有所出入，浪漫主義的創造——垂柳，並未出現在民族學者建立的目錄中。某些墓園的樹木因為高齡而從過去到現在都仍聲名遠播，諾曼第地區有很多樹就是如此[45]，特別是拉朗德－帕特里（La Lande-Patry）的兩棵紫杉，樹幹圓周有十一公尺，我小時候會叫人帶我去那裡玩。

某些喪葬儀式必定會使用到樹木，像是搭建葬禮火堆時。關於這一點，後文會看到瓦列里烏斯[24]對為他搭建的火堆所展現的講究。在龍沙的《法蘭西亞德》（*La Franciade*）中，為了豎起火堆焚燒主角的同伴之一的屍體，他的朋友砍光一整座森林的歐洲山楊、小榆樹、紫杉、椴樹、松樹、絲柏和橡樹[46]。

且讓我們到西方之外，來一趟短暫的旅行。夏多布里昂在《阿達拉》著名的情節裡，描述在美洲見到的空中墳墓。「女黑鬼」和「印第安女人」分別是兩個鄰近殖民地的奴隸，每晚在一個荒無人煙的地方碰頭。她們都是一個孩子的母親。黑人的孩子活著，印第安人的孩子則死了。她們按照「野蠻人」的葬禮習俗，把孩子吊在楓樹或北美檫樹的樹枝上搖晃，一邊哼唱祖國的曲子[47]。這本著作裡描述的「亡魂樹林」似乎比較寬廣，位在夏多布里昂拜訪的「傳教士住處」之中。這座松樹林看起來像一座列柱中庭（péristyle），通往墳堆形成的「死亡之殿」。每家人擁有一塊地，可以根據喜好去種樹。樹林有一條蜿蜒小溪中穿而過，「宜人的靈魂之所」。因為蓊鬱成林，到處充盈著宗教氣氛的聲響，彷彿「管風琴聲隱隱傳來〔……〕，可是當我們進入聖殿深處，只聽得見鳥兒鳴囀，慶祝一場永遠不散的筵席，追憶死者[48]」。

墳樹的各種寓意

數世紀以來，樹木不只用來裝飾墓園，也經常與墳墓有關。在希臘化的鄉間，懸鈴木或絲柏包圍著英雄屍骸，普羅佩提烏斯[25]在他第二篇輓歌裡，已經向其他作家散播了頌揚為逝者種植墳樹的欲望。

到了十六世紀，這個現象有助於重新繫緊樹木和某個別墳墓間的連結。龍沙從普羅佩提烏斯和桑納札羅[26]《阿卡迪亞》（*L'Arcadie*）中獲得啟發，為「墳墓的選擇」寫了一首詩。在列舉了所有他不想在這個地方看到的樹木之後，他寫道：

但我很想要一棵樹
為大理石中的我遮蔭，
一棵總是
綠意濃濃的樹。

又加上：

大地能從我身上
生出長春藤，
環抱我，一圈又一圈：
扭扭屹屹的葡萄藤

美化我的墳頭，
往四面八方
放射成一片大樹影[49]。

被植物擁抱的欲望值得強調，這個畫面在此處反映了在墳墓裡安歇的欲望。這首詩在龍沙的作品裡並非特例，獻給納瓦爾的瑪格莉特[27]墳頭詩就是一證，這首詩直接受普羅佩提烏斯啟發，而且傳達出他希望墳墓隱沒於植物之下。龍沙在這個墳墓上寫下：

用青草遮蔽地面，
再以長春藤鋪蓋，
也種一株絲柏，
而且希望有人可以刻些詩句在樹皮上[50]。

牧羊人每年的獻祭把陵墓轉變成殿堂。
於是大家對這樣的主題變得習以為常，馬萊布[28]為死去的美麗聖女日內維耶芙[29]，獻上《馬萊布之淚》，他希望：

代表預言家的月桂樹在墳上成長，
長春藤彎曲的手臂緊緊擁抱著它[51]。

十八世紀，貝拿丹將注意力特別放在喪葬樹木上，把將成為法國浪漫派詩人感受的東西系統化。貝拿丹認為有兩類樹木特別適用。第一類最具代表性，就是那些任由「細長」的樹枝垂直吻地，迎風飄搖的樹木。「這些樹看起來蓬亂不堪，像在哀悼誰的不幸」。垂柳就是如此，並引領了這個風潮，還有某些長髮飄飄的梣樹。所以貝拿丹不忘提一提苔絲狄蒙娜[30]唱的柳樹。

第二類是方尖碑或金字塔形的樹木，這種形狀令人想到對天空的嚮往。貝拿丹認為義大利的楊樹（令人想起奧維德，特別是達芙妮和法埃桐姊妹[31]的變形）還有像「掛滿羊毛的長紡錘」的絲柏，以及因其顏色深綠且四季常青，象徵著長生不死的北方松樹就屬於這一類；也別忘記「風挑動枝條的時候，耳邊這種不可名狀的呻吟[52]」。

在貝拿丹眼裡，墓園的樹木是道德老師。尤其是比起紀念性建物，它們更能保存人類的回憶，因此他希望「長春藤擁抱鴛鴦墳上的絲柏，表示永結同心；月桂樹象徵戰士的美德，橄欖樹能代表談判家[53]」。女貞樹、金鐘柏、黃楊、刺柏，帶有深色種籽的歐洲冬青那燃燒的荊棘[32]、飄香的忍冬，為「所有對樹木做出貢獻的人類[54]」遮蔭。

從另一個觀點來看，貝拿丹認為樹木不只象徵還維持悲痛的崇高，「同墓園裡的老紫杉一起拔地參天[55]」。

從那時候開始，多愁善感的人體會到墳墓與植物的合作關係，變成不言自明的事。少年維特在自殺前不久就已指出自己的偏好。「墓園深處有兩棵椴樹，在靠近面對田野的那個角落，就是我欲安息之所[56]。」一八二三年，拉馬丁讚頌垂柳，「親愛的憂鬱之樹！」他肯定自己一八一四年在一棵垂柳下寫了這首詩，還向它預告：「有一天你也會覆蓋在我的墳上[57]。」為繆塞[33]位於拉雪茲神父墓園裡的墳墓遮蔭的柳樹，訪客不絕。

拿破崙駕崩隔日，他那位在聖赫勒拿島上的墳樹便披上了政治性的外衣。褒揚這棵樹是為了讓拿破崙的支持者讚頌這場單純的情感表演。從那時候開始，文章中提到的、畫面上出現的樹木，都成為叛亂的標記[58]。

逝者的血化成松香，在細枝下輕響

喬治·桑在《我的一生》（*l'Histoire de ma vie*）動人的一頁中，述說她如何不許人砍掉那棵十五年前種在她弟弟墳上的梨樹；園丁因為她尊重樹木而誇讚她。喬治·桑寫道：「所以那孩子將會留在那棵樹下，〈那棵樹〉並未消失。它是那麼秀麗，春天一到，就在這被人忘卻的墳墓上，撐開粉紅花的陽傘[59]。」她認為這棵果樹沒有墳場的絲柏那麼陰森，依她所見，「花草是孩子真正的陵墓[60]」，因為她祖母認為花草跟樹木一樣，是唯一不會破壞思念的裝飾。

在雨果的詩作裡，覆蓋墳墓的是青草；可是我們在他的詩中找到其他幻想。墳樹哺育著侵入乃至於混纏的象徵；死者的命運無非這麼一回事，《沉思集》提到的那個死者「感覺到樹根恐怖的頭髮／伸進他的棺材[61]」。丁尼生寫道：「老紫杉緊擁著碑石，／上面刻著地底亡魂的名字，／你的纖維繫縛他們再無夢想的頭顱／你的根包圍他們的屍骨。」詩人還祈求紫杉，「把樹根戳進這些再無夢想的頭顱中[62]」。這是一種集體焦慮，與深怕被活埋的強烈恐懼是一樣的。

但我也必須說在某些地區，在墳墓中央種植紫杉的習慣有利於根系四通八達的侵入[63]。這就是十八至十九世紀諾曼第地區的習俗，特別是馬黑－維尼耶（marais Vernier）這個地方。位於利翁森林（Lyons）中心的利厄爾河畔侯賽（Rosay-sur-Lieure）的墓園裡，墳墓上的紫杉推擠到墓碑，把墓碑都撐舉起來了；我們也可以在英國古老的教堂墓園裡看見這種狀況。在匈牙利的塞格德（Szeged），人們會在墳墓中央種下松樹或歐洲雲杉這類針葉樹，樹腳就直接在死者身上生根[64]。

喪葬樹木專家侯貝．布爾第（Robert Bourdu）引述瑞士作家吉爾．皮杜（Gil Pidoux）《樹木的所在》（*Lieu de l'arbre*）中的一段：「死者上升到樹液裡。死者大量流向樹皮之下。在樹梢顫動他們的手指。他們的雙眼在樹疤裡炯炯生輝。他們的血化成松香，在細枝下輕響[65]。」

這讓人想到埋葬在某些美國墓園裡的死者，渴望自己的基因能傳遞到他們的墳樹上。

註解

1 巴塞利茲（Georg Baselitz, 1938-）是德國知名藝術家，戰後新表現主義的代表人物。

2 聖瓊・佩斯（Saint John Perse, 1887-1975）是法國詩人、作家，一九六〇年曾獲諾貝爾文學獎。

3 夏爾勒・邦納（Charles Bonnet, 1720-1793），瑞士自然博物學家。

4 盧克萊修（Lucretius），古羅馬詩人、哲學家。

5 吉爾・德勒茲（Gilles Deleuze, 1925-1995），法國後現代主義哲學家。

6 「地下莖」（rhizome）象徵蔓延、多元、擴散、延伸，是一種與階層式的傳統「樹狀」思考相反的思維方式。

7 《九三年》（*Quatrevingt-treize*）是雨果生平最後一部小說，內容描述法國大革命過後，保皇黨的軍隊「白軍」與共和國軍「藍軍」在旺代省展開的一場戰爭。

8 巴雷斯（Maurice Barrès, 1862-1923），法國民族主義的代表作家，也是政治家。

9 丹納（Hippolyte Adolphe Taine, 1828-1893），法國哲學家、歷史學家。他也出現在《浮萍斷梗》的故事中。

10 保羅・布爾傑（Paul Bourget, 1852-1935），法國作家，曾任法蘭西學院院士。

11 荷內・巴贊（René Bazin, 1853-1932），法國作家、記者。

12 法蘭西運動（action de l'État français）要求廢除共和，謀君主復辟，倡導恢復大革命之前的地方分權制度。

13 莫拉斯右翼（la droite maurassienne）指的是受到莫拉斯（Charles Maurras, 1868-1952）的君主主義、保守民族主義思想所啟發的極右翼意識形態。

14 安迪・高茲沃斯（Andy Goldsworthy, 1956-），英國藝術家、雕塑家、攝影師。

15 米樹勒・康波（Michel Campeau, 1948-），加拿大魁北克攝影師。

16 羅倫佐・洛托（Lorenzo Lotto, 1480-1556），文藝復興全盛時期的義大利畫家。

17 普桑（Nicolas Poussin, 1594-1665）是法國畫家，多以古典神話、《聖經》為繪畫題材。

18 阿提斯（Attis）是佛里幾亞（Phrygia）地區的農業之神，象徵冬去春來。

19 「春歌」（reverdie）來自「返青」（reverdir）一字，是中世紀的一種詩體，歌頌春天歸來。

20 查理一世（Charles I d'Orléans, 1394-1465）是奧爾良公爵，以詩聞名。

21 色諾芬（Xénophon），希臘歷史學家、哲學家，軍事家。

22 湯馬斯・格雷（Thomas Gray, 1716-1771），英國詩人。

23 豐塔納（Louis de Fontanes, 1757-1821），法國詩人及政治家。

24 瓦列里烏斯（Valerius Asiaticus），羅馬政治家。

25 作者註：普羅佩提烏斯（Propertius, 前47-前15）是奧古斯都時代的拉丁詩人，模仿亞歷山大詩體。他來自翁布里亞（Umbria），受到梅塞納斯（Gaius Maecenas）贊助。他在《輓歌》裡歌詠對辛西亞的愛情，自文藝復興時期起就對後代詩人產生深遠的影響。

26 納瓦爾的瑪格莉特（Marguerite de Navarre, 1492-1549），法國國王弗朗索瓦一世的姊姊。

27 馬萊布（François de Malherbe, 1555-1628），法國詩人。

28 日內維耶芙（Geneviève），巴黎的守護聖人。

29 苔絲狄蒙娜（Desdemona），奧賽羅的妻子。

30 在奧維德的《變形記》中，太陽神的兒子法埃桐（Phaethon）駕駛父親的太陽馬車，卻因無力控制，為世界帶來災禍，宙斯只得擊斃法埃桐，他的姊妹們因為悲傷，變成楊樹。

31 燃燒的荊棘是《聖經》中的一株植物。上帝顯現在燃燒的荊棘裡，任命摩西帶領以色列人離開埃及。

32 繆塞（Alfred de Musset, 1810-1857），法國浪漫主義時代的作家。

33 作者註：桑納札羅（Jacopo Sannazaro, 1458-1530），拿波里詩人，因田園小說《阿卡迪亞》而聞名。這部作品反映出作者受到古代作家及佩脫拉克的影響。他在晚年寫起輓歌，無疑是他最成功的作品。

第 4 章

因樹木而起的神聖情懷

千百年來，我們在樹木身上感受到最強烈的情感，就是神聖情懷。許多作品以此為主題，讓人去參閱那些精美的專著。記憶因為年深日久的堆積、沉降、纏結，使得分析這一點成為大難題。舉個例子讓各位明白這個困難度。

夏多布里昂在《殉道者列傳》（*Les Martyrs*）概述了回憶過往而觸發的形形色色情感，同時將畫有樹木的插圖並排。他說到《舊約聖經》中的生命樹、知善惡樹、聖地的乳香樹及石榴樹，還有福音書中謙卑的牛膝草與不會結果的無花果樹。這部史詩鉅作有大量發生在古希臘的純美愛情場面。夏多布里昂在家樹上著墨甚多，人們在那裡擺席設宴。他提到荷馬在伊利[1]的楊樹下唱歌，也介紹了亞摩里克地區[2]的樹，後者是德魯伊教[3]的遺產。夏多布里昂把採摘岩生櫟上的槲寄生的習俗搬上了舞台，除此之外，還有巴達維亞人（Batavi）居住地區的樹木景觀，《殉道者列傳》最戲劇性的情節就發生在這些樹林當中。但不只如此，夏多布里昂很明顯想要把這些滿是樹木的過去，與他在美洲森林裡感受到的情感重新牽連起來。為此他祈求於那位「讓他在美洲孑然伶仃的時刻中找到品都斯樹林[4][1]」的繆思。而在十九世紀初，因為資料的堆積及兼容並蓄，突顯了這件事的複雜性。

然而夏多布里昂一心想為情感（affect）分出等級。他在《基督教真諦》中強調基督教趕走神話及它「優雅的鬼魂」、那些陌生的聲音、嘆息，把偉大、尊嚴、寧靜、孤獨還給創造世界的上帝，就是基督教。多虧宗教，「森林的圓頂被提高了[2]」，激勵人內省，讓人類能特別強烈地去感受上帝創造世界的崇高，特別是身處美洲森林時。

樹木是神靈：永生之樹

自古以來，樹木（尤其是最軒昂的那些）讓人心生嚮往，就是莖幹破土而出，欲投奔天際的衝勁。之後整個中世紀，這股驅動力都象徵著對完美的追求。對這個時代的基督徒來說，樹木承諾我們生命與拯救，代表希望。

無怪乎遠古時期對樹木的崇拜會那麼興盛。人類自發地相信樹木是神靈，像個「神話巨人[3]」。例如對印歐民族而言，世界之樹[5][4]象徵世界的軸心，同時也是天空的縮圖。當時的人認為這棵宇宙樹聳立在地球的肚臍眼上。它是使者，說明了無數唸咒及占卜的習俗。它是生命及永生之樹，代表不斷重生的宇宙，也是卓越的神聖容器，主宰眾人的命運。薩滿巫師的升天儀式，就是沿著世界之軸這條路，展開偉大的旅程。

我們都很清楚高盧橡樹、德魯伊教徒的個性，還有他們祭禮習俗的特色[5]。長久以來，樹木崇拜的表現一直受到名家作品左右，像是保薩尼亞斯、凱薩、塔西陀[6]、老普林尼的作品。老普林尼在《自然史》中強調高盧人對槲寄生的仰慕，並逐項說明高盧人對岩生櫟的崇拜儀式。老普林尼說這些蠻族認為這棵樹上長出來的一切，都是上天送來的。他們看到的是神的親自揀選。只要有人在森林中的橡樹上發現槲寄生，德魯伊就會在新月的第六天過來摘取。「他們按照儀式在樹腳下準備宰牲獻祭，擺一場宗教饗宴。他們牽來兩頭白色公牛，牛角被綁在一起。一身白袍的祭司爬到樹上，用金色的剪枝刀剪下槲寄生，再用白色的戰士外套接過來。接下來他們宰殺牲品，向神祈禱〔……〕。他們相信槲寄生做成的飲料會賜予不孕的動物繁殖力，也是萬用解毒劑[6]。」

十七世紀初，三根樹枝的橡樹被發現與高盧神話的誕生有關，亨利四世藉此進行民族國家的統一，《愛斯翠雅》的成功也重新喚起人們對德魯伊教及凱爾特橡樹的記憶。從小說的第一冊開始，前往尋找賽拉東的小隊伍成員發現一種由幾個穹頂接合而成的植物建築物，他們從這裡走進去。首先映入他們眼簾的是一個「巨大木桶」，這座圓形的植物棚架本身就像個由一棵棵樹木交相彎折出來的聖殿。從這裡可以進入一座神廟，它是真正的「樹林奇觀[7]」，就聳立在一片林蔭蔽天的草地中央，有一座噴水池點綴。這是「聖林」，一直以來都供奉伊蘇斯（Hésus）、托塔蒂斯（Tautatès）、塔拉尼斯（Tharamis）這三位大英雄，據說這三位高盧神明在十六世紀分別對應火星、水星和木星。這座樹林中央的一棵巨橡拔地參天，上頭架著由小樹形成的穹頂。在這棵巨橡腳下的草坪高起，形成祭壇，祭壇上那幅圖繪有一對情人在搶奪一根香桃木樹枝和棕櫚枝。觀者「取代德魯伊」，摘下幾片橡樹葉，向此地的「神」（愛斯翠雅）祈禱，獻上樹枝。

這群人接下來經過第二座植物穹頂底下，這回的更寬廣[8]。於是來客舉行另一個新儀式，將一根小樹枝供奉草坪祭壇。一棵巨橡峙立中央，樹幹很快就分叉成三根樹枝，分別刻著伊蘇斯、白勒努斯（Belénus）和塔拉尼斯的名字。這些樹枝在更高的地方又合而為一；連結它們的樹皮上面刻有托塔蒂斯的名字。

就這樣，這棵樹代表三個人，但他們聚合成一個神。根據杜爾菲的說法，德魯伊教是基督教的前身。德魯伊教在這裡被奉為國族認同的重要元素。如果沒有這部小說的巨大迴響，以及深切影響法國文化中對樹木的想像，那麼之前所說的內容便無法成立。

兩個世紀後，夏多布里昂迎合一種因為凱爾特學會的成就而興起的愛好，在《殉道者列傳》中描寫了古人在新月第六天觀看的其中一幕場景：「人們〔高盧人〕往樹齡三十的橡樹前進，之前有人在那裡發現神聖的槲寄生；〔……〕一位身穿白衣的高盧僧侶爬上橡樹，手持德魯伊女祭司〔薇萊達〕7的金色鐮刀，一把割下槲寄生；樹下一件攤開的白色外套接住這株祝福過的植物[9]。」可是托塔蒂斯從德魯伊的橡樹裡說話了，祂要血……

數十年後，經由十九世紀這本偉大的法國國民小說的介紹，以及此書對第三共和8學童的薰陶，我們知道摘槲寄生的重要。在書裡，德魯伊教的岩生櫟與「我們的高盧祖先」密不可分。

樹木崇拜與聖樹信仰

古地中海沿岸、印度及愛琴海把樹木神聖化的故事，與上述不同。人們在西元前八千年就注意到的樹木崇拜，最近成為歷史學家寇沃爾精闢的綜合論述的對象[10]。樹木崇拜把以神杖形象的蛇為代表的女神信仰，與女神的伴神（parèdre）聖樹合而為一。這些地區中的聖樹帶有幾個特徵：長壽無疆、會結果、永不腐敗，還有好聞的香氣；雪松、絲柏、崖柏和棕櫚樹往往符合。

今天很難想像這些樹木觸發了那些年湮代遠的古人什麼情感，只知道這些人努力想保存聖樹，就怕它凋萎：樹木斷頭，枝椏乾枯，樹葉過早落下。信徒在聖樹腳邊放置祭品，這些聖樹經常代表樹木及它所連結的女神雙方的繁殖力。

這個信仰有明確的儀式：即舞蹈、撫摸樹皮、在樹幹上磨擦腹部。人們前往樹腳下瞻仰、求教，對著聖樹祈求默禱[11]。克里特島人認為聖樹的靈魂就住在木造及石造的柱子裡。考古學家埃文斯爵士（Arthur John Evans）為了解釋古人對這些柱子的崇拜，努力重建古人把樹的靈魂安置在圓柱裡的儀式。這麼看來，那大批木柱可說是一座變相的聖林。此後，我們更能理解何以《聖經》中比比皆是對柱子崇拜的對抗。

文字誕生之後，古地中海沿岸的證據變多了，呂底亞人[9]、米底人[10]、雅典人[12]……都有樹木崇拜的見證；稍後會談到為了多多納[11]橡樹的神諭而來朝拜的風潮。

亞里斯多德寫過，在舊時的雅典，將神聖橄欖樹連根拔起或斬斷的人是死罪，罪名是瀆神；後來律法似乎放寬了。在伯羅奔尼薩戰爭前夕，這些樹木所在的田地主人必須維護它們，把樹木連根拔起當然犯禁。亞略巴古[12]負責監督這些神聖的橄欖樹，年年都會派出專員，回來匯報這些樹如何受到維護。聖樹周圍也嚴禁栽種。曾有人不當舉發呂西亞斯[13]，他為了替自己辯護，強調他絕非在褻瀆神聖，而是心虔志誠地照料他神聖的橄欖樹[13]。

皮耶·格里瑪[14]寫說聖樹信仰「在羅馬思想的傳統自然主義裡是要點[14]」。當然，在羅馬共和國時代[15]，接著是羅馬帝國時代[16]，這些樹不再出現於羅馬城裡，不然就是圍起幾座神聖花園，不以獲利為目的，種滿具神聖或象徵性質的植物。此外，羅馬城裡有幾棵孤樹提醒來人它們在古羅馬神話中出場過。儘管如此，聖林的信仰在羅馬城外或不宜居住的地區繼續存在。四處可見的聖樹崇拜在羅馬宗教中仍保有原始特質。聖林的周圍就跟在孤樹下一樣，都有這個宗教最玄祕古老的一些儀式在發生，拜祭野生無花果樹（figuier Ruminal）的儀式即是一例[15]。

崇拜樹木及樹林有助於保持與大自然的接觸，然而這種崇拜受到希臘化時代或東方的神聖庭園影響，所以在羅馬帝國時代初期，這種崇拜剛好配合懸鈴木的風潮、以植物做裝飾的愛好，維吉爾的《牧歌集》裡樹木就無所不在。

老普林尼長篇縷述羅馬人如何崇拜樹林及聖樹，首先提醒讀者「森林起初是神廟」。古人因為聖林闃寂，才開始崇拜聖林。這與塞內卡[17]的思想不謀而合，在他眼裡，光是森林在節節成長就讓人不得不想到一股可怕的、神的力量[16]。

老普林尼寫說我們眼裡某些品種的樹，屬於某些特定神祇，像朱庇特的七葉樹、阿波羅的月桂樹、密涅瓦的橄欖樹、維納斯的香桃木、海克力斯的楊樹[17]……老普林尼還參考希羅多德，認可乳香樹還有克里特島的戈蒂納[18]的懸鈴木之宗教價值，後面這棵樹可能目睹了歐羅巴[19]被劫持的經過。他仔細詳述野生無花果樹的崇拜儀式：

「古羅馬人崇拜，」老普林尼這樣寫道：「生長在羅馬廣場上，在『戶外集會場』（Comitium）的無花果樹，因為他們習慣在這個地方埋葬閃電[20]，另外也是為了紀念這棵養育了羅馬帝國奠基者羅穆路斯與雷穆斯[21]的無花果樹，這是兄弟倆在盧佩卡爾[22]裡的第一個住處，所以被命名為『反芻的無花果樹』（Rruminal）[18]。」他還補充，每當這棵無花果樹乾枯就是一個預兆——據塔西陀說，那就是西元五八年的狀況；所以祭司們特意重新種了一棵。在戶外集會場上的野生無花果附近，偶然生出另一棵無花果樹；很快又有憑空冒出來的橄欖樹和葡萄樹圍住它。

羅馬也有一些神聖的香桃木——維納斯之樹。老普林尼咬定[19]其中幾棵的葉子，可能被用來淨化劫掠處女之後的羅馬人及薩賓人。在老普林尼的時代，香桃木的樹枝經常被用於煙燻。從奧古斯都大帝起，在凱薩家族位於弗拉米尼亞大道的鄉間居所奇蹟般冒出來的月桂樹樹林，就是用來嘉獎勝利[20]。奇蹟般的樹木受人崇拜，也就是那些未經種植，就在不尋常的地點挺立開花的樹木。

聖樹與異教信仰

許久以來，聖樹的象徵還有連結樹木和異教信仰的參考，就鐫刻在人們的記憶裡，例如我們在十九世紀初卡斯柏·大衛·弗德里希[23]的畫作裡察覺到的。《橡樹林中的修道院》這幅名畫裡的樹木象徵異教信仰，框起哥德式及基督教式的殘跡古址。裸露的樹幹就跟廢墟一樣，強調神廟的輝煌時代已不再，期待日耳曼解放戰爭[24]後的哪一天可能恢復神聖[21]。

在十九世紀末的西方繪畫中，對聖林的想像來到顛峰，特別是法國繪畫，可在象徵主義及那比派[25]畫家身上見到。在莫里斯·德尼[26]的畫筆下，樹林用來框起一群年輕女性。在一八九二年的《樹葉間的長梯》（*L'Echelle dans le feuillage*）上，其中三名女性幾乎隱身在綠意裡，畫出藤蔓花紋，尚－保羅・布雍[27]認為在她們身上感覺到天使，讓人想到耶西之樹（Tree of Jesse）[22]。

簡單說來，為自己搭建一座植物神廟的想法，深深影響十九世紀青春年少的想像。喬治・桑寫了篇精妙絕倫的文章，無微不至地細述了諾昂的林蔭隧道旁的花壇中央建造植物庇護所的過程，由此可看出她想為構思的小說主角搭建祭壇的欲望。奧蘿荷[28]在這由「花園的小樹」形成的風雨不透（連目光都穿透不得！）的樹叢中央，造了一座神廟。三棵美麗的楓樹框出了一個青枝綠葉的小房間。她用貝殼、小石頭、青苔、花環和鳥巢來布置這個與世隔絕的地方，還搭起一溜綠油油的列柱（colonnade），以及長春藤的拱廊。她坐在那裡的青苔上，幻想什麼樣的牲禮獻祭適合她創造的神，那個「只存在她幻夢中的無形之物[23]」。她坦言這個崇拜儀式是「基督教及異教兼具的典範」。在喬治・桑做著美夢的期間，開始出現「發自心底的宗教感受」。然而這座神廟一經發現，卻被大人輕描淡寫詮釋為「基督聖體聖血節的漂亮臨時祭壇」。

十九世紀的人類學家為了一個問題苦惱：法國有過，或是尚有對樹木的崇拜嗎？我們在阿諾・馮・根納普[29]的指南中得知，兩個世紀以來，的確有「許多作家承認法國有『真正的樹木崇拜』，與古典希臘時代經過證實的崇拜，骨子裡是同樣性質的[24]」。保羅・塞比優[30]為了對抗這個觀點，在一八九九年做了許多研究，撰寫了一篇綜合論述，還有一份富含上百條題目的文獻目錄；根納普則認為在這些文獻中只有二十一個有依據。這些按照由萊因河對岸的曼哈特[31]建立，再由弗雷澤[32]延伸出來的樹木崇拜通論所做的調查，有時是由團隊來進行。約訥省（Yonne）的教師就參與了調查。特別在比利時的法蘭德斯與埃諾省，法國的皮卡第、諾曼第……記錄得有條不柰。在整個二十世紀下半葉，人類學家路易・波諾（Louis Bonnaud）仍盡力要讓我們知道利穆贊（Limousin）有樹木崇拜，他的說法令人信服；主要是個人及私下的崇拜。

由人類觀察家接著是人類學家為此做的調查擴展全球[25]，超越了我們的意圖。所以我們只要引據一個對十九世紀初的想像影響很大的例子就可以。夏多布里昂在《阿達拉》裡鉅細靡遺——雖然這是一篇虛構作品——描寫北美印第安人對樹木的崇拜：「在查塔烏契河邊，可以看見一棵野生的無花果樹，深受印第安人崇拜。處女習慣在河裡清洗樹皮裙，再掛在這棵古樹上，讓沙漠的風晾乾。印第安人就是在那裡挖了一坑巨墳。」印第安人在死者遺骸上種下這棵無花果樹，那是「哭泣與安眠之樹[26]」。

幾十年後，梭羅受印第安人的善感啟發，高呼：「不要歌頌伊甸園，歌頌我們的花園吧[27]。」遠早於李維史陀，他就記述：「印第安人為樹木及各部位命名的字只有二十個，但這些字都不在植物學著作裡，而且需要更具體也更活絡的知識。他們每天都會用到這些字，對樹木、樹皮、樹葉瞭若指掌[28]。」

伊甸園裡的生命樹

說完異教崇拜，最後必須提到另一個基礎，它更用力勾畫了因樹木而起的神聖情懷；我要提的就是有數千個專家研究成果的《聖經》還有基督教的注釋內容。因此這裡只有千百年來以最大力量影響人的感性的東西。

〈創世紀〉開篇就有樹木矗立。作者告訴我們，神在第三天創造了樹木。似乎只有耶羅尼米斯．波希[33]以石破天驚的方式，描繪出豐茂的樹木先於人類存在，那個時候世間只有植物活在慘白的光線中，在懸空的宇宙玻璃球之下。波希的屏風畫《人間樂園》給觀者對世界的第一個印象，它似乎並未受到創世影響。

儘管神在這三天幹的活似乎不太能撩撥人的想像，但伊甸園的樹木就完全不一樣了。在樂園（Paradise）中央（這個地點至關重要）聳立著生命樹[29]。歷史學家妮可．勒梅特爾（Nicole Lemaître）說它「屬於神，也是神與其創造的萬物及人類之間的連結」「生命樹是神存在於花園中的標記，帶有神性[30]」。

在人墮落之前，生命樹有何能耐，大大訓練了人們的想像。教會教父有為數眾多的著作在處理這個主題，人們因而認為「生命」樹的果實是「死亡的解藥」，而亞當跟夏娃直到當時都不知情。但也有人詮釋為當中隱含意旨。大馬士革的聖約翰[34]認為咀嚼這顆果實就好比凝視著神的溫柔感覺，藉以達到對神的理解。

聖奧古斯丁歿後許久[31]，聖托瑪．阿奎那[35]長時間思索生命樹果實的功效。據他之見，這顆果實絕對無法賜人長生不死。它的功效有限，可以給人類的靈魂力量，保存肉體不死或讓肉體不至於腐爛，只是這個效果無法永存，一段時間後，人類「會過渡到精神及天堂的生活，並不消亡」。

人在墮落以後，前往生命樹的道路堵上了，但生命樹不會枯亡，會在伊甸園裡存續不絕。可是拿著火燄劍守護樹木的天使，從此禁止罪人亞當食用它的果實。然而生命樹也不是沒有（象徵意義上的）好處。此外，在《新約聖經》裡，〈啟示錄〉[32]明確闡述一個承諾：樂園裡有一棵生命樹和它的十二顆果實。

「從神和羔羊的寶座流出的河流岸上種著生命樹，樹上結有十二棵果實，代表十二個月，葉子醫治聖人，為他們免除肉體老病，賜予他們青春永駐[33]。」

我們會看到教父很快就發現生命樹和十字架、它的果實和聖餐禮之間有類比性。勒梅特爾說很久以後，生命樹在十六世紀變成個人和群體進步的象徵。

生命樹從基督教創立初期就一直在西方人的想像中盤桓不去。到了二十世紀中葉，依然是最重要的繪畫主題，例如馬蒂斯在一九四九年裝置於凡斯禮拜堂裡的彩繪玻璃，以及塞拉芬[36]美侖美奐的生命樹就是參證。在大量提及生命樹的文學作品中，我們來引用夏多布里昂《殉道者列傳》裡的濟利祿[37]主教的夢，這個夢摻雜了〈創世紀〉《雅歌》及〈啟示錄〉的影響。在酣夢中，濟利祿主教腦裡的天堂，「生命樹矗立在乳香樹的山谷上；稍遠之處，知善惡樹將深探的根以及千千萬萬的樹枝朝四面八方延伸：在它的金色葉子下，隱懷著神的奧祕、大自然的神祕法則、美德與智識的真相、善惡的不變原則〔……〕在至高無上的智慧主掌的帝國中，知善惡樹的果實不再致人於死[34]。」

生命樹及知善惡樹（真正的「神之書」）位置的相近，在這裡可以當作過渡，最後會帶領我們到起因於違抗的人的墮落。根據波絮埃[38]大力陳述的詮釋[35]，〈創世紀〉的這一幕裡，重點在於禁令。神向人類發出禁令，讓他感覺到此樹有主。知善惡樹的果實美麗又可口，本身並沒有害，不會造成肉體死亡和靈魂的千瘡百孔。這些令人嘆惜的結果只因違逆了神的原則。知善惡樹只是忤逆與罪孽的工具；這兩者導致亞當走上邪路。阿蘭・德・里耳[39]說亞當明知不可為，卻吃下果實，淪落到受役於罪孽及苦痛的下場。

從知善惡樹、沉思之樹到智慧之樹

隨著世紀流轉，知善惡樹也有了新的評價。聖國瑞・納祥[40]在第四世紀讓它變成沉思之樹；在中世紀後段的幾個世紀中，它被擢升到智慧之樹（*arbor sapientiae*）的地位，因此常被用在教學上，許許多多的表現法都為之見證：五感之樹、美德之樹、罪惡之樹、真理之樹，還有分類及展示之樹。勒梅特爾說知善惡樹體現了一場兼具宗教性、教育性及科學性的追尋[36]。

今後的文學作品中，伊甸園和天堂的樹木充斥。在想像中，天空就像伊甸園，確實觸目皆樹。在《神曲》中，維吉爾跟但丁走過的沿途上，樹木盈路，鳥兒充斥。西哈諾・德・貝爾傑哈克[41]在月亮上找到生命樹和知善惡樹。夏多布里昂的《基督教真諦》中有一片天空，上頭滿坑滿谷的樹木裡住著天使，伴隨金豎琴歌唱；珊瑚樹上承載的果實是鑽石，給予天堂有聲有色的景致。

上帝種的樹，伊甸園的遺跡

另外一個理念見證了《聖經》的影響：就是把某些一直生活在陸地上的樹木視為伊甸園的遺跡。拉馬丁就是這麼看待黎巴嫩的雪松：這些樹木龐然碩大，讓他五體投地，他認為上帝種下這些黎巴嫩雪松，讓它們成為祂的神殿。

〔……〕這些伊甸園樹木的莖幹碩大
都是神聖的遺跡，
這些地方保留了神聖花園之名；
這些雪松都跟所羅門時代一樣古老；
它們的植物直覺即神的靈魂
〔……〕它們會見證末日就像目睹天地初開[37]！

因此我們可以聲稱，因為新世界樹木品種的發現而豐富多元的現代植物園，被視為伊甸園的重現。自從貝納．巴律西[42]畫出伊甸園後，「這些花園的創作者，」受約翰．普萊斯特（John Prest）啟發的歷史學家西蒙．夏瑪（Simon Schama）寫下：「都受到想要再造伊甸園的全體植物的欲望驅使[38]。」

《聖經》也含有一些人在墮落之後對樹木的評判及命運的細節。先知經常舉發樹木崇拜，因為這挑起了上帝的怒火。他們譴責求教一塊木頭的行為，也怪罪人親吻樹幹，對一根「柱子」宣示：「汝為吾父。」先知（特別是以西結和何西阿[43]）譴責松樹及松脂油樹（terebinth）的崇拜，還有所有祭拜樹狀女神的儀式。簡言之，《舊約聖經》不斷針對所有偶像崇拜和樹木崇拜，就連只是作為供奉偶像的神廟樑柱的樹木都不放過。

耶西之樹與馬利亞之樹

耶西之樹的形象是截然不同的題材，關於它的圖像車載斗量。耶西之樹全身流動的樹液飽含強大生命力，和渦狀樹枝從耶西的腰部冒出來。在基督教時代，這些圖像圍起耶西子孫的臉孔：大衛王、聖母馬利亞、耶穌。在早期的基督教中，確實進行著生命樹與耶西之樹的融合；此後耶西之樹承載著希望。杜瑪是正確的，他注意到這個演化指出時間的漸進觀念，並且定義《新約聖經》讓舊約完整。然而，耶西之樹不斷變化，逐漸成為馬利亞之樹，變成聖母的孩子，與耶穌母親繫連著臍帶。到處圍有光圈，我們看見它把影子延伸到世界去，把果實散播在人身上，並且像教會照耀信徒那樣光芒萬丈。家譜樹跟耶西之樹一樣，相較於起源的傳說，重心更放在未來的期待上，如同在十四世紀呈現的那樣，克莉絲緹安娜・克拉畢許－祖伯（Christiane Klapisch-Zuber）已經精闢地研究過[39]。

朝聖黎巴嫩雪松

回到夏多布里昂上，他作品中的神聖時間性造成的衝擊，擴充了樹木觸發的情感種類。他在《基督教真諦》中讓馬龍派（maronite）的僧侶上場，這些僧侶會在耶穌顯聖容（Transfiguration）這一天，於黎巴嫩雪松下舉行彌撒。所羅門王及耶利米（Jeremiah）的回憶一直在黎巴嫩雪松上迴繞不去。夏多布里昂覺得這些樹木經歷過開天闢地[40]。

拉馬丁認為這些樹木記得伊甸園，記得神曾在園中種下自己，好比在人間天堂的頂端放了一頂皇冠，這些樹隨著風，折腰祈禱。這些樹也記得曾經是大洪水時的避難處，提供過木頭建造諾亞方舟和所羅門聖殿，然後是十字架；因此這些樹木一直有神的祝福[41]。

十九世紀的旅人前來觀賞黎巴嫩的雪松，情緒激動：因為他們體會到這些樹木是數千年來人類濫墾的受害者。事實上，現今僅存四十多個黎巴嫩雪松的生長地，分布在黎巴嫩、的黎波里、賽達[44]一帶。

十字架：從刑具轉變為生命樹

《新約聖經》及偽福音中提到的樹木並未留下那麼深刻的記憶。等需要談到這些植物的負面形象時，我們會回到不結果的無花果樹，還有猶大自縊的那棵樹上。我們來引用一個例外：

一八四三年，傑哈・德・聶瓦爾[45]在枝繁葉茂的西克莫無花果樹下，這棵馬塔利伊（Matarée）的「神木」碩大無朋，讓聶瓦爾神魂震動；根據偽經記載，聖家[46]曾經躲在在這棵樹下。儘管這是在科普特世代相傳的傳說，但這棵樹仍「收到基督教各宗派的敬意（……）而且千百年來拜訪它的人們，沒有不帶走一部分木塊或樹皮的」。「它寬闊如蓋的樹枝、根芽，」聶瓦爾寫道：「淹沒在還願物、念珠、銘文、聖人圖像之下，都是來自五湖四海的人懸掛或釘上去的[42]。」

在描述耶穌受難慘不忍聞的內容中，十字架及其令人想到《聖經》裡的樹木的筆直，激發起我們千百年來所知的猛烈情感；以至於整個中世紀，木頭通常被視為因為十字架而神聖化的材料[43]。千百年來，無數題材豐富了十字架的故事：首先是有關製作十字架的四塊木頭的品種問題。關於十字架的說法紛繁無盡，無法在此一一分析；用夏瑪的話來總結，隨著歲月的流逝，每一種樹木都參與了十字架的製作[44]。

容我再說一遍，最主要的是十字架從刑具轉變為生命之木，轉變為生命樹的過程。甚至在康士坦丁於第二、第三世紀開始統治之前，教父們就已經說過這個蛻變。杜瑪寫說把十字架定義為宇宙樹（從大地往天際上升，位於塵世與天堂之間），基督教「相當卓越地重新編寫了樹木的象徵」，讓樹木遠離所有大自然的參考。「十字架打通了人世與冥界的時間[45]。」十字架戰勝了死亡，對人的墮落引起的災難做出反擊。無怪乎十字架經常被描繪成生氣蓬勃的支柱，而非枯朽的木頭器具。中世紀的聖詠經（Psalter）、時禱書（Book of hours）、彩繪玻璃都滿布樹狀十字架、青枝綠葉如春回大地的十字架。因此含苞待放或百花綻放的十字架與十五世紀教堂大量的植物裝飾很是契合，夏瑪把這個風格稱為「植物哥德風格」[46]。

蔥綠的十字架促成了夏瑪口中基督教的自發植物學說，例子就是整個基督教世界確信會在聖誕節開花的無數植物。接下來的宗教改革強烈指望這樣的信仰。在十九世紀初，出現在弗里德里希的《切申祭壇畫》[47]上的十字架就是傑作，完整表現出這個緊密連結十字架、它所代表的承諾以及植物生命力的**意象**。至於文學作品，香塔兒・拉布赫（Chantal Labre）說得相當中肯：「十字架把影子投射到繆塞、波特萊爾與魏崙[48]的世紀上[47]，」再通過韓波[49]一直來到克婁岱爾[50]。在克婁岱爾的《金首將軍》（*Tête d'or*）中，公主被活生生釘在樹上時，這棵樹從暴戾的復仇工具，「轉成變容之樹，支撐著這位受辱公主可比基督的垂危瀕死[48]。」

與中世紀的神聖情懷連結

我們先回過頭討論樹木如何與漫長中世紀的神聖情懷連結在一起。這確實相當複雜。若想了解除了耶穌的十字架觸發的情感之外還有哪些，就必須回想先前提過的資訊。一直到即將進入十四世紀時，人們主要把樹木視為神的世界的反映，而非感性之域（monde sensible）的表現[49]。清除大自然的痕跡是必要的。被強烈風格化的樹木是各部分（樹幹、樹葉、花、果實）的象徵性組合[50]，我們多少還能清楚指認樹木品種。說到此，我們應當記得根據羅馬思想，每個描繪的生物至少都代表著另一樣東西，一個在更高等的方面與它對應的東西，而且它也是那個東西的象徵。例如白樹代表沒有子嗣的童貞，綠樹表現出繁殖力，「不結果也不開花的紅樹，代表因罪惡的血而造成的不育[51]。」

這個關係的邏輯經常難以看穿，別忘記每個象徵往往自相矛盾。這種類比的觀念左右了顯而易見與深藏不露者之間的關聯，很難清楚掌握。此外還有部分代表整體，像是樹木代表森林，果實代表樹木的過程。

從上述內容中，我們注意到中世紀時提到人間天堂、人的墮落還有神聖歷史（sacred history）或真理的時候，樹木最常出現。蘇菲・亞伯特（Sophie Albert）寫道：「因為樹木源自人間天堂，令人聯想到末世，與人類最終的結局相關[52]。」其餘就是具實用價值的樹木，與農事月份有關。要測定那些樹木是什麼特定品種經常困難重重。然而，松樹、雪松、橡樹、絲柏、樺木，特別是象徵愛情的椴樹，都是最常被描繪的樹木，要測定它們的品種就有可能。

除了這種樹木形象的表現手法及其觸發的情感，有樹木崇拜、與樹木崇拜搏鬥，以及教會逐漸騙取崇拜樹木的信徒尊奉的歷史。某些森林裡的樹木被認為是神聖的，且不容置疑。羅蘭・貝什曼（Roland Bechmann）引介潘蓬（Paimpont）的布洛塞良德森林[51]、百合角（Corne de Lys）的森林，以及位於孚日山脈的威斯騰伯格（Wustenberg）的森林。最常見的崇拜對象就是最耐久、形狀獨特且鶴立雞群的樹木。

無數酷烈的情節顯示教士、僧侶、隱士聖人戰鬥不休，不屈不撓地對抗樹木崇拜[53]。這些隱士們，像是聖博義[52]，讓人砍掉偶像化的樹木；未來的聖傑曼（Saint Germain d'Auxerre）在奧塞爾命人斬掉一棵松樹，因為樹枝上掛著狩獵戰利品。各省的教會會議鼓勵這種對抗。

為了不造成濫伐，各地教會會議壓制一連串的風俗習慣：禁止人民不上教堂反而去樹下祈禱，禁止把魔法物品掛在樹枝上或嵌入樹幹，禁止神祕儀式使用樹枝，甚至連只是點蠟燭放到樹裡面都不行。

教會不光是命人砍掉偶像化的樹木，還經常成功吸引崇拜樹木的信徒。關於這一點，「聖約翰的橡樹」別有意義。在令人嘆為觀止的樹上釘上聖母和聖人的小型雕像，有時候是十字架或耶穌受難像，或在樹幹上挖出神龕來放置聖物，都是教士普遍使用的手段。東雷米（Domrémy）的人會在「仙女樹」前舉行彌撒。我們可以理解，從那個時候起，有不勝枚舉的樹木都變成朝聖地。

然而中世紀在這方面並非頑固不化。賈克．勒果夫[53]鉅細靡遺地將長期流行於民間的態度按照年代順序列出，將十二世紀劃為分水嶺。一開始，「教士文化遮掩、隱藏、消滅民間文化[54]。」大部分有關對抗樹木崇拜的鬥爭敘述，都位於這個期間。在十一、十二世紀間，一個借用了地下民間文化、封建世俗的新文化於焉展開。因此在這個時期的武功歌[54]中，樹木的地位慢慢演進，這個新文化之後會再度基督教化。

對十三世紀前文學作品中的樹木最精微的研究，是以教士根除神話及古老宗教為依據。《埃涅阿斯記》[55]跟《埃涅阿斯傳奇》[56]的比較，明確點出這一點。喬埃爾．托瑪（Joël Thomas）提到出自詳盡計算的《埃涅阿斯記》才是真正的「樹之歌」，維吉爾列舉了二十個樹木品種。只是到了整個中世紀，大自然的描繪化繁為簡。讓中世紀的人感興趣的是森林（冒險小說少不了的意象）、木頭，還有首冠一切的狩獵。

單一樹木只會因為可能派得上用場才出現，像是栓馬、進食、睡覺的時候，又或是為了讓傷者或死者躺下來，還有躲雨。至於木頭，是因為那根讓救世主流血流到末日的木頭長槍才有機會上場，而且不會因為對神之子施加酷刑而感到安慰[55]。

然而，多是森林狩獵場面及仕女在樹下社交畫面的壁毯藝術，加劇了人們的好奇心，刺激人們去分析植物形狀的細節，或許還讓人看見長久以來不曾流露的歡愉。只要讀讀十四世紀賈斯頓三世[57]的《狩獵書》（*Le Livre de chasse*），就可以目睹這個題材的廣泛，放在樹木上的眼光之敏銳，對樹木品種的如數家珍及描述樹木的技巧之細緻[56]。

最後，我們不該擦掉樹木的神聖性，就像在熟悉印度洋的旅人敘事裡流露出來的神聖性，對那個時代的人們來說[57]，印度洋是夢幻的遠方，是奇景之地。所以中世紀的人把太陽樹、月亮樹及語焉不詳的樹擺在印度，我們之後會回來討論。

自然神學：解讀樹木的神聖性

說到人類對樹木深有感觸的歷史年表，有另一個轉折點。在菲奧雷的約阿基姆[58]的《形象之書》（*Liber figurarum*）中，樹木占據中心位置，這本書有很深遠的影響力。在作者眼中，它象徵著從創世直到世界末日的人類歷史過程；接連三棵樹說明他三位一體的歷史視點[59][58]。方濟會修士依循創始人亞西西的方濟[60]的教導，在大自然中尋找上帝，認為祂存在於景色的蛛絲馬跡中，這麼一來，遍地都是人間天堂。當然，這種追尋也包含了對樹木有何種領會[59]，激烈地扭轉了視點，而且十六世紀初的喬凡尼．貝里尼[61]孜孜不息，要把這種追尋化為圖像。

上述所言會慢慢在哥白尼式革命之後，轉變為我們說的自然神學，恩斯特．卡西爾[62]不久前分析過，多虧牛津神學家的貢獻，以及英倫海峽對岸以聖公宗的觀點閱讀《詩篇》（*Psalms*）的影響，面對世界景象的態度變了。自然神學邀人歌頌上帝，乃上帝自我表達在大自然的美景裡。當然，解讀樹木的神聖性，還有樹木往往觸發的情感結構，再一次與這個過程有關。這導致人們認為十七世紀是樹木形狀分析模式及樹木的繪畫表現模式的動盪時期，同時也是植物科學及其分析、分類鑄入人的印象的時候；霍百瑪[63]和雅各．馮．雷斯達爾[64]的畫作尤其能見證。

然而自然神學不單是目光的變革，它的目的依然是要別人改宗。所以美國藝術史學家西摩．史萊夫（Seymour Slive）自問，雷斯達爾畫中的樹木是否真的是「視覺的佈道」（sermons visuels），傳遞《聖經》的信息。

在文學領域方面，就讓我們引用著名的普呂胥神父的話。容我再複述一次，他的《大自然的景觀》在啟蒙時代大受歡迎。他說樹木本身就是對上帝的贊歌；上帝創造這個氣象恢宏、拔地參天的壯闊巨軀，將之綑縛牢固，使之更加結實，千百年來無懼風襲，維護樹木的「不朽」。上帝悉心「種植這些大樹；祂維護它們，沒有我們幫忙，讓水、鹽、油、火還有各物種所需的所有元素，不斷在天地間滾動」；絲毫沒有屈服在任何法則或必然性之下[60]。

貝拿丹則在美麗的森林裡看見「一座莊嚴宏偉的神殿，有圓柱、柱廊、神堂、燈」，而且這座神殿活動自如：「樹幹跟隨樹枝搖顫，讓遠方聽見宗教的低喃[61]。」

就是在這個時候，神聖的概念也是當時蔚為風氣的浪漫主義花園的一部分，人們把神殿、陵墓和禮拜堂塞滿花園。可是花園內帶有最深刻神聖印記的卻是「木頭」，它們才是人們偏愛的朝聖目標，就像埃默農維爾（Ermenonville）那座花園一樣。樹木在此處扮演了要角，因為比起其他植物，樹木更讓人想做夢、沉思、冥想[62]。

不久，夏多布里昂用了一頁的篇幅描寫一棵樹木：「它是上帝，山谷的青草和山裡的雪松都祝福它，〔……〕鳥兒在葉間為它歌唱[63]。」拉馬丁也附和雪松是「上帝的純粹樂器」。

最後我要提到一些風俗習慣，特別從十九世紀初起就圍繞著樹木打轉，反映出樹木與神聖的關係。的確，這個關係在文化和沉思習慣裡，到了二十世紀末依然很緊密。首先，樹木一直都有讓空間神聖化的能力。世間喧囂煩擾，「樹木的頑強存在」，而主要的是它簡單，「比鐘樓更深刻地見證了自然空間的神聖本質，即人類出現之前的景色。」「**樹木是沉默的宇宙**」，**它就是智慧的表徵**[64]。

到了十九世紀中葉，對樹木的崇奉依舊，就像達爾文一八三三年在南美洲見到的情形。他對瓦葉秋（Walleechu）祭壇的樹木描述如下：「印第安人一看到這棵樹，喧鬧叫囂，藉以表達崇拜之情。」當這棵樹在冬天綠葉謝盡，取而代之的是不可勝數的線，「線上吊著像是菸、麵包、肉、布塊等祭品[65]。」最富裕的人來樹下抽菸。周圍纍堆著的白骨，是奉獻給神明的馬匹。「加烏喬牧人（gaucho）則認為印第安人看這棵樹，就像在看神本尊。」達爾文比較謹慎，他推測最大的可能性是印第安人只把這棵樹當作神壇。米榭勒也提過裏海的乾草原有同樣的崇拜，這個地區的人喜愛單一獨特的樹。「每個人會送它一點東西，韃靼人（在沒有其他贈品的情況下）會拔下一點鬍子或頭髮[66]。」

祈禱樹

無數研究者為了編列受到崇拜的樹木名單，投入洋洋無邊的追尋[67]，其中有只是被當作「祈禱樹」的。自基督教創立以來，隱士在樹下祈禱是經典畫面，沙漠教父們跪在棕櫚樹下祈禱或沉思也是繪畫特色[68]。我們都曉得這個繪畫題材有多麼成功，例如十六世紀，波希的《聖哲羅姆的禱告》（*St. Jerome at Prayer*）。

十九世紀初，柯立芝[65]在《老水手之歌》（*The Rime of the Ancient Mariner*）中描述一名「善心隱士」的祈禱。每天清晨、正午與晚上，這位隱士都會「跪在飽滿的綠褥上／那是一截橡樹殘樁／墊著厚厚的青苔」[69]。在華特．史考特[66]的《昆汀．杜沃德》（*Quentin Durward*）中，主角穿越普萊希雷茲杜爾（Plessis-lès-Tours）的樹林，走進一片由軒昂巨樹圍出來的空地。一棟樸拙的禮拜堂附近有座小屋，一位「孤獨教士」在此避世離俗。此虛構故事反映出上世紀末發展出來的風尚，當時許多地主為了替自家的花園和樹木添加宗教特色，會出租小屋給一或多位隱士。

聖人小屋的畫和落腳樹洞隱士的畫內涵重疊。再說說波希，馬德里普拉多美術館裡那個「小小的聖安東尼」，就是絕佳的例子。畫中的聖安東尼蟄居在一棵空心樹裡，把這個洞當成祈禱室，一只鐘掛在樹枝間[70]。

要把研究者編列出來的每一棵祈禱室樹木，以及所有設有禮拜堂的樹木都謄進本書裡，內容會過長。椴樹尤常被選來做此之用。這種會散發香味的樹象徵愛情，經常因為蜜蜂出沒而賞心悅目，又有能做成花草茶的果實，被視為吉祥有益，這就是為什麼它似乎注定要執行宗教功能；所以人相信睡在它的樹蔭下容易做幸福美夢。

千年橡樹小教堂

法國最有名的祈禱室樹木一直都是阿盧維爾（Allouville）的橡樹禮拜堂，樹頂豎立著十字架。自十八世紀以來，裡面就有一座敬拜和平聖母（Notre-Dame-de-la-Paix）的禮拜堂。圍著樹幹的樓梯領人進入隱士小房間，也作祈禱室之用。這棵樹聞名遐邇了數個世紀，群眾爭相趕來它的樹蔭下聽彌撒。它無疑豎立在古老森林邊緣，或是人們習慣歇腳的地方。這個地方的布署在種了山毛櫸與山楂這兩棵樹之後便大功告成。一七六〇年，兩間離地三公尺高的餐室設置在這兩棵樹裡，一間可容十六位客人，另一間可容十二餘位。最後這附近種了一座迷宮。阿盧維爾繁複的植物裝置，設於一七六〇年，可以被視為今日農業觀光的遠祖，只是有宗教目的，氣氛熱鬧。

山毛櫸、山楂和迷宮都在一七九三年慘遭祝融。橡樹呢，則在最後關頭被教堂執事赦免了，他讓縱火者相信這棵樹為某個革命性的儀式所用。這棵橡樹在十九世紀恢復宗教功能，和它的建築物一併被修復。一八五八年，歐仁妮皇后[67]送了一尊金色的聖母小木像，這個地方總算布置完整[71]。

某些樹也做神殿用。一七九九年，洪堡德待在特內里費島（Tenerife）時，為歐羅塔瓦（Orotava）碩大無朋的龍血樹的壯麗心神震動。關契人[68]崇拜這棵樹，據稱十五世紀的「人在樹幹洞中搭起的小祭壇前舉行彌撒[72]」。

中世紀有個費康[69]的聖血傳說，讓一棵樹有了會幕[70]的功用。這個傳說今日已載入語料庫，解釋了基督的血存於此處。尼哥底姆[71]從耶穌身體上採集了血液，然後把這個聖物託付給姪兒以撒。以撒把聖物置於金屬匣，隨後藏進無花果樹幹內。大海捲走這棵樹，讓它在地中海、大西洋和英吉利海峽漂流之後，天意把它送到費康的海岸上。當地人把它從泥濘中拉上來，送往教堂。當然，這個被載入聖物崇拜史冊中的傳說平凡無奇，不過我們可以注意到這棵樹在故事中扮演的決定性角色[73]。

掛衣樹

種在教堂門前的樹可以參與教堂空間的神聖感，因為千百年來（十九世紀仍可見），某些樹偶爾有「塔」的作用，年幼的未婚媽媽可以把新生兒丟在裡面。十二世紀，法蘭西的瑪麗[72]在詩作〈梣樹〉（*Le Frêne*）中，描繪了女僕奉女主人之命，把嬰兒遺棄在一棵梣樹豐茂的樹葉下的情境，這棵梣樹生長在教堂附近，原為了替信徒遮蔭。這個被拋棄的小女孩就叫作「梣」，因為別人發現她的時候，她就掛在這棵樹上[74]。

很久之後，拉馬丁提到聖堂附近的樹木的另一個功能。喬西林成為司鐸以後，在兩棵老胡桃樹蔭下迎接學生。這兩棵樹長在教堂門前，葉子側彎而下，偏斜的樹幹下方有個洞，滿是蒼青的苔蘚。孩子們就坐在樹枝和樹根上[75]。

描述牧師在樹上（有點像植物做成的講道台）講道的故事不勝枚舉，特別是在大不列顛王國[76]。再回頭說說夏多布里昂的虛構故事《阿達拉》，書中的歐布里神父在他祝福過的樹下講道。他指著樹，對夏克塔斯說：「天氣好的話，我將在那棵小榆樹下講道[77]。」

民族學家長年研究被信徒認為載有訊息或願望的樹木，還有那些據信擁有「好聖人」（通常曾經是隱士）的療癒能力，以及他們的「靈泉」力量的樹木[78][73]。在諾曼第、從奧恩省到科唐坦半島、阿登、土罕等地都記錄了掛衣樹[74]的存在。人們把衣物掛在樹枝上，相信這棵樹可以救治信徒的病痛。最重要的是不可以拿掉衣物。

聖人傳之樹

被布爾第稱作為「聖人傳之樹[79]」的樹木，說明了樹木與神聖之間有另一種關聯。這些植物能夠喚起我們對聖人生活的聯想，這些人若不是年輕時曾來這些樹的樹蔭下冥想，就是這些樹曾為被追捕的聖人遮過蔭，又或是他們習慣來這些樹腳邊祈禱。因此十七世紀的聖人傳裡是漫天遍地的樹木；當中某些樹木矗立在修道院的花園裡。簡言之，它們因為近水樓台，見證了聖人的日常起居或磨折，因此受到崇拜。早從中世紀起，自聖高隆邦（St Columbanus）到聖伯爾拿（St Bernard）等無數僧侶都對樹木的晝在不言中深信不疑[80]，彷彿靈性散發自長伴聖人左右的樹木。據聞聖瓦萊里（St Valery）也發過願，要埋骨樹下。

朝拜聖樹的風潮

樹木與聖人之間關係密切，真正的朝拜文化因而時興起來[81]。聖文生[75]出生地有棵被稱作「文生先生的橡樹」的夏櫟，長久以來有成千上萬的朝聖者前來瞻仰，當中不乏貴族；這些信眾取樹皮、樹枝、樹葉做成紀念品。二十世紀中葉有一些工程浩大的調查，目的是編列這些被如此崇拜的樹木。一八五四年，光是瓦茲省就有兩百五十三棵，往往是榆樹。到東雷米朝聖的人特別是為了「仙女樹」而來，貞德自己說在它旁邊聽見聖米歇爾、聖加大利納（Ste Catherine）與聖瑪加利大（Ste Marguerite）的聲音。一些被稱為「屬於聖女貞德」的樹木，在整個法國領土星羅棋布。

我們已經提過黎巴嫩雪松的朝拜情形，人們會在這些「樹形神靈」下舉行彌撒，就在拉馬丁口中的「天空旁的祭壇」上面[82]。美國西部優勝美地的樹木，幸有來自波士頓的普救派（unitarianism）牧師湯瑪斯．史塔金恩（Thomas Starr King）的努力，從十九世紀中期開始就被認為是神聖的。在人們心目中，這些樹木是美洲的自然聖殿，就像是上帝的贈禮，為的就是要讓人明瞭美洲土地上有神存在，因此前來瞻仰這些樹木的觀光客也可以把自己當作朝聖者，這個地區的人也會在樹幹裡建起聖堂。站在這些巨型植物下，因為它們的巨闊、古老而萌生的情感，結合了歷史及地質學，彷彿這些樹與世界同時誕生；這種新教徒對樹木的神聖情懷來自我們多次強調其影響的超驗主義。

祈禱日之樹

歐洲的「祈禱日之樹」（Rogation days）就謙虛許多。每到春天，鄉間教區的信眾為保佑未來豐收而遊行的時候，不能沒有這種樹。這個習俗到了二十世紀中仍然盛行。隊伍沿著小路邊的籬笆緩慢行走，這條路經常是沒有柏油的。小路偶爾會在某些田野樹木附近中斷（我可以作證），此時這些樹木就能充當臨時祭壇。在樹林充斥的地區裡，祈禱日之樹直到近代都是主要資料，讓我們明白人類對樹木的感性。

夏多布里昂對祈禱日之樹感觸深切。他寫道：「我們走上有遮蔭的小路〔……〕。我們穿越由一棵橡樹樹幹製成的高聳柵欄；我們沿著山楂做成的籬笆遊行〔……〕。樹上繁花錦簇，或是妝點著新生的嫩葉。」到了傍晚，神父「在他院子裡的楊樹下吃晚餐[83]」。

「天主教灌木」是宗教節慶的裝飾品。普魯斯特寫到因為大自然主動在花朵裡表達出歡慶的意圖，因此《追憶似水年華》的主人公想起粉紅色的刺山楂像是為了節日而盛裝打扮，「宗教慶典才是真正的慶典[84]。」

這可以從一整年中的宗教典禮節慶都有樹木的蹤影可知，樹木的無所不在成為人類學家上百個調查的目標。在法國，調查收穫儲存在根納普磅礴的論文中。要把這滿坑滿谷、內容豐富的資訊搬來本書是不可能的，我們只要記得兩個重點：在復活節前夕的星期日摘取黃楊或月桂樹樹枝，然後祝福它們，並掛在家中。至於眾所熟知的聖誕樹，發祥於十七世紀，先散布到德國北部、萊因蘭（Rhineland）、瑞士，才傳入法國，從亞爾薩斯開始，也就是一八七一年敗北[76]後不久。結合了綠色與光線的聖誕樹風潮，根本上似乎並非起源於天主教，好像是異教遺產透過新教徒的感性重新詮釋。

我們來舉幾個例子，說說這些樹木和這些宗教行為如何撩撥想像，引發情感。

植物教堂

貝拿丹在《大自然研究》（*Études de la nature*）中，夢想在塞納河一座島上建造「魔法樹林」的樂土（Elysium）。在那個地方，「在祖國的樹下，像是魁梧的山毛櫸、雄偉的冷杉、果實纍纍的栗子樹[85]」還有葡萄藤牽纏的榆樹，會有幾尊榮譽市民的雕像豎立，特別是那些引進實用植物的人。在一大片空闊的草坪中央，一座神殿巍然屹立。

啟蒙時代特有的、由制憲議會設立的至上崇拜[77]，屬於同一種感性。這裡有意思的是想要讓教堂植物化，以便接近植物的形狀、結構、綠意空間的顏色，同時令人想到信仰異教的古代，以及身處大自然。保羅－方斯華．巴伯－華耶（Paul-François Barbault-Royer）在一七九九至一七八〇年間，描述在至上崇拜的節慶時，里耳的聖模里斯（St Maurice）教堂在他眼前的模樣：「他們把內部草草塗成綠色；圓柱被製作成樹幹的樣子，樹葉綿延到遠處的穹頂上；把位於聖林裡的德魯伊神殿表現得唯妙唯肖，德魯伊教徒會在聖林裡宰殺獻祭的人類[86]。」我們會注意到早在凱爾特學會產生影響之前，這座教堂就已經完成了。

在美國的超驗主義者眼中，尋找隱藏在大自然中的神至關重要，梭羅在寫植物靈魂的隨筆中如此表示[87]。有意思的是他把自己筆下的野生蘋果，稱為「生命樹的蘋果」。野生的滋味讓人得以進入新的伊甸園；它不再是造成人墮落的蘋果，而是連結到原始野性的高貴果實。

在法國文學中，對人的想像滲透極深的，是被作者看作禮拜堂的樹木。在《斯萬家那邊》

（*Du côté de chez Swann*）中，主人公離家去參加「聖母月」[78]祈禱儀式。他一路沿著山楂籬笆走，那些花「為節慶矯飾」。他覺得這道山楂籬笆像教堂和它的祭廊[79]，又像一棟棟禮拜堂、祭壇、臨時祭壇、彩繪玻璃窗：

籬笆像一棟棟禮拜堂，淹沒在一地山楂花下，這些花堆垛成臨時祭壇；在繁花下，太陽彷彿剛剛穿越一片彩繪玻璃，將一方光亮置於地面；濃郁的花香往四面八方擴散，千變萬化，我以為我就在聖母的祭壇前，而同樣盛裝打扮的花朵，每朵都一副漫不經心的表情，捧著一束束閃閃發亮的雄蕊，花脈就好比火焰式風格教堂那光輝燦爛的細筋線，為聖壇屏的雕欄或是彩繪窗玻璃的窗梃鏤出洞來，綻放出潔白的草莓花[88]。

尚・桑德伊在之前的一次散步中，就在木頭圍欄中領會到「鄉間的祭壇」，像某種在幽暗禮拜堂裡的聖人遺骸盒；在某種類似「垂直的祭壇裝飾屏」的東西上方，有「一朵丁香呈扇形開展它的三根樹枝」，讓人聯想到三位一體。桑德伊也在粉紅色的刺山楂籬笆中，感覺到幽暗小禮拜堂中的許多聖人遺骸盒，在這個像教堂陰影的神祕暗影中。然後他又回到這裡。他覺得聖母月的籬笆很像露天小禮拜堂，香氣令人神魂顛倒，在這些小禮拜堂裡籠罩著一片「沉思的寂靜」，如果少了一隻被說成「在刺薔薇裡禱告」的大黑蜂，（……）就好比在沒有彩繪玻璃的禮拜堂裡[89]。

把對大教堂的想像和樹木形狀連結起來的觀念，自古有之。貝什曼強調大教堂的建造者借用了本地植物、樹杈的交錯，而且這些人覺得森林就像是大自然的倉庫，供應各式模型：「在哥德時期的第一個階段裡，拱肋單純是模仿柔軟、交錯的樹幹[90]。」柱頭（capital）甩脫羅馬式，這個演進反映出靈感來自當地植物；交錯的樹葉、花束、花苞、渦狀物或是樹枝大舉侵入。

哥德風格是一種植物的創造

很久以後的十八世紀末，哥德風格是模仿樹木而來的想法，成為一種**意象**。詹姆斯．賀爾（James Hall）完成於一七八五年的植物大教堂就是證明[91]。在世界逛了一大圈，參觀了無數哥德式大教堂之後，賀爾身邊陪著一位桶匠，著手進行實驗：他立了兩排面對面的梣樹杆，上方綁著有彈性的柳條。他彎曲柳條，形成天然的穹頂。他期待這些樹杆會向下扎根，最後顯現出一座天然有機的植物建築。一年後真如他所願。

在這個日期的十多年前，歌德就已隱隱看出神木與哥德風格之間的相似性。一七七二年，他就已建議年輕的建築師，牆要立得筆直參天，彷彿那些牆是「上帝廣闊的樹木」，宣告天主的壯美。從那時候起，深具德國哥德風格特點的文學就如雨後春筍，這種文學認為德國哥德風格就是一種植物的創造。同年，歌德在赫德[80]的陪伴下參觀史特拉斯堡大教堂，寫下：「她是最瑰瑋的上帝之樹，圓拱寬闊，像有數以千計的樹枝、數以百萬計的細枝那般，拔地參天，在眾目睽睽下宣告上帝的榮耀[92]。」洪堡德和施萊格爾[81]參觀科隆大教堂，也英雄所見略同，宣告哥德風格的閎壯；這都發生在弗德里希呈現大自然與哥德風格的靈性絕對一致之前。

在法國，夏多布里昂為哥德式大教堂及從它的形狀看出植物來，寫了許多，這個長久以來被視為卓越的風格又重享尊榮。他在一八〇二年出版的《基督教真諦》提到，森林處處啟發著建築最初的想法，這又會因氣候而有所不同。哥林多式[82]的柱頭是按照棕櫚樹畫的，古埃及式的柱子代表西克莫無花果樹、東方無花果樹、芭蕉樹等。可想而知，高盧人的森林也「來到我們的教堂」。這不單單是靈感、模仿，而是真正的共生（symbiosis）。「我們的橡樹林因此維持了神聖的血統。」這也不單攸關建築：高懸大教堂內的管風琴與銅仿效了森林的低語。建築師「甚至賦予哥德式神殿風聲與雷聲，這些聲音在木頭深處滾動[93]」，這裡關係到「宗教的聲響」。我們在勒內與阿達拉身上找到這個夢，這個教堂建築的幻覺。

幾十年後，梭羅在緬因州的森林有過這種感受。他不僅感覺到，也幻想這些樹木是植物建築物。他彷彿在冷杉樹頂上方及之間，看見「一連串的柱廊和圓柱、壁帶和立面、教堂與日光室[94]」。

植物大教堂帶動種樹的風潮

到了當代，植物大教堂還保有其影響力，並帶動種樹的風潮[95]。一九九六年，荷蘭人馬里努斯・布鎮（Marinus Boezem）依照漢斯（Reims）大教堂的設計圖，以義大利楊樹在阿爾梅勒（Almere）完成了一座「綠色大教堂」，一釐一毫的複雜細節都沒有遺漏，可惜不夠持久。最令人嘆為觀止的，是這座楊樹建築在旁邊那一片光禿無樹的草地表面上，投影出一座影子大教堂。

在二十一世紀完成的植物大教堂中，就屬義大利藝術家裘里亞諾・莫里（Giuliano Mauri）在二〇〇一年種在沿海圩地（polder）上的最為出色，地點離瓦蘇加納（Valsugana）的Arte Sella雕塑公園的森林小路不遠。圓木柱是三個中殿的殿柱，裡面是傾斜的鵝耳櫪嫩枝勾勒出尖形拱肋。這次實現的作品不僅持久，作為支撐的架構還會隨著時間變化消失，最後只會剩下大樹，顯現出大教堂來。

這個象徵也在文學中存續下去。蓬日在「松木筆記本」裡提到「樹幹周圍籠罩著神聖的氣味」，在這個「樹木圍起的大自然房間裡」。一九四〇年八月九日，他在樹林裡看見「一個房間，一座寬闊的沉思大教堂」，所幸這裡沒有講道台。這麼靜穆的地方就跟教堂一樣，似乎是為了讓人在大自然之中繼續思索——不是禱告——而存在[96]。

荷內・法雷[83]偶然領會到樹木有如鐘樓，寫道：「暮色蒼茫，三鐘經[84]從一棵楊樹上滴落[97]。」

註解

1 伊利（Hylé）是希臘一座古城，位於今天希臘的維奧蒂亞州。

2 亞摩里克（Armorique）是古代高盧人住的一塊區域，涵蓋今日法國羅亞爾河與塞納河之間的土地，位在布列塔尼地區。

3 德魯伊教（druid）是凱爾特人民的信仰，類似祭司的德魯伊具有與眾神溝通的能力。

4 品都斯（Pindus）是位於希臘北部的山脈。

5 世界之樹（yggdrasil）是北歐神話中的聖樹，構成九個世界。

6 塔西陀（Tacitus），羅馬帝國的政治家、文學家、史學家。

7 薇萊達（Veleda）是日耳曼女祭司，曾帶領日耳曼人抵抗羅馬人的入侵。

8 第三共和（III République）指法國在一八七〇年至一九四〇年間的政體。

9 呂底亞（Lydia），小亞細亞的一個古國。

10 米底王國（Medes），伊朗人建立的第一個國家。

11 多多納（Dodona），位於希臘伊庇魯斯的著名神諭之地。

12 亞略巴古（Areopagus）是位於雅典衛城西北邊的一座山，雅典人會聚集在這裡召開會議。

13 作者註：呂西亞斯（Lysias, 前440-前380）是雅典司法演說家，和對手愛蘇格拉底（Isocrates）是他那個時代最有名的。在他兩百多場演說中的其中一場，是為了自我辯解沒有傷害聖樹。呂西亞斯是外地人，是「三十僭主」（Thirty Tyrants）政權的政敵，因此一度必須逃離雅典。

14 皮耶．格里瑪（Pierre Grimal, 1912-1996），法國歷史學家、拉丁文學者。

15 羅馬共和國時代是指西元前五〇九年至西元前二十七年間。

16 羅馬帝國時代是指西元前二十七年至西元四百七十六年間。

17 塞內卡（Seneca），古羅馬時代著名的哲學家、政治家及劇作家。

18 傳說宙斯在戈蒂納（Gortyna）著名的懸鈴木下，與歐羅巴公主交歡。

19 歐羅巴（Europa）是美麗的腓尼基公主，被克里特人綁架到克里特島上。

20 古羅馬人相信落雷代表神靈的憤怒，因而有將遭受雷劈之人或物的碎片予以埋葬的儀式。

21 羅穆路斯與雷穆斯（Romulus and Remus）是羅馬神話中一對雙胞胎兄弟、羅馬的奠基人。

22 盧佩卡爾（Lupercal）是帕拉蒂尼山上的一個山洞名稱。

23 卡斯柏・大衛・弗德里希（Caspar David Friedrich, 1774-1840），重量級德國畫家，對十九世紀德國浪漫主義影響甚鉅。

24 日耳曼人因為不滿羅馬帝國統治而發起多場抵抗，最終日耳曼人戰勝，獲得獨立。

25 那比派（Les Nabis）是法國十九世紀末開始的繪畫流派，由後期印象派畫家及插畫家組成。

26 莫里斯・德尼（Maurice Denis, 1870-1943）是法國象徵主義畫家，那比派的一員。

27 尚－保羅・布雍（Jean-Paul Bouillon, 1941-），法國藝術史學家。

28 喬治・桑的本名。

29 阿諾・馮・根納普（Arnold Van Gennep, 1873-1957），法國人類學家。

30 保羅・塞比優（Paul Sébillot, 1843-1918），法國人類學家。

31 曼哈特（Wilhelm Mannhardt, 1831-1880），德國人類學家、民俗學家、神話學家。

32 弗雷澤（James George Frazer, 1854-1941），蘇格蘭人類學家、民俗學家，他最著名的作品《金枝》（*The Golden Bough*）深入探討神話、巫術和宗教的發展過程。

33 耶羅尼米斯・波希（Hieronymus Bosch, 1450-1516），荷蘭畫家，他的繪畫特色是充滿象徵與符號。

34 作者註：大馬士革的聖約翰（John of Damascus, 7世紀末-749），希臘教會教父，致力於對抗聖像破壞運動（iconoclasm）。

35 聖托瑪・阿奎那（Thomas Aquinas），中世紀著名神學家、哲學家，是經院哲學（scholasticism）的代表人物。

36 塞拉芬（Séraphine Louis, 1864-1942），法國畫家。

37 濟利祿（Cyril），教會教父。

38 波絮埃（Jacques-Bénigne Bossuet, 1627-1704）是法國神學家、主教。

39 作者註：阿蘭・德・里耳（Alain de Lille, 生於1115-1128年間，死於1203年），曾任巴黎大學的校長。這位神學家對尚・德・默恩（Jean de Meung）的《玫瑰傳奇》（*Roman de la rose*）有相當大的影響力。

40 聖國瑞・納祥（Grégoire de Naziance），教會教父。

41 西哈諾・德・貝爾傑哈克（Savinien de Cyrano de Bergerac, 1619-1655），法國作家，作品以大膽創新著稱。

42 貝納・巴律西（Bernard Palissy, 1510-1590），法國陶藝家、畫家。

43 何西阿（Hosea）是一位先知。

44 的黎波里（Tripoli）及賽達（Sidon）都是黎巴嫩古城，位在地中海岸邊。

45 傑哈・德・聶瓦爾（Gérard de Nerval, 1808-1855），法國浪漫主義詩人。

46 聖家（Holy Family）是歷史中的耶穌與母親馬利亞及養父若瑟組成的家庭。

47 《切申祭壇畫》（*Tetschen Altar*）是《山中的十字架》（*Cross in the Mountains*）的別名。

48 魏崙（Paul Verlaine, 1844-1896），法國象徵派詩人。

49 韓波（Arthur Rimbaud, 1854-1891），法國詩人。

50 克婁岱爾（Paul Claudel, 1868-1955），法國劇作家、詩人。

51 布洛塞良德森林（Brocéliande），亞瑟王傳說中的魔法森林。

52 聖博義（Saint Boniface），中世紀的天主教傳教士及殉道者。

53 賈克・勒果夫（Jacques Le Goff, 1924-2014），法國著名歷史學家。

54 武功歌（chanson de geste）是法國文學中一種長篇英雄史詩，流行於十一至十四世紀間。

55 《埃涅阿斯記》（*Aeneid*）是維吉爾創作的史詩，描述埃涅阿斯在特洛伊戰爭之後幾經輾轉，流落到義大利，最後成為羅馬人的祖先。

56 《埃涅阿斯傳奇》（*Roman d'Énéas*）的作者不明，約莫寫於十二世紀，改編自維吉爾的《埃涅阿斯記》。

57 賈斯頓三世（Gaston Fébus, 1331-1391）是富瓦伯爵（Foix），奧克語（langue d'oc）作家及詩人。

58 作者註：菲奧雷的約阿基姆（Joachim of Fiore, 1130/1145-1202），義大利神祕主義者、熙篤會神父、「菲奧雷」隱修會創立者，對後世（尤其是十九世紀）的影響力非同小可，將人類歷史區分出三個年代：聖父時代對應《舊約聖經》，聖子時代出自新約，未來則是教會及聖靈時代。

59 他認為人類歷史可分為七個階段，這七階段又對應三種狀態：聖父時代、聖子時代和聖靈時代。

60 亞西西的方濟（Francesco d'Assisi）是聖方濟會的創始人。

61 喬凡尼・貝里尼（Giovanni Bellini, ），義大利畫家。

62 恩斯特・卡西爾（Ernst Cassirer, 1874-1945），德國哲學家。

63 霍百瑪（Meindert Hobbema, 1638-1709），荷蘭著名的寫實派風景畫家。

64 雅各・馮・雷斯達爾（Jacob Van Ruysdael, 1628-1682），荷蘭著名的風景畫家。

65 柯立芝（Samuel Taylor Coleridge, 1772-1834），英國浪漫主義詩人。

66 華特・史考特（Walter Scott, 1771-1832），蘇格蘭作家。

67 歐仁妮皇后（Eugénie de Montijo, 1826-1920），拿破崙三世的皇后。

68 關契人（guanches）是西班牙特內里費島上的原住民。

69 費康（Fécamp）是法國諾曼第大區的一個港口城市。

70 會幕（tabernacle）是《聖經》中「會面的地方」。

71 尼哥底姆（Nicodimus）是《聖經》裡的一位猶太官員，相信耶穌。

72 法蘭西的瑪麗（Marie de France, 1160-1210）是女詩人，也是西方第一位以方言寫作的女性文人。

73 以前的隱士常近泉水而居，而那些泉水相傳有長生不老或治病的療效。信徒認為祭拜那些樹就跟侍奉聖人、獲取他們的幫助一樣。

74 掛衣樹（arbre à loques）是指被人綁了衣物的樹木，通常是為了祈求病患早日康復的一種儀式。

75 聖文生・德・保祿（Vincent de Paul）是法國天主教神父，創辦了遣使會（Congrégation de la Mission）。

76 指發生於一八七〇年的普法戰爭，結果法國大敗，割讓了洛林與亞爾薩斯。

77 至上崇拜（Culte de l'Être suprême）是法國大革命恐怖統治時期，當權的羅伯斯比（Maximilien Robespierre, 1758-1794）推出的一套自然神論。

78 基督徒以前稱呼五月為「聖母月」（mois de Marie），有許多對耶穌之母的敬禮習俗。

79 指教堂中廳與祭壇間的走道。

80 赫德（Johann Gottfried von Herder, 1744-1803），德國詩人。

81 施萊格爾（Friedrich Schlegel, 1772-1829），德國詩人、哲學家。

82 哥林多（Corinthe）是希臘古城。

83 荷內・法雷（René Fallet, 1927-1983），法國作家、編劇。

84 三鐘經（Angelus）是記述天使向聖馬利亞報喜及基督降生的經文，每日誦唸三次。

第 5 章

樹木
從害怕到恐懼

有些樹木會引發害怕的感覺；其他一些樹因為妖形怪狀的外貌、天生有害、具邪惡特色、傳聞與女巫有關，而激發恐怖和毛骨悚然的感覺。

在西方人的想像中，這些情感的根源不卜可知，其中許多源頭是深植於《聖經》中的基督教傳統。可以想想雷斯達爾畫筆下的樹木所受到的影響，它明白顯示在十七世紀中葉，《聖經》左右人對樹木的印象，並供應題材給這樣的表現法。容我再複述一遍，畫樹木就是視覺的講道。在雷斯達爾的畫作裡，乾枯的樹樁象徵人間事物虛幻無用，枯槁的樹幹令人聯想到疲弱無力。另一些令人悚懼的樹，是因為讓人想起人的墮落。觀者都熟知《詩篇》《士師記》《列王記》《先知書》的內容，面對畫布或木版畫，他們有能力掌握當中對《聖經》的影射，在家中、學校、神殿都要誦讀《聖經》。忽略藝術家及其發話對象之間的對話，就是不去明白左右樹木表現法的參考（經常是負面的）。

引誘之樹

波絮埃的文章精到，繼以西結之後，他運用了《聖經》中的樹木象徵，譴責像黎巴嫩雪松那樣拔地參天的樹木的野心，並且以形象表現出欠缺意志、沒有自主能力、隨風擺動的個體。這就是為什麼一六六二年大齋期第四週，他就像那棵驕矜的大樹，在羅浮宮禮拜堂的講道上昭告：

它巍峨堂皇，濃綠美麗，樹枝鋪展如蓋，新枝昭示其繁殖力〔……〕，人們躲到樹蔭下〔……〕。因為它拔地參天，頂顛受人盛讚，因而志驕意滿，所以天主說，我會斬斷它的根，大刀闊斧砍倒，讓它倒地不起〔……〕；在它樹蔭下休息的人都會離去〔……〕，它會重重墜落地面；我們會看見它躺在山上，綿延那麼長，成為地球的累贅[1]……

〈創世紀〉奠定了樹木邪惡的本質，證據就是盤纏知善惡樹枝杈間的蛇，伊甸園中央這棵根壯葉茂的樹，由古至今都象徵引誘與墮落。亞當與夏娃因為吃了惡果，被逐出樂園，並被迫體驗疲勞、疾病、暴力與死亡。

在整個中世紀期間，觀察與隱喻之間，即在物品與它象徵的東西之間，沒有明確的界線，於是我們可以在類比中找到事實，蘋果變成知善惡樹的果實[2]（於是知善惡樹等同於蘋果樹），被認為是會刺傷、欺騙和殺人的果實，特別是紅蘋果，也因此蘋果象徵謊言、背叛和淫蕩女性；後來蘋果在童話中成為女性送的有毒禮物。然而一樣在中世紀，知善惡樹在神職人員眼中，也漸漸改變成知識與智慧的樹，導致我們需要微調上述所言，並且點出這棵邪惡樹木的矛盾性。

隨著時光流逝，人的墮落一再牽涉引誘之樹。在基督教初創的前幾個世紀裡，沙漠教父們的生活敘事很清楚地出現這個關聯，稍後會有大量擬人化樹木的表現法，畫出這個關聯。

但丁在他的煉獄裡，賦予引誘之樹很大的位置，這些樹在此確實比比皆是。在第二十二首詩中，其中一棵引誘之樹果實纍纍，香氣甜美，聳立在前往樂園的路中央。孤魂看著這棵樹，吸進它的芬芳，讓欲望狠狠齧咬他們的心。在稍遠處，煉獄的住客舉起哀求的雙手，探向第二棵樹的葉子，呼喊著欲求；樹木並不回應，他們的欲望反而更熾烈。這棵樹向維吉爾及但丁表示，自己只是那棵樹的幼芽之一，那棵結出夏娃咬過果實的樹。但丁把欲望抑制不住的力量，與人的墮落重新連結起來。

到了現代初期，藝術家經常用詭形怪狀的樹木來象徵引誘之樹[3]。波希多次描繪沙漠之樹，在他的施洗者聖約翰畫中植物滿目，象徵人間只會長出荊棘和蒺藜。這幅畫的近景有棵渾身是刺、怪物般的樹木，或許還有毒，這個象徵又被表現了一遍。這種邪惡印象在波希描繪的「樹人」中達到頂點，這個奇幻迷離的景象就是地獄的影像。在變形成植物的人類酒館中帶著淫亂之徒，這個人類酒館就象徵著地獄。

尤其是賈克・德・佛拉金[1]在《黃金傳說》（*Legenda Aurea*）提到製作十字架的木頭傳說，興起了人間天堂枯木形象的風尚，在十二世紀末及十三世紀初廣為散布，直至十六世紀都還看得到，歷久不衰。樹葉凋落是決定性的象徵，象徵亞當的罪孽、樂園的失去，同時等待樹木結出救世主耶穌，彷彿祂是掛在樹杈間的一顆果實[4]。

猶大之樹、地獄之樹與惡魔之樹

福音書中有很多對樹木的負面描述，我們想到不會結果的無花果樹，最不言而喻的是那棵供猶大自殺的無花果樹。千百年來，成打的樹木被認定為這位受詛咒使徒的自殺工具[5]，除了一棵角豆樹、一棵山楊，最常見的還是無花果樹，它們都被稱作「猶大之樹」。因為這位叛徒之死疑點重重，關於樹種才會那麼眾說紛紜。這些樹木全都引起一種既神聖又恐怖的感覺。歐坦的主教教堂（Cathédrale Saint-Lazare d'Autun）祭壇上的柱頭之一（今天放在教務會室中）就雕有猶大自縊於無花果樹枝上的情景[6]。很久很久以後，雨果提到猶大自縊的樹木之謎，在〈永恆之樹〉〈命運的樹枝〉（《沉思集》第一卷第十六首）、〈撒旦的末日〉裡多次著墨。〈撒旦的末日〉強調猶大的樹種選擇所掀起的驚慌，他寫下：

> 他選了哪一棵可怕的樹作為絞刑台？
> 〔……〕無人知曉
> 這條絞索永遠飄浮在黑暗中[7]。

這強化了〈創世紀〉裡樹木與惡魔的關係緊密，也說明了為何樹木在地獄畫作中頻繁出現。

自基督教創立初期，有些樹木就被視為惡魔。十四世紀時，佛拉金在《黃金傳說》中多次提起。

教會戮力剷除祭拜古代神靈的樹木，不是砍掉，就是騙取人們對新宗教的崇拜。聖馬丁摧毀遠古時代的神殿之後，還想要斬除一棵松樹，因為他推估這棵松樹是用來奉拜惡魔的。清一色異教徒的農民群起抗之，把聖馬丁綁到樹幹上，再讓人砍掉這棵樹，順帶殺死他。聖馬丁劃十字反制惡行，結果樹木倒下的方向跟預計的相反，差一點壓死農民。這些人高喊神蹟，從此皈附基督[8]。

聖斐理斯被帶到一棵樹前，在他眼中，這棵樹受到敬重等於褻瀆了上帝。他開始祈禱，然後朝樹上吹了一口氣；這一吹，就連根拔起了這棵樹。樹木在墜地當中，壓毀了供偶像崇拜的祭壇、神像和神殿[9]。

在最為廣泛散布的地獄表現法中，都有邪惡樹木的蹤影。《神曲》〈地獄篇〉第三章描述的樹木不是綠色而是深色，樹枝也不是直的。這些樹木歪扭曲折，樹疤密布。它們不會結果，只有帶毒的棘刺。變形成悲嘆樹木的亡者哀哀哭泣，血瀝瀝的。在這座奇異魔幻的樹林裡，遍地的陰森樹木是為了懲罰一個特定的過錯而存在，即猶大犯的錯，換句話說就是自殺。因為這個罪孽是所有罪孽中最大的，所以死而復生的時候，這群可憐人無法完成靈肉一體，只得繼續在地獄裡當樹木。

惡魔的樹雲布歐洲鄉間，人民普遍相信惡魔住在樹裡。邪惡植物最著名的代表之一，就是默澤爾地區（Moselle）的聖－阿沃德（Saint-Avold）市裡的「女巫橡樹」。按安傑羅．古柏納提斯[2]的說法，埃特納的農民跟許多阿爾巴尼亞人一樣，到了十九世紀中依然相信樹木裡住有惡魔，相信這會帶來邪眼。在喬治．桑許多小說的舞台（黑谷）裡，女巫樹充斥，尤其在香特陸

（Chanteloube）樹林中央，靠近「魔沼」的地方。

《風笛大師》（*Les Maîtres sonneurs*）描述「野人橡樹」零亂的鬚髮下，住著邪靈。喬治・桑的話如果信得過，那麼全法國的老樹都聲名狼藉。老橡樹黑洞洞的空心樹幹經常有動物滯留不去，也是女巫的巢穴，因為駭人聽聞的誓約而與女巫永結不解。

在描述駭人樹木的本章提到十字架，會造成一個微妙的問題，因為樹木的矛盾性。樹木既是上好的酷刑工具，又是救世工具，我們都知道它會變成生命樹。光是名字就令人同時想起痛苦與希望。

聖十字架的創造：十字架樹種之謎

耶穌受難的描述裡先提到橄欖園，接下來才是這棵聖樹。自十七世紀初期以來，從「地點的構成」來看，橄欖樹的存在就不可輕忽，依納爵・羅耀拉[3]在《神操》（*Spiritual Exercises of Ignatius of Loyola*）中這麼勒令過。基督徒必須回想景色，當成自己祈禱和冥想的根據。神操的概念就是一個有待心靈畫面填滿的空框架。耶穌在橄欖園被捕，促使信徒去想像這個地方還有橄欖樹。橄欖山上那一夜是壯烈的一幕，植物在這裡不只是裝飾，這讓我們想到曼特納[4]描繪的橄欖園枯木。在一四五九年至一四六〇年間，遠早於羅耀拉撰寫《神操》之前，曼特納已經在畫《園中祈禱》（*Agony in the Garden*）。在耶穌所在位置與前來逮捕他的士兵位置之間，直立著那棵預告耶穌將被釘上十字架與死亡的「槁木」。象徵救世主之血的葡萄藤掛在樹上，呼應耶穌被捕不久前說的話。在這幅畫中，樹木還擔任其他角色。在長方形的畫板內，垂直的枯木框起耶穌祈禱的場景。值得注意的是，曼特納用花樹來代替橄欖樹。我們是否該從這些蔥蘢佳樹與枯木的強烈對比中，看出上天堂的承諾[10]？

十字架的樹種長久以來一直是個問題，最普遍的說法是十字架乃由棕櫚樹、雪松、絲柏和橄欖樹這四種樹木製作而成。甚至在十字架的木頭的傳奇過程普及化之前，這段過程就已經出現在佛拉金的《黃金傳說》[11]中，「聖十字架的創造」早已撩撥了作家與藝術家的想像。這裡引起我們興趣的只有耶穌受難時椎心蝕骨的苦痛及肉刑的恐怖。

首先，苦路[5]難在背負十字架，一路踉蹌，且行且跌地爬上各各他山。這時候耶穌的痛苦特別是由木頭及荊冠引起的，古利奈人西門[6]的出場就是為了提醒這一點。我們今天還有「背負十字架」[7]這個說法。一抵達各各他山頂，十字架就只是受刑人身體的支撐而已。在整個十九世紀下半葉的天主教法國，即便是最樸素的教堂，都有描繪苦路十二站的小型畫作。

尤其在受難週（Holy week）期間有一場儀式，請全體信眾默想耶穌上各各他山時承受的痛苦，想像耶穌的酷刑。

不祥之樹

樹木的形象在信仰異教的古代也不佳。當時的人認為有些樹木不潔，泰奧弗拉斯托斯就說鵝耳櫪不宜登堂入室，在生出這種樹的地方，「人皆不得好死，婦女必難產[12]。」常春藤則對附近所有樹木都有害，會造成那些樹木死亡、乾枯，因為它轉移了它們的營養。長春藤的根會入侵樹幹，吸收樹液。格德羅西亞（Gedrosia）之樹形似月桂樹，只是會殺死吃它葉子的動物。泰奧弗拉斯托斯還咬定有些棘刺會流出乳狀物質，害人眼盲。老普林尼的作品中看得到這樣的紀錄，通常「我們從不播種而且也不會結果的樹木會被視為災禍，宗教也禁止[13]，」他寫道。如果他的話可信，那麼柳樹籽會造成女性不孕。盧克萊修則認為樹木過於濃密往往會致死，不然就是讓躺在下方的人頭痛，還說：「巍峨的赫利康山（Mount Helicon）甚至有一棵樹，樹上的花經常散發腐惡臭氣，奪取人命[14]。」

哈姆雷特的父親死於紫杉樹液

有兩種樹天生凶煞，眾人皆知。首先是紫杉，泰奧弗拉斯托斯和老普林尼分別強調過其毒性與危害。相傳伊布若恩人[8]的國王被人打敗後，就是吸吮紫杉葉自殺。迪奧斯科里德斯[9]聲稱睡在納爾邦南西斯[10]的紫杉下，有可能會昏迷或死亡，而且紫杉的果實會殺死吃它的小鳥，讓人類腹瀉。詩人也強調紫杉的危害，維吉爾在《農事詩》裡禁止「不潔的紫杉」為房屋遮蔭。這棵樹違反「優勝佳地」[11]的法規。

大部分中世紀百科全書的編纂者也譴責紫杉的毒性[15]，與惡樹同類。它有害、悲傷、孤獨，特別是它萬年常青，彷彿與惡魔簽下契約，獲得長生不死的能力。中世紀的人把紫杉與死亡、陰間連結在一起。我們之前提過紫杉是絕佳的喪葬樹木，也與自殺有關。紫杉整棵樹都有毒：樹根、樹皮、樹葉、果實，尤其是樹液。這些特性到了現代又出現了：哈姆雷特的父親就是遭人用紫杉樹液毒殺。十九世紀的民俗學者也指出同樣的厭惡與恐懼[16]，諾曼第人常說砍倒紫杉的人很有可能會在年內斃命。

冥界之樹

胡桃樹同樣也是人人憎厭的對象，儘管胡桃和胡桃油受人喜愛，且長久以來都會在木器及染色工藝上使用。胡桃樹是冥界之樹，所以是惡魔之樹。中世紀的人譴責它不祥。人們一再說它樹根的毒性尤強，讓鄰近牲棚裡的動物暴斃。睡在胡桃樹下可能會發燒、頭疼，或者在睡夢中遭邪靈附體。簡言之，眾人一致認為胡桃樹有害，該納入撒旦的植物志。十三世紀末，皮埃托・德・克雷松齊[12]在農業論文裡一提再提[17]。稍後，古柏納提斯肯定眾多地區的人都說胡桃樹是女巫叢聚之所[18]。貝內芬托（Benevento）那棵被詛咒的胡桃樹，從現代初期就赫赫有名。

毒番石榴樹，連樹蔭都有害

十九及二十世紀的民俗學者對危險的樹木，以及樹下死亡的題材著迷不已。生長在美洲沿海岸的毒番石榴樹（manchineel）相當晚近才被公認為窮凶惡極的植物。十九世紀下半葉，編纂字典與百科全書的人不斷提到毒番石榴樹的邪惡，說這種樹流淌大量的雪白乳狀樹液，深具腐蝕性，而且毒性猛烈。「一滴樹液落到手背上，立刻生出水泡，彷彿被炙熱的煤炭燙到。」據稱這棵樹連樹蔭都有害，而且「傷口接觸到樹葉就會感染[19]」。

文學中的不祥之樹

整個古代，也就是譴責樹木邪惡的同時，詩人散播了這些惡毒的樹木多恐怖。荷馬已經強調過曾為猙獰的卡律布狄斯[13]遮蔭的無花果樹的模樣[20]。維吉爾在《農事詩》第三冊中描述一座泥濘沼澤森林，黑色蘆葦夾岸，長久以來深刻影響詩人的想像；那裡籠罩著陰沉的恐怖氣氛，就跟未曾經受陽光的森林一樣，奧菲斯在那些森林裡為尤麗黛哭泣[14]。

人的想像與始於古代的這個象徵間的牽連，在莎士比亞的戲劇裡可以看得特別清楚。他劇中的樹木似乎經常是邪惡血腥的，與死亡有關。樹木在戲劇進行到第五幕時現身，這時悲劇正被推向最高潮，《奧塞羅》或《雅典的泰門》都是這樣。在《暴風雨》裡，樹木就像個演員，在魔法乍現那一幕現身。

吊人樹

除了《聖經》和古希臘羅馬時代的參考文獻（千百年來都經過改寫）影響，有許多資料締造了樹木還有因樹而起的情感的負面印象。正義之樹、酷刑之樹（以及特別是上吊之樹！）就是這樣。所以，我們來談絞架樹木的歷史——別忘了整座絞架近似樹木。

奧維德在《變形記》細述了色雷斯國王希同之女菲麗絲的悲慘命運。這位不幸的公主承受不了未婚夫德摩芬（忒修斯之子）一去不返，相信自己被拋棄了，弔頸而死，然後變成杏仁樹。神話也置入了樹木與自殺之間的關聯。

古代日耳曼人的儀式有活人獻祭，還有曝屍樹幹上。塔西陀說塞姆諾內斯人（蘇維比部落中最古老的一支）會在聖林內舉行會議，榮耀住在巨橡中的神靈，藉由這樣的儀式追念部落的誕生。夏瑪認為塔西陀參考了沃坦[15]的獻身祭（autosacrifice）；沃坦自縊於梣樹這棵象徵宇宙的世界之樹上，走完死而復生的路程。

此外，塔西陀還說日耳曼尼亞[16]的叛徒及逃兵都要被吊死在樹上；日耳曼尼庫斯[17]的士兵發現阿米尼烏斯[18]的戰士把瓦魯斯[19]的古羅馬軍團士兵的頭顱釘在樹幹上時，全都膽顫心驚，每位現代與十九世紀的優秀中學生也共享了這份感覺。斯特拉波[20]在西元一世紀寫過辛布里人[21]把囚犯當作祭品，吊死在樹上。老普林尼則在《自然史》中兩度提及絞刑樹[21]。

十三世紀因為佛拉金，眾人皆知以賽亞（Isaiah）的酷刑：他和自己躲藏的那棵空心樹同時被鋸死。比起被視為惡魔的工具，這把鋸子本身更顯得毒辣。有其他殉道者在殉道過程中，連同樹木一起被攔腰鋸斷。

到了十七世紀，特別在三十年戰爭期間，「吊人樹」（也稱「枯樹」）予人的恐怖印象特別強烈。在法國的諸多地區都可以撞見，其中最具代表性的就是雷埃爾斯維爾（Reyersviller）的樹[22]。一六三三至一六三四年間，發生在這棵生長於畢奇（Bitche）附近的「絞架樹」上的事，讓它得到這個名字[23]。那一年，瑞典傭兵把奇樹德（Kisheidt）全村村民吊死在這棵樹上。賈克·卡羅[22]有一幅經常被複製的版畫，描繪了這場恐怖的集體吊刑。寇沃爾說栗樹尤其適用於這種酷刑，它側邊樹枝的長度及韌性利於擔任天然絞架的角色。

不難理解，吊人樹是小說的主題。西哈諾·德·貝爾傑哈克在《太陽世界旅行記》（*Les État et Empires du Soleil*）陳述他是如何在鳥兒對他提起的訴訟結束之後，逃過被掛到樹上去的劫難。這個主題在浪漫主義時代臻至顛峰。我們知道華特·史考特是讀者最多的作者之一，特別是在整個十九世紀上半葉的法國，《昆汀·杜沃德》的序幕是他最膾炙人口的那幾頁之一。在普萊希雷茲杜爾（Plessis-lès-Tours）的城堡附近，矗立著山毛櫸及巨大無比的榆樹，「像是一座座葉子山」，法王路易十一就住在那裡。中央一棵宏偉的橡樹上，吊著一個穿著灰色緊身衣的男子。

昆汀的同伴其實就是微服私行的君王，他告訴昆汀，每到秋天路上變得不甚太平時，他會吊十幾二十個屍體在樹上，這一串串屍體被他稱為「嚇退盜賊的旗幟」。人們大老遠就聞得到的屍臭味，代表國王的正義。變裝的國王宣稱：「沒有比死叛徒的氣味更香的了[24]。」不久後，走遍鄉間的昆汀碰到一些農民，後者敬畏地看著一棵栗樹，樹幹上印著百合花[23]。有個人正在樹杈間一抽一動，這是瀕死前的痙攣。昆汀當著駭怖的在場者面前，把那個人放了下來；此舉為他惹來不少麻煩。

且不提虛構故事了。喬治．桑在《我的人生》陳述了兒時最驚心動魄的經驗：她在夜間行經奧爾良森林時，林中樹木讓她驚懼萬分。祖母說過的傷心故事讓孩子眼前的樹木變得凶惡猙獰起來。這位老婦人說法國大革命之前，強盜會被吊死在路邊的樹上，「甚至就在他們犯下罪行的地方，所以我們在這條路上的每一邊，都可以近距離看見樹上的屍體，風一吹，他們就在你頭上東蕩西晃。只要常出門逛蕩，就會認得每具吊屍。」接下來她描述一具魁梧的女屍，黑髮在風中飄揚，「烏鴉繞著她飛，爭食她的腐肉：那個景象可恐怖了，還有一股惡臭會伴隨著你直到城門口[25]。」我們不難明白年幼的喬治．桑在這樣一趟夜路中，會想像「吊屍在老橡樹上飄搖」，而且每外出一趟，就要重新膽寒一遍，一直到她十五或十六歲。

一八三二年十月二十日，達爾文在科倫達（Corunda）附近看見一個印第安人吊掛在一棵樹上。風乾的皮膚還黏在骨頭上，怵目驚心[26]。十九世紀上半葉的英國民眾常觀看絞決罪犯的場面，這場行刑儀式等於是狂歡的機會，歡樂的感覺確實蓋過了恐怖。

誰都記得在十九世紀末、二十世紀的前三分之一時間裡，私刑大行其道。絞殺受害者於樹上最為平常。這個情景在西部片裡是老調了。西部片英雄並不只拿長槍或手槍與敵人過招而已，絞架樹尤常在電影的開場或結尾豎立起來。

容我再說一遍，絞架可能會與吊人樹混淆。走夜路碰上一具吊屍而萌生的恐怖，為雨果《笑面人》（*L'homme qui rit*）最撼人的其中一段內容添枝加葉。

樹木的邪惡形象在殖民地到達顛峰。被酷刑之樹和絞架樹木引發的恐怖，在這裡反映出是因「野蠻」而起的感受。儒勒・凡爾納[24]的《熱氣球上的五星期》（*Cinq semaines en ballon*）是十九世紀下半葉最多人閱讀的小說之一，第二十章出現搭熱氣球飛越食人族位在村子中心廣場的「戰爭樹」：「一棵西克莫無花果樹龐大無比，整個樹幹淹沒在堆積如山的人類白骨之下。它的花〔……〕是剛剛割下來的人頭，掛在插入樹皮的匕首上[27]。」

布斯納[25]不如凡爾納有名，可是讀他書的人不在少數。一八九八年，他在名為《福里格小姐的旅行與冒險》（*Voyages et aventures de Mlle Friquette*）的故事裡提到吊人樹：馬達加斯加的荷瓦人（Hova）會把法國士兵的遺體掛在樹上。「從這駭人的枯骨堆裡，散發出亂葬崗的氣味，腐臭的空氣令人無法呼吸〔……〕。每具屍體都穿著法國軍服〔……〕。有些死去已久，都化為白骨。瘦削的赤腳穿過長褲褲管；黑洞洞的眼框，咬牙切齒的下顎，頭顱上還戴著軍帽。禿鷹的利嘴尖爪正在挖掘的胸膛，透過破爛軍服而門戶洞開。其他最近才遭到殘殺的，骨頭上仍然黏有紅色肉塊及帶血的肌腱[28]。」

食人樹

這類毛骨悚然的場景竟然出現在一般認為寫給青少年的書中，相當令人意外。索蘭芝・維諾瓦（Solange Vernois）縷析《旅行日誌》（*Journal des voyages*）的內容，告訴我們這本雜誌通篇都是上吊、砍頭、刺刑和中國酷刑的場面。她推測當時的人對外族的野蠻深惡痛絕，也想知道人類的極限在哪裡，所以這種內容的大書特書，滿足了這種癡狂。

馬達加斯加的食人樹（Tépé-tépé）也屬於這種恐怖的殺人手段之一。我們在一八七八年九月的雜誌裡讀到一段囚犯受極刑的描述：「他眼睜睜看著食人樹的嫩枝擁抱上來。他的頭、脖子、雙臂彷彿被緊緊夾進老虎鉗裡，一條條植物蛇緊緊纏繞住自己的身體〔……〕。植物肥大的唇瓣闔起來，碾壓彼此，我們馬上就透過這可怕植物的縫隙看見下方滲出一道道黏稠的液體，摻雜著受害者的血與內臟[29]。」我們知道這是一場死刑，在這個畫面中，邪惡樹木的恐怖臻至顛峰。

五花大綁在樹幹上

還有一幕讓樹木變成殘酷的刑具：把旅人、小偷、土匪或敵人綁在樹幹上，有時候先行凌虐，然後任憑鳥獸吞剝。中世紀已經出現過這樣的題材，例如提到像是歌革與瑪各（Gog and Magog）那樣，在末世出現的巨人、斷手殘肢或奇形異狀的族類時。大海吐出來的瑪各被綁到樹上，曝露在路人的眼光下（樹木也有示眾柱的功能），讓群鳥一點點撕裂[30]。

在索黑爾[26]名為《弗朗雄趣譚》（*L'Histoire comique de Francion*）戲謔的一篇中，把這個駭人習俗變成插科打諢。主人公之一的華倫丹被人抓住，綁到榆樹上。他想像攻擊自己的人是惡魔，最後村民在早上釋放了他[31]。

把受害者留給野獸是現代西班牙土匪的暴行之一，我們可以從中看出替代吞噬的幻想付諸實現。塞琳・吉拉爾（Céline Gilard）引述過兩位弒親逆子把父親綁在樹上，讓野獸來吃掉他。在這個時代的伊比利半島上，扒光受害者再予以五花大綁，就是奪走他文明人的身分，表示野蠻對上文明的勝利；因為這些場景發生在深山或樹林內，總之是未開化的地點，例如莫雷納山脈（Sierra Morena）中[32]。伴隨這個暴行而來的，經常是姦淫綁在樹上的女性。被洗劫一空的受害者精赤條條，遭緊縛後丟棄荒野。簡言之，把洗劫過的男人或女人綁到樹上，可能只是想要拖延警報，或是盡可能讓受害者的身分隱瞞得久一點。

正義之木：斷頭台

法國領土上則有截然不同的情節，但也森然可怖。要在這裡探討因「正義之木」（換句話說就是斷頭台）而萌生的恐怖會長篇累牘，因為法國引進斷頭台由來已久。在波旁復辟[27]之初，也就是俗稱「白色恐怖」的時期，就連窮鄉僻壤的人都對砍頭的場面不陌生[33]。當然，斷頭台不是一棵樹，可是它的支柱，也就是它的「木頭」必定會讓觀眾的腦海裡浮現出樹木。電影史學家丹尼爾．塞索（Daniel Serceau）在尚．雷諾瓦[28]的電影《鄉間一日》（*Partie de campagne*）中找到這個關聯。雷諾瓦在電影裡透過一棵樹的樹杈的威脅意味，讓人聯想到斷頭台，只是觀點反轉了[34]。

各種怪物樹木

我們已經從酷刑之樹及正義之樹上看見樹木多麼能令人恐懼，可是樹木可怕的理由仍未說盡。還有其他原因。容我再說一次，老普林尼承認有些樹天生就鬼裡鬼氣，光是外表就足以令人發怵。盧坎[29]撰寫的一頁文字深刻影響千百年來的藝術家、作家、他們的觀者和讀者的想像。我們必須說說《內戰記》（*Pharsalia*）中的一段，其恐怖在人的記憶中已根深柢固。凱撒包圍馬賽時木頭短缺，附近有座聖林，顯然從未受到褻瀆。它幽深，陽光和風都穿不透，毫無一絲風吹草動，樹木只是「僵立的陰影」，雷電也打不進。林內有幾座祀神的祭壇，而且「每棵樹都被人血淨化過」。這些樹勾起「一種前所未有的恐怖」感覺，同時也「教人震愕[35]」，腐爛樹幹上的霉斑和蒼白加深悚慄之感。據說這裡的彎曲紫杉有時候會直立起來，而且「沒人焚燒，樹木卻閃爍著火災般的光芒，盤纏老樹的虯龍四處攀爬」。受命砍伐的士兵害怕「斧頭會回砍到自己的四肢上」。

現在我們來看虛構故事裡讓人駭懼的樹木，這些詭形怪狀的樹木生長在塔索的《耶路撒冷的解放》中，阿米達（Armida）下過咒的森林裡。這些駭人的內容接下來也在人的想像裡滲透極深。

蠻荒地帶的樹木所觸發的恐怖之情，穿梭古今。十八世紀的探險家一再複述。「原始的大自然既醜陋又了無生氣，」布豐[30]寫道。我們在從未有人踏足過的地區裡，發現「一些沒有樹皮的樹木，彎曲斷裂、坍壞，其他更多的樹七橫八縱，躺在前面那些樹腳邊，在已然朽爛的木塊上繼續腐敗，悶住、掩埋了準備綻放的胚芽。此處的大自然（……）眼看正在衰敗；（……）地面（……）只不過是一個堵塞的空間，老樹橫陳，樹上布滿寄生植物、地衣傘菌、不潔的腐爛果實[36]」。

將近一個世紀之後，梭羅走過緬因州依然人跡罕至的森林，在那裡看到「物質，遼闊而且駭人」「必然及命運的住所」，絲毫看不出它「對人類抱有善意」。梭羅的腳絆到圮地的樹木，他補充說：「我為我的身體害怕，這個纏著我的物質是如此讓我覺得陌生[37]。」

貝拿丹根據自己的邏輯，為陰森樹木的存在提出解釋：大自然盡力要藉恐怖植物，讓人類避開凶險之處。所以大自然在沼澤周邊「放置紫杉，那紅色樹幹冒著煙，漆黑的樹葉間只供貓頭鷹棲息[38]」。

浪漫主義時期的藝術家有時努力要畫出可能製造恐怖或恐懼氣氛、妖形怪狀的樹木，激發觀者猛烈的情感。他們以自己的方式，與十六世紀的北歐風景畫家重新連結起來[39]。他們頌揚不屈服於大自然的幻象（phantasmagoria）。關於這一點，德國浪漫主義畫作裡猙獰怪誕的樹木尤其有意義，特別是老科爾布[31]的樹。在十八世紀尾聲，魔幻樹木變成這位畫家作品裡的中心主題，孤樹在他畫筆下有了新面目，例如畫於一七九三至一七九四年間那棵壯觀的枯木。它的形貌虛幻不實，一身空洞，樹疤密布，有些部位隆起，予人「齜牙咧嘴臉孔的幻象；樹枝逶迤如蛇，靠強烈的明暗效果維持一種出現動靜的感覺。怪物樹木初迎新的人生，兀立如幽靈，在景色中央暗示了毀滅的威脅感[40]」。科爾布在一八〇八年畫了一棵垂柳，它的樹幹也激起觀者同樣的情感，這幽靈的殘肢可悲地豎立在半空中。奇詞異句才能描繪的形狀，激發焦慮的感受。

這樣的表現法與格林童話裡描繪的樹木一致，尤其是畸形如怪物，樹疤斑斑、扭扭屹屹的橡樹。專家一致同意，強調克洛普施托克[32]的作品及日耳曼式的橡樹偶像化所造成的這種影響，我們在一七七〇年代初已經察覺到；從那時候開始，沉迷於遠古德魯伊教的德國年輕人會聚集在樹林裡，憑弔阿米尼烏斯的蓋世功勛[41]。

在葛航眼中，閒步於科埃岡這座原始森林裡與風搏鬥的樹木間，屬於同一種情感[42]。雨果則對怪物樹木的可怖感觸極深，對杜勒[33]的邪惡橡樹多所著墨，特別在《悲慘世界》中詳盡描述蒙費梅伊（Montfermeil）樹林裡那些「妖形怪狀的橡樹」，令柯蕾特恐懼萬分。小女孩的這個情緒來自「彎下身來的神祕樹枝，樹木駭人的上半身，直打哆嗦的長長青草[43]」。

樹木會傷人

還有一些親身經歷的故事訴說凶暴樹木的惡行。樹木墜落的時候會傷人，有時會殺人。賀拉斯在他的第十三首頌詩中，質問那棵在西元三十年差點害他一命嗚呼的樹：

> 喪門星，誰將你矗立在我的田裡，
> 偏偏倒在無辜主人頭上！〔……〕
> 讓我險些到
> 普洛塞庇娜[34]的冥府王國一遊[44]？

很久以後，斯湯達爾每每憶起從桑葚樹上掉落殞命的朋友就要痛心[45]。今天汽車撞上樹幹造成乘客死亡，依然是交通事故的主要模式[46]。

千百年來，樹木都被做成死亡陷阱。當代突發的印度支那戰爭及越戰就是例證；阿米尼烏斯已經用來對付過瓦魯斯的軍團了。而且我們也不要忘記，樹木本身就很危險，因為它會吸引雷電。

先不說樹木是殺人工具的極端之例，但它也經常鞭打、抓傷、撕破我們：籬笆、矮樹叢會刮傷皮膚，讓想穿越的人身上沾血，這種情節在文學作品裡十分平常。少年維特和夏洛特一起待在樹上，他度過「一段很幸運的時光」，忙著採水果；維特在離開她的路上疲渴不堪，試圖「開出一條路來，橫跨〔……〕傷害我的籬笆，穿越劃破我的荊棘：這就是我的喜悅[47]」，他寫道，以此結論他的失望。

用最戲劇性的方式描述植物是能抓擅撕的障礙物的人，毫無疑問是巴貝．多爾維利[35]。他描述聶埃爾．德內伍[36]在諾曼第的樹林深處縱馬疾行：「他撞上樹，扯下樹皮；樹籬被他衝出一個洞，柵欄的柱子也撞飛了！他背後拖著零零碎碎的殘屑，在他經過後，留下一地枝葉狼藉[48]。」

雨果有一回搭車從卡萊到布洛涅，他在信件中描述樹枝是如何「愉快地刮擦」車身。這輛車駛掠一排籬笆邊，從那籬笆「冒出來的根，像是鉤形手指，牢牢緊抓土壤，一如杜勒所深愛的[49]」。

二十世紀中葉，植物的侵犯（確切地說是會抓傷人的樹枝）成為約瑟夫．康拉德[37]作品中的意象，例如他形容過熱帶森林的逼近，帶了威脅意味。他在小說《走投無路》（*The end of tether*）中描述這種侵犯情形。書中那艘破船掠過岸上鬱鬱蔥蔥的巨大樹葉牆，灌木喧鬧地掃過船側，這時候「嘎啦一聲巨響，一條藤枝應聲折斷在掛艇架的頂端，一根很長、綠森森的樹枝冷不妨就這麼從打開的舷窗長驅直入又瞬間立刻退走，留下幾片扯落的殘葉，突然掉在馬西先生的被子上[50]」。尚－皮耶．維尼耶（Jean-Pierre Vernier）評論這段情節時，認為這個情形可以看出無法參透的不祥跡象。

溺水的臥獸：樹幹給人暴力的感覺

讓我們快速提提另一個普遍現象：樹木會把樹幹上的物體據為己有；這些物體會逐步嵌入樹裡。被導演喬治．費特曼（Georges Feterman）形容為異常的樹木當中，有一些會吞噬釘子和其他金屬，甚至告示牌。

枯朽腐爛的樹木纍疊成堆，一片蕪雜。橫躺豎臥的樹幹往往讓人感知到暴力。特別是在流送季節，發狂的樹木順著河流沖走的景觀，讓旁觀者著迷不已的同時，又暗自擔憂。這裡並不是什麼猙獰的怪樹，而是一堆堆會移動的東西。驚愕的夏多布里昂也對這個混亂場面多所著墨，在《阿達拉》中多次重提這個景觀。梭羅在緬因州森林裡步行時，也為這個異景沉思良久。他費力地步步跋涉，描述：「溺水的樹幹像座迷宮，全已死了，赤裸褪色：有些還站著，高度卻只有原來的一半，其餘的橫躺豎臥，〔……〕到了中間被擋下，漂浮的樹幹、樹枝和樹樁，東碰西撞[51]。」

達爾文則多花了點筆墨，描敘火地群島附近如零亂巨塊的死樹之可怖。他的腳總是陷進腐木裡，到了別處，倚靠的那棵樹又因為他的重量而塌落。奇洛埃島上的森林地面因為「死樹或一息奄奄的樹木而堵塞不通[52]」。他必須登高前進，或是在地上匍匐前行，從腐爛的樹幹下方穿過。

或許我們應該感謝埃利澤．何可律[38]，為我們描述樹木暴力面最生動的一頁。在南美觀看流送景象的何可律，從堆在蓄水池裡的冷杉樹幹突如其來的跳動中，感知到猛獸在受苦。「伏地的怪物痙攣，一抽一動。」在他的文字裡，這充滿動感的暴力場面多了可聯想到殉道的戲劇性，而且有譴責這場屠殺的意味。

被鋸下來的樹幹會先送到人工湖，好比牧羊人剛把筋疲力盡的獸群關進園裡。何可律認定沒有比在晚上「看著這些平躺在月色下，身上流淌著月光的巨大怪物喘息[53]」更奇怪的事。隔天，這些生猛的樹幹開始向下奔去，「那些樹幹像是湍流的粗巨線條，投身瀑布」「它們相撞、翻滾、彈跳，接著傾斜在瀑布上的時候又再次碰撞、打旋，透過泡沫，露出斧頭留下的紅色傷口……」數以千計的傷殘樹木順著鬧哄哄的峽道，一個接一個跳入水中。伐木工拉出被漩渦阻擋，並且「在原地失措打轉[54]」的幾棵樹。

接近下游處，「這群臥獸一抽一搐的，挺立時，那身七損八傷的木頭不禁咬牙切齒，呻吟起來。」在這移動的混亂裡，樹幹的力量如此猛暴，伐木工有可能「被撞翻，面色蒼白，鮮血淋漓，陪在死去的冷杉旁，一同漂流[55]……」

塞林[39]在《戰場》（*Casse-pipe*）描述兵營夜裡的樹木引發的恐怖，因為中士吆喝那句「到那黑夜裡去」而加大了恐懼的力道。樹木皆「幽黑臃腫，籟籟作響，好似竊竊私語的巨怪……恐懼來自樹葉……來自蠢蠢欲動的黑夜[56]……」

註解

1 賈克・德・佛拉金（Jacques de Voragine, 1230-1298）是中世紀的義大利傳記作家，也是熱那亞的總主教。
2 安傑羅・古柏納提斯（Angelo Gubernatis, 1840-1913），義大利語文學家、詩人。
3 依納爵・羅耀拉（Ignace de Loyola, 1491-1556），耶穌會創始人。
4 曼特納（Andrea Mantegna, 1431-1506），義大利畫家。
5 苦路是耶穌背著十字架前往刑場的路途。
6 根據記載，古利奈人西門（Simon of Cyrene）在耶穌前往刑場途中，受羅馬人強迫為耶穌背負十字架。
7 「背負十字架」（porter sa croix）是忍受艱困的考驗之意。
8 伊布若恩人（Eburones）是高盧人的一支。
9 作者註：迪奧斯科里德斯（Dioscorides）是西元一世紀的希臘醫生，也是藥草專家，對藥草的調配和療效瞭若指掌。
10 納爾邦南西斯（Gaule Narbonnaise）是羅馬帝國的一省，位於今日法國南方。
11 「優勝佳地」（*locus amoenus*）意指「舒心怡人的場所」。
12 皮埃托・德・克雷松齊（Pietro de Crescenzi, 1230-1320），義大利農業工程師。
13 卡律布狄斯（Charybdis）是希臘神話中一種像大漩渦的怪物。
14 奧菲斯（Orpheus）是希臘神話中一位音樂家，在妻子尤麗黛（Eurydice）死後，前往冥府想帶回妻子。冥王受他的琴音感動，答應讓尤麗黛返回人間，條件是回程路上奧菲斯都不許回頭，但是奧菲斯在離開冥府之前忍不住回頭，於是尤黛麗又被拉回冥府。
15 沃坦（Wotan）即奧丁。
16 日耳曼尼亞（Germania）是歐洲的一處古代地名。
17 日耳曼尼庫斯（Germanicus），羅馬將軍。
18 阿米尼烏斯（Arminius），羅馬時代的日耳曼將軍。
19 瓦魯斯（Varus），羅馬將軍。
20 斯特拉波（Strabo），古希臘歷史學家。
21 辛布里人（Cimbri），日耳曼民族的一支。

22 賈克・卡羅（Jacques Callot, 1592-1635），畫家、版畫家。

23 百合花是法國王室的標誌。

24 儒勒・凡爾納（Jules Verne, 1828-1905），法國小說家、劇作家、詩人，現代科幻小說開創者之一，著有《環遊世界八十天》《地心探險記》等名作。

25 布斯納（Louis Boussenard, 1847-1910），法國冒險小說家。

26 索黑爾（Charles Sorel, 1602-1674），法國小說家。

27 波旁復辟（la Restauration）指自一八一四年拿破崙退位至一八三〇年七月革命的這段時期。

28 尚・雷諾瓦（Jean Renoir, 1894-1979）是法國著名電影導演，也是印象派畫家雷諾瓦（Pierre-Auguste Renoir）的兒子。

29 盧坎（Lucan），羅馬詩人。

30 布豐（Georges-Louis Leclerc de Buffon, 1707-1788），法國著名博物學家。

31 老科爾布（Carl-Wilhelm Kolbe, 1757-1835），德國浪漫主義畫家。

32 克洛普施托克（Friedrich Gottlieb Klopstock, 1724-1803），德國詩人。

33 杜勒（Albrecht Dürer, 1471-1528），德國畫家、版畫家。

34 普洛塞庇娜（Proserpina）是冥王普魯托劫持來的王后。

35 巴貝・多爾維利（Jules Barbey d'Aurevilly, 1808-1889），法國作家。

36 聶埃爾・德內伍（Néel de Néhou）是多爾維利的小說《已婚的教士》（*Un prêtre marié*）中的人物。

37 約瑟夫・康拉德（Joseph Conrad, 1857-1924）是以英文寫作的波蘭小說家，代表作是《黑暗之心》（*Heart of darkness*）。

38 埃利澤・何可律（Élisée Reclus, 1830-1905），法國地理學家。

39 塞林（Louis-Ferdinand Céline, 1894-1961），法國作家。

第 6 章

夢幻神奇的不可思議之樹

古賢先哲對不可思議的樹木著迷不已，更勝於只是讓他們驚訝的樹木，像是「印度的無花果樹」（孟加拉榕）。如果泰奧弗拉斯托斯所言為真，那在環繞海克力士之柱（大西洋）的外海裡，有一些不可思議的樹木，特別是公海那棵會結果的「橡樹」，它的橡實可以食用。潛水者及船難倖存者描述得繪聲繪影的無花果樹、棕櫚樹、葡萄樹，也是生長在海中。我們還可以在紅海的阿拉伯地區及提洛斯島（Tilos）找到海中樹木[1]。

稍後，老普林尼引用希羅多德的說法，肯定「乳香樹周圍有不知凡幾、色彩不一的小型有翅蛇把守[2]」。肉桂樹也比照辦理，有凶惡猙獰的蝙蝠護衛。

老普林尼的說法讓魔法樹木存在的信仰更加堅定。奧菲斯讓樹木行走的那一幕，對人的想像浸淫之深，揮之不去。他一碰他的「錚鏦琴絃」，樹木就前來他所在的沙漠聽他彈琴。奧維德列舉出一大長串為此前來的植物品種，稍後補充，樹木「脫下一身的樹葉，猶如落髮[3]」，以悼念奧菲斯。他還引述其他類似的魔法事件：卡嫩絲[1]的歌聲讓木石移動，也寫到女神赫卡忒[2]施展魔法，「森林——噢，多奇妙！——從所在之處躍現，大地呻吟，鄰近的樹木面色蒼白[4]……」

變身為樹

當然，化身成樹木就是最神奇的事。此舉解釋了植物的誕生，展現萬物的流動性，這個行雲流水的過程聯合了所有宇宙的元素，以及那玄祕的近似性、暗藏的相仿性、生物之間的類比性。

發生過程彷彿寧芙[3]早有變身樹木的能力。「既然如此，」賈克．布霍斯（Jacques Brosse）寫道：「我們可以自問，是否有血有肉的生物不只是樹木心靈暫時的人形化身[5]。」

奧維德喜歡多花點時間闡述變身那一刻的細節，變身不只驚心動魄，還揭露身分。我們之後會回到達芙妮的例子，目前只要引述祝歐珮化身成荷花的經過就好。奧維德寫說她的雙腳生根，緊接著「樹皮從下慢慢向上蔓延」而且「逐漸包覆她的兩條腹股溝」。她的頭髮變成葉子，「胸部變得堅硬」，奶水也乾涸了。除了涕泗縱橫的臉，祝歐珮絲毫不成人樣，但是她向身邊的人宣告她的悲痛：「柔軟的樹皮鋪展在我雪白的頸脖上，我的頭消失在樹冠之下。」在她變身之後，「她的新枝保存了她身體的餘溫[6]。」

跟達芙妮及祝歐珮的變身不同，牧羊人阿普利亞因為穢言汙語，寧芙們在震驚之下把他變成野生橄欖樹，這是一個具有類比性的懲罰。這棵樹苦澀的果子令人想起牧羊人油滑的毒舌，他刺耳的言語來自橄欖樹的果實[7]。

希臘文學製造了奇樹的另一個想像來源。我剛剛引用的神話陳述了植物神話的起源，伊索寓言則把自然元素搬上舞台，讓自然元素說話，傳達富哲理的訓誨。

如夢似幻的神奇樹木

說到植物的生命力，就必須回來討論誕生於十二及十三世紀，接著興盛於整個哥德時期的神奇樹木。這時期印度洋糾纏著人的想像，並提供一系列不同凡響的樹木，而且「仙女樹」的形象在西方流傳甚廣[8]。神奇樹木偶爾會出現在小說中，摘錄克雷蒂安．德．特魯瓦[4]《雄獅騎士》（*Le Chevalier au lion*）其中一段為例，我們在書中頻繁看見樹木與噴水池的關聯。故事一開始，主角之一卡羅葛蘭（Calogrenant）遇上半人半妖的怪物為他指路：「你會看到沸騰的噴水池〔……〕還有大自然所能創造的最漂亮樹木和樹蔭。它經年常青，因為沒有一個冬天奪得走它的葉子。」如果你用臉盆去盛水，「你會看見電轟雷擊，眾樹開裂[9]。」

卡羅葛蘭聽從這些指示，果然發現這棵樹：「人間再沒有更漂亮的松樹了。依我之見，」他宣布：「沒有一滴水強烈到足以穿透它，整片雨水在樹上滑落。」卡羅葛蘭在噴水池邊倒了水，霎時狂風大作，雷閃電轟。樹木都應聲暴裂，除了那棵松樹[10]。

神奇樹木重生於十六世紀，在文學作品中千篇一律起來。文中大量出現魔法森林，有時是解除了魔法的森林，特別是在史詩中。我們回到《耶路撒冷的解放》中阿米達的魔法，只引述這位女巫的化身之一：一棵傲視整座魔法森林的香桃木，那座森林裡有邪惡樹精叢聚：

這棵神妙的香桃木伸展著大樹枝
高於絲柏和棕櫚，
它的樹葉如蓋，遮蔭了每一棵樹；
恰似森林的城堡[11]。

阿米達從這棵奇妙樹木的樹幹中走出來，變成青面獠牙的怪物布里亞瑞斯[5]，後來死於何諾（Renaud）的劍下。

讓樹木開口說話

然而，在同一個時代的繪畫界裡，一群傑出的北歐風景畫家在奇幻的全景當中，精心繪製想像中的樹木。阿爾特多佛[6]畫中的冷杉和荊棘受到廣泛評論，格呂內華德[7]的依森海姆祭壇畫（*Isenheim Altarpiece*）上的樹木，都是玄祕色彩濃厚的日耳曼繪畫的諸多範例之一。波希在作品中屢屢運用的樹木擬人化手法，令人讚嘆，就拿他那幅素描畫《樹木有耳，土地有眼》為例。波希賦予樹木人類的感官，讓它能夠聆聽；此外，草地上睜著人眼，鳥兒飛來掠去，啾啾唧唧，棲停在枯枝上。有人把這幅畫詮釋成危險的象徵，世人必須懂得靠明確的警訊，化危為安。波希把一句耳熟能詳的格言畫了出來：最好閉口藏舌，觀察與聆聽就好——這就是為什麼他要畫長了耳朵的樹木[12]。有耳朵的樹木對當今的藝術家深具啟發性。

古典主義時期剛好碰上寓言與童話的歸返，也就是神奇樹木的題材。從十六世紀中葉起，特倫托會議（Council of Trent）的高級教士承認寓言裡傳達的大自然、世俗的智慧，等於在官方天主教文化中，賦予它合法的地位。義大利承認伊索流傳下來的故事，散見於許多道德哲學的寓言集，法國卻一點反應都沒有。畢竟體裁也有品級之分，而諷刺詩屬下等。不過到了十七世紀中葉，費德魯斯寓言在法國問世後，情況就不同了。勒梅特．德．薩西[8]把這位古羅馬寓言作家的作品翻譯成法文，寓言因此蔚然成風。拉封丹擴大寓言造成的轟動，並於一六六八年在一篇前言中稱頌寓言。

「我讓狼說話，」他宣稱，「讓羊回答。」
但我超越了他一步；樹木和植物
在我筆下都變成能說話的生物[13]。

他的許多寓言都是例證。啟發自維吉爾的〈橡樹和蘆葦〉也不脫古來有之的主題，讓樹木藉詩論智；這個傳統可上溯至卡利馬科斯[9]的月桂樹與橄欖樹間的唇槍舌劍。跟前者同樣出名的是拉封丹的寓言〈森林與伐木工〉，故事提到樹木的埋怨——我們不該把寓言看作只是在為植物發聲。

同時[14]，我們會看到一群傑出的自由主義者大力支持樹木有敏感的靈魂，貝爾傑哈克就引介了一系列生長在太陽帝國的神奇植物。這些樹木不但會說話，有記憶，能體會七情六欲，還有一棵能行醫。貝爾傑哈克坐在白駝鳥上旅遊，來到一座森林中，只靠沿著樹皮流下的蜂蜜維生；這個地方成了世外桃源。

安徒生的橡樹會做夢，睡美人長眠的矮林為王子開道

樹木一直都是童話的要角，在十七世紀尤其如此，森林和矮林被描繪成人類起源的美妙奇境。另一方面，樹木因為萬古不移，更彰顯人類飄泊不定。誰都記得那座為了守護睡美人而穿越不得的矮林，它自動開路，讓白馬王子通行。多諾瓦夫人比夏爾勒．佩羅[10]賦予神奇樹木更多的位置，她童話中的植物會觀察、聽故事、說話、樂於助人，有時還會流血，特別是這棵樹其實是慘遭變形的主人公時。之後的格林兄弟在〈七隻烏鴉〉又牽連上樹精，這篇童話的女主角獨自在空心樹中活了六年，之後王子找到了她，她也成為王子的未婚妻。

浪漫主義者一再重現神奇樹木，為之妝點上新的特徵，最早表現在素描與繪畫上，在十八、十九世紀之交，德國浪漫主義素描中的怪樹可為例證，我已經在上一章的恐怖樹木中提過。

回到老科爾布的作品上。讓我們再次引用這位藝術家的《魔法樹木》。老垂柳的樹幹在觀者面前扒開「痛苦的五臟六腑」，讓人產生魔幻印象。它伸出樹枝，卻只抓得到空氣，教人於心不忍。老科爾布重點已經不在寫實，毫無模擬之意。參照現實不如神遊太虛幻境，而形狀的靈動令人聯想到奇異的變形，創造出焦慮的感覺[15]。

安徒生在〈老橡樹的最後一夢〉這篇童話裡呈現的，並不是一棵如夢似幻的樹。他跨得更遠，因為他的目的是**想像並呈現植物做的夢**。這是一棵四百歲的橡樹，孤眠於冬夜，那是個

聖誕夜。每年夏季，老橡樹都會思考自己與周遭生物間在時間性上的差距，尤其是蜉蝣生命的短暫。橡樹想，後者無法代表橡樹；連它都很難想像自己消失之後，世界的輝煌模樣。

目前，在這個聖誕夜，橡樹正在酣夢中。它在死亡的前夜回顧自己的過去，記得還很小的時候，橡實是它的搖籃。它在腦海中列舉自己一生中有過什麼用處：它曾經是航海家的航標，曾經是鳥巢、鳥兒辦音樂會的舞台，也為候鳥擋風遮雨過。它特別記得好幾百年前，騎士和他們的貴婦會過來享受它的樹蔭，來這裡從事鷹獵；群狗光臨；士兵臨時紮營；情人約會；「綠林好漢」[11]在這裡聚頭，把風弦琴掛在它的樹枝上。

這時老橡樹的夢裡浮現一種在抽長、舒心的感覺。它覺得自己想要投奔太陽，再從那裡投奔星星。在這翱翔升空的夢中，它感覺自己的根從地底拔離。「眾樹和昔日的樹種」，早已消失許久的，也加入它。「我可以飛[16]，」橡樹這麼想著，在這個聖誕夜裡，一場狂風暴雨將它連根拔起，一併奪走了水手慣用的航標。

這篇童話出版於一八五八年，因為悲觀，並不符合《小氣財神》的模式，但是擬人化的手法與神奇皆登峰造極，同時讚揚了樹木的回憶能力、它對於生物時間性不同的高素質思索，還渴望飛翔去見太陽和星星。一言以蔽之，故事主角不是人類，但這棵奇幻樹木走過跟人類的人生同樣多彩多姿的一生。不過我們也要指出，樹木這場結束於聖誕夜的生命回首，飽含宗教影響，特別是路德宗（路德教派），通常被解讀為意有所指。

樹是製造幻想的好材料

若要列舉感受到魔法樹木存在的浪漫主義時代作家，那名單實在太長了。魔法樹木是喬治・桑兒時幻想的主角，雨果的作品裡多是這樣的樹木，而且我們會注意到那些樹總是榆樹。的確，這些樹會在夜色降臨之時，在他眼前活動起來，變成魔幻怪物，像是遭受不可思議的變形，龐大的天外之物。所以雨果說到了日落時分，「榆樹的側臉陰氣森森，又或是縱情大笑，前仰後合[17]。」

聶瓦爾則重新連結童話中的樹木，例證就是他在一八五〇年寫的〈魚女王〉（*La Reine des poissons*），故事場景是瓦盧瓦地區（Valois）維萊科特雷（Villers-Cotterêts）的森林。主人公之一的小女孩跟朋友小男孩說她見到一棵漂亮的綠橡樹，頂端的樹枝金燦燦的，向他恭恭敬敬地行禮。這是因為小男孩聽到樹在抱怨，怎麼也不肯把新鮮木頭放進薪堆裡。他的行為引來主人飽以老拳，以示懲罰。此時樹木出現反應，顫慄起來，發出長嘯與悶響，趕跑了小男孩的主人。這位屠夫氣不過，叫來伐木工，要他們砍掉整座森林。魚女王這時出場，命令埃納河、瓦茲河、馬恩河淹沒大地。

梭羅的臆想裡充斥滿滿幽魂似的樹木。一八三七年冬天，一個奇異的幻象上身。「我早早就出門，」他寫道：「這一早寧靜冷瑟；這一頭的樹木看似逐漸消隱的黑暗生物，正緊挨彼此，蜷縮熟睡，它們花白的頭髮鋪展至偏遠的山谷深處，不在陽光能及範圍；另一頭的樹木沿著河趕忙魚貫前行[18]。」接下來好幾頁全在描述幽魂樹葉。的確，梭羅承襲歌德的觀點，葉子的構造理想，是各式各樣植物的原型。

到了文章他處，滿腦子幽魂樹木的梭羅，幻想當中幾棵樹像他一樣不朽，會陪他上天堂。他在探索緬因州森林的記事裡寫說他最喜歡松樹的一點，「是這棵樹充滿生命力，與我十分肖似，而且它能治癒我的傷口。它跟我本人一樣不朽，或許會跟著我，直到與天齊高，繼續居高臨下俯視我[19]。」

二十世紀有些藝術家和作家放任自己對樹木產生幻想。普魯斯特在《尚・桑德伊》裡描繪的雨後丁香花深受東方及其異國情調浸潤。他寫道：「是東方以波斯的血〔……〕賜予了這些秀麗的丁香花生命，那些個纖長的雪赫拉薩德[12]在枝葉間漠然不動，薄透衣裳下的裸肌若隱若現，狂暴散發的香味讓她們現影[20]。」

樹木是做夢的材料，昂德烈・布賀東[13]多次強調。樹木出現在怪異的睡眠狀態和超現實主義者的夢境裡。例如布賀東的戲劇〈天氣真好！〉（*Comme il fait beau !*）就頻頻出現如夢似幻的熱帶森林。

我用一整個章節也不足以引介當代藝術家人為創造的奇幻似夢的樹木，其宗旨是消弭自身、創作者或觀者，還有萬物之間所有黑白分明的界線。一些作品透過精心擺設大自然，以便創造尚未完全與藝術的歷史進程斷絕關係的人形或植物建築，因此大衛・納希（David Nash）用樹木的成長來創作。他在一九七七年栽種二十幾棵梣樹，精心創作出來的《梣樹穹頂》（*Ash Dome*

Plant）需時四十年才能完成；一九八五年的《分離橡樹》（*Divided Oak*）也需要這麼多的時間才大功告成，換句話說就是完成一排看似在腳下自行分開的樹木，彷彿置身童話。

還有人兼容並蓄，左手參考，右手援用，結果他們的作品都在弔古。因此詩人雕塑家伊恩‧漢彌頓‧芬雷（Ian Hamilton Finlay）喜歡大量援引奧維德的變形，或是十八世紀的地景藝術家。

尼爾斯‧烏多在影像中刻意製造退化，可視之為樹枝及樹葉搭起的避風港在文學及繪畫歷史上的結束，因為這類避風港讓巴什拉把樹木看作鳥巢的前廳。烏多在森林裡造了一個寬闊的樹枝巢，照片中的他一絲不掛，蜷縮在巢中央；柯蕾特‧嘉侯（Colette Garraud）寫道：「影像中大自然基本的母性象徵，奇妙地與無依無靠的強烈感受結合起來[21]。」

抱著大自然可能消失的想法在創作的藝術家，把天馬行空的靈感推向更遠的地方，所以經常利用金屬，建造像芬雷的《聖林》或佩諾內的《奧特羅山毛櫸》那樣非天然的植栽。金屬樹木入侵樹林或森林，印證了這種直覺。

毅然運用「地理可塑性」（géoplasticité）的造型藝術家的創作觀點有點不一樣，樹木又再次成為主角。這次的重點不再是表現（représentation），而是陳列，體驗一些天馬行空的創造，經常是稍縱即逝、大自然沒見過的「東西」。目的是改變面對這些作品的觀者的心理結構，讓他們體驗大地及社會記憶的感覺，領略法蘭克‧多里亞克筆下建立「世界的無聲檔案[22]」的經驗。

詹姆士‧皮爾斯（James Pierce）一九七八年的《太陽樹人》（*The Suntree Man*）利用「地理可塑性」，呈現了泥土和草搭設起來的勃起樹人，手臂令人想到樹枝，頭像太陽。最後再引據法蘭斯・克拉克貝格（Frans Krajcberg）在克雷（Crest）展出的焦木系列：大塊濃黑的樹木放置在染紅的圓形基座上。創作者的目的是要令觀者想起森林的死亡並非不可預期。

上述一切全都證明了**樹木能給我們源源不絕的夢幻想像**，並且駁斥文學與當代藝術中樹木不配受到重視的感覺，亞蘭・霍傑（Alain Roger）把這種感覺形容成「樹木的災難[23]」，在一個遠離夢想與神奇的社會中。

註解

1 卡嫩絲（Canens），羅馬神話中的歌唱女神。

2 赫卡忒（Hecate），希臘神話的月亮女神。

3 寧芙（Nymph）是希臘神話中從大自然幻化而來的精靈，通常以美少女的形象出現。

4 克雷蒂安・德・特魯瓦（Chrétien de Troyes, 1130-1190），法國吟遊詩人。

5 布里亞瑞斯（Briareos）是希臘神話中其中一個百臂巨人。

6 阿爾特多佛（Albrecht Altdorfer, 1480-1538），文藝復興時期的德國畫家、版畫家。

7 格呂內華德（Matthias Grünewald, -1528），文藝復興時期的德國畫家。

8 勒梅特・德・薩西（Lemaistre de Sacy, 1613-1684），法國教士、神學家。

9 作者註：卡利馬科斯（Callimachus, 前315-前240）為亞歷山大圖書館撰寫了一部浩繁的目錄，他也有一些詩作，尤其擅長輓歌。他的輓歌經卡圖盧斯翻譯之後，經常有其他拉丁作家仿效。

10 夏爾勒・佩羅（Charles Perrault, 1628-1703），法國詩人、作家，其名作《鵝媽媽的故事》中有〈睡美人〉〈小紅帽〉〈藍鬍子〉和〈穿靴子的貓〉等耳熟能詳的童話。

11 綠林好漢（Merry Men）原指追隨羅賓漢的一群不法之徒。

12 雪赫拉薩德（Scheherazade）是《一千零一夜》的女主角。

13 昂德烈・布賀東（André Breton, 1896-1966），法國超現實主義作家、詩人。

第 7 章

樹木的靈魂

接下來的內容是後面一系列章節的背景，後文會探討到樹木的個體性、感覺、說話能力、與人類對話、它或許擁有的道德觀和性欲。這些資訊全來自哲學家與先賢的文章、他們是否相信植物有靈、他們的說法或多或少的影響力，還有詩人和藝術家的感性。

在柏拉圖處理這個主題之前，安納薩哥拉、德謨克利特、恩培德克利斯[1]就已經賦予植物（因此包含樹木）感受、食欲及思考能力。這些蘇格拉底前的哲學家將砍樹稱作謀殺。

柏拉圖在〈蒂邁歐篇〉（*Timaeus*）中，只賜予植物低階的靈魂，即米榭勒口中「模糊的靈魂」。柏拉圖認為**植物是不會移動的動物**，它們的靈魂屬於第三種。這種靈魂「既無私見，不能推理，也沒有智力活動[1]」，可是能感受到愉悅和疼痛，也有欲望。「它總是被動的，必須承受一切。〔……〕排斥外在活動，只有自己內在的活動，它與生俱來的等級不允許它凝視自己的狀態，進行思考。」「植物活著，但也只是活著而已[2]。」

泰奧弗拉斯托斯先是柏拉圖的門生，後師從亞里斯多德，他援用〈蒂邁歐篇〉，卻稍微背離了老師的觀點。他提醒讀者，長久以來，人們都接受葡萄樹會對其他植物產生反感或好感的說法。

植物是否有靈？

在這方面，亞里斯多德有別於柏拉圖。在他看來，植物更加無能。他剝奪植物的感知、感覺及思考能力。亞里斯多德在《靈魂論》（*De anima*）中，最多只給植物一種靈魂，卻不承認植物善感；他特許給植物的靈魂，至多只能讓植物生長，換句話說就是取得營養、成長、繁殖。有食欲、欲望（像是移動能力）這種「感性靈魂」只保留給動物和人類；至於「理性靈魂」則是人類獨有——這就是亞里斯多德眼中的自然之梯（*Scala Naturae*）。因此，植物靈魂的特色就是天真單純，不受感覺靈魂獨有的感官之欲汙染[3]。亞里斯多德的偽作《論植物》（*De plantis*）在西元前一世紀中廣泛播散，把這位大師的信念傳揚開來。

教會教父贊同亞里斯多德的觀點，所以聖奧古斯都嘲笑那些說植物會痛苦的人。後來到了一二六五年，輪到大阿爾伯特[2]在《植物論》（*De vegetabilibus*）裡探討植物可能有靈所引發的疑問。他同意亞里斯多德的觀點，卻不贊同柏拉圖。米榭勒後來也說經院哲學時代僵化了大自然。

從十六世紀起，植物種類的統計數字大幅增加，可是植物解剖學並未因此出現進展，遠遠落後於當時人體解剖學的進展。我們必須要等到馬爾比基，換句話說是十七世紀末（一六七五年～一六七九年），才有真正的植物解剖學。

然而在現代之初，人們對植物是否有靈的正反雙方有了重新的評價。後者反映出亞里斯多德觀點的影響力仍持久不衰[4]。笛卡兒認為亞里斯多德的觀點不只加強了，甚至達到「去泛靈化」。這時候的植物已經沒有靈魂了，更遑論感覺靈魂。植物在笛卡兒眼中，淪為「只是上帝的力量操縱的機械力量而已[5]」。植物失去靈魂，動物機器[3]的觀點卻日益壯大；巴斯卡[4]寫下：

「植物不會覺得自己悲慘[6]。」

羞恥樹：「害臊」的始祖

然則同一時間，植物在生物之梯裡的正面評價也在進行，這是受康帕尼拉[5]的自然哲學啟發的「思想自由的博學者」的成果。他們視這個世界為一頭善感的動物，促成低等生物的價值提升。

話說回來，我應當提醒大家，根據杜．巴爾達斯[6]自一五八四年起在《第二週》（*Seconde sepmaine*）中對植物的縱情遐想，伊甸園裡有些植物能移動，也有感情。杜．巴爾達斯精確描述擁有感覺靈魂的「羞恥樹」，它能夠感到疼痛、恐懼，有「羞恥心」，是現代人「害臊」的始祖。後文會再提到菲洛斯屈塔思[7]賦予交纏植物相愛的感覺。最後，不要忘記龍沙詩中的樹木都有善感的靈魂，特別是他讓加斯蒂內森林（Forêt de Gastines）的樹木，或是那些聽他傾吐衷曲的樹木說話。當然，自古以來就有人注意到、強調過的人類與樹木形態可以類比的信仰，有助於人相信樹木有靈。

植物的感性抬頭

讓我們回來說說低等靈魂價值提升的現象。秉持康帕尼拉觀點的「思想自由的博學者」所促成的這個現象，因為與亞里斯多德學說相悖的古早哲學風潮回歸而強化了。

重新評估植物的感性與植物地位的提升，使得樹木被視為善感的生物，而且還會視情況需要而有性行為，吉·德·拉布羅斯[8][7]是主要的推動者之一。這位國王御用的植物學家確實鼓吹植物的感性，在一六二〇年的《論植物，植物的美德與用途》中陳述過。說到植物價值提升這個演變，我必須強調植物性動物（zoophyte）的研究也扮演了要角。自從十六世紀起，植物性動物令人驚異，例證就是「馬拉巴爾的哀戚樹」，它被認定只能開一個晚上的花。拉布羅斯則強調植物的情感品質，或者說——如果我們比較喜歡——它的感情。所以在他眼裡，梨樹喜歡有人陪伴。他說樹木通常是有食則喜，無糧傷心；被斧頭斲傷的樹木會因受辱而收縮。

長久以來，銀葉合歡（acacia dealbata）引發爭論：這種植物「如此純潔且善妒，不願別人碰它[8]」，於是人們不禁要問，它是否擁有富有情感的內在？據說某些樹木甚至善感到可以表達道德感受，如杜·巴爾達斯陳述的「羞恥樹」及人間天堂裡嗜欲的樹。參與重新評價該現象的自由主義者之一的勒瓦耶[9]就認為，一息奄奄的橄欖樹是生活不檢點的女性種下的。

植物與人類間的類比性

接下來我們會在虛構作品上逗留比較長的時間，當中出現的一些樹木使得向來身為敘事主軸的人類相形失色。貝爾傑哈克在他的月球及太陽之旅中，遇到具有人類所有功能的樹木，聲稱與人類平起平坐，甚至超越人類。這本書裡的多多納橡樹有自己的語言，可以傳遞訊息。它們吶喊著肉體的歡愉，其中一棵還描述自己與土壤做愛。這些樹要求知識產權，還證明自己有編排情節的才能。

一七四一年，路威．郝爾拜[10]的《尼爾斯．克林姆的地底之旅》（*Le Voyage souterrain de Niels Klim*）敘述一個落入地心深處的男子，一群**樹人**來迎接他。這群人的道德觀跟我們相悖，卻異常深思熟慮[9]。拉梅特里[11]的《植物人》（*L'homme plante*）在一七四八年問世，是最後一部重新質疑亞里斯多德文本的著作，提到的是人類與樹木的變形及逆轉的可能性。

與此同時，在十七及十八世紀中，夏爾勒．邦納在萊布尼茨[12]的影響下，重拾生物之鏈的理論。當時的人對在大自然裡觀察到的界線是否壁壘分明，一直抱持著懷疑的態度。布豐承認植物可能被剝奪了感覺能力，因此努力要微調這個信念，他寫道：「可是『感覺』這個詞包含了這麼多在分析之前，不應該說出來的想法[10]。」布豐回到舊爭議上，自問：能感覺的植物具移動能力，也有抵抗衝擊的能力，所以它似乎真的擁有「某種感情」。布豐自問：既然我們賦予牡蠣這個能力，為什麼植物不行？而且我們的確觀察到樹根會繞過障礙去尋找沃土。簡言之，布豐肯定植物與動物的區別「沒有很明確」。

他甚至寫到動物與植物之間絕無主要及一般的差別，因為「大自然是以微不可察的層級及差異遞降[11]」。繁衍能力也就是生長能力，確實表現出植物與人類間的類比性。布豐結論道：「動物與植物都是同一等級的生物」「大自然似乎以細微的差異來分門別類[12]」。

我們在十八世紀末的德國觀察到自然哲學的元素分散，謝林[13]很快就在一七九七、一七九八年間綜合、組織這些元素[13]。

現在我們要離開布豐的自然主義，走進德國浪漫主義複雜的哲學與詩歌中，因為難度很高，想用三言兩語帶過是白費力氣。不過還是有必要一提，因為在接下來的兩個世紀中，植物靈魂主要出現在詩歌及繪畫上。

植物靈魂無所不在

從一七七四年開始，歌德在《少年維特的煩惱》中長時間著墨「讓大自然生機勃勃的熾烈、神聖的內心生活」。維特坦承：「在鄉間散步的時候，大自然的豐饒橫溢讓我感覺被奉若神明，無垠世界的壯麗形體在我的靈魂裡移動，〔……〕森林與山峰傳來回音，我在地底深處見到所有不可思議的創造力量在行動、反應，還看見天地之間有無數生物族群聚集如蟻[14]。」歌德在名為〈植物變形記〉的詩中讚頌「人類與生物的性質分級的完美合併[15]」。詩人體會到大自然追求分段達成的變化的活動，是持續而且有意識的。**植物就跟人類一樣，內在持續不斷在變化，所以植物的變態是一種持續且有意識的活動，那是植物的本分**。

諾華利斯提及樹木的靈魂：「每一片新葉，每一株個別植物，都是一個想要傾吐的祕密，充滿了愛欲，卻移動不得，亦無法言說，最後變成沉默又安詳的植物[16]！」我們可以在畫家筆下看見類似的感受。菲利浦・奧托・朗格[14]在寫於一八〇二年的其中一封信裡昭告他主要的計畫就是要質疑「世界的靈魂」。

在浪漫主義詩人的眼裡，樹木有一個身分，我們之後會再回到這上面詳述。它們有感性，能夠說話，從此以後有越來越多與科學脫節的信仰。按照夏多布里昂與雨果的看法，整個大自然都過著同樣的生活。「人類、動物與植物都受到愛情與情感的鼓動[17]。」因此雨果認為泛心論是自主的泛靈論。只要人類在旁，生物都會思考。雨果寫道：「我感覺到，〔……〕像我一樣隨著靈魂跳動並且活著，／還能歡笑，在暗處喃喃自語，／遍布樹林的怪物橡樹[18]。」

拉馬丁的黎巴嫩雪松就像我們之前還有之後會看到的那樣，能呼吸、感受、凝視、歌頌神明，具有感官。「它們的植物本能是具有神性的靈魂／能感受、評判、預料、推理，也可以策劃。」全都是「由一個能說話的靈魂鼓動[19]」。喝德國浪漫主義奶水的葛航懊惱自己只懂得大自然的外在形狀，卻沒有理解意義上的、「上帝創造的萬物[20]」的私密語言。聶瓦爾信誓旦旦：

每一朵花都是綻放在大自然中的靈魂；

金屬裡也潛藏著愛情的神祕；
萬物皆善感（……）[21]。

米樹勒在這方面接受來自亞洲，特別是《羅摩衍那》的影響，說自己沉迷於植物靈魂的神祕。他在山上的樹中尋找嘆息、呻吟、樹液的波動、笑容、遐想的憂傷，這些都被他形容為靈魂暗中堅持不懈的作用。

在太平洋另一端，受歐洲影響的超驗主義者也有同樣的直覺和追尋。詩人惠特曼在《草葉集》中寫道：「我發誓，我現在看見的每一樣東西都有永恆的靈魂！扎根在土裡的樹，（……）海裡的海藻[22]。」

反之，杜瑪在黑格爾的作品裡指出另一種完全不同的說法。按照黑格爾的意思，植物是自顧自的第一階段生物（《自然哲學》）。然而植物只是個「活在當下的主觀實體，既不能感受也無法移動」，它缺乏「能夠鼓動個體的反思能力」，簡言之，沒有「自覺」。樹木在黑格爾眼中只是個體的集合體，它的每個部分都各行其是。樹木沒把它們串連在一起，（因此）維持「內在最簡化[23]」。

我們在二十世紀某些作家的作品裡看到上世紀「植物有靈」的信仰與主張。普魯斯特深信買下一棵樹，就擁有樹的靈魂。在嘉登的小說《西羅亞》中，心靈導師樹木傳授它的智慧給主角西蒙。亨利．米勒在一九三九年參觀達夫尼修道院時，著眼在樹木體內的光，它創造樹木的光暈，也揭露樹木的靈魂。因此依米勒的看法，靈魂與肉體間的區隔變得一清二楚[24]。

在梵樂希的《樹的對話》中，囊括了對植物靈魂的頌讚之情，甚至溢出了筆尖。「在這掌燈時分，樹木似乎在思考[25]，」詩人寫道。

分析當代人類學家怎麼說植物的靈魂，並非本書的意圖，更非我能力可及。可是他們對樹木表現法的影響非同小可，無法不提，舉個例子讓大家明白。跟西方一樣，在某些文化裡，大自然中沒有區隔，植物都被視為主體，並未被驅趕到獨立領域。因此菲利浦．戴斯科拉（Philippe Descola）研究的拉丁美洲印第安人[26]相信植物的靈魂無所不在，他們視植物為能說話的生物。像木薯這種植物就具有感性，也被賦予人性。它們有感受能力，特別是嫉妒；意識也異常敏感。然而夢在人類與植物的接觸裡扮演了重要的角色，例如瓦干[15]就會變形成植物。簡言之，**植物的靈魂在靈界、礦物界及人界之間遊走。**

註解

1 作者註：安納薩哥拉（Anaxagoras, 前500-前428）、德謨克利特（Democritus, 前460-前370）、恩培德克利斯（Empedocles, 前490-前435），西元前五世紀中的三位希臘詭辯家，其重要性絕不亞於蘇格拉底與柏拉圖。據說恩培德克利斯跳進埃特納火山而死。

2 大阿爾伯特（Albertus Magnus, 1200-1280），中世紀重要的德國哲學家、神學家。

3 動物機器（animal-machine）是笛卡兒的一個論點，他認為動物低下，沒有感覺能力，也沒有靈魂和理性，只是機器而已。

4 巴斯卡（Blaise Pascal, 1623-1662），法國數學家、物理學家。

5 作者註：康帕尼拉（Tommaso Campanella, 1568-1639）是義大利學者，被宗教裁判所懷疑是異端，赦免後又因謀反罪而被監禁二十七年。著有《太陽城》（*La città del sole*），是全面共產主義的信徒，作品對十七世紀的自由派人士有極深遠的影響。歷史學家尚・德魯莫（Jean Delumeau）為康帕尼拉寫了一本重要的自傳。

6 作者註：杜・巴爾達斯（Guillaume de Saluste Du Bartas, 1544-1590）是胡格諾教徒，為納瓦爾的亨利（Henri de Navarre）效力多年。他因為《第一週或創世》（*La Sepmaine ou la Création du monde*）而享負盛名，接下來的《第二週》更是大獲好評。這是一部宗教及科學兼具的詩作。

7 菲洛斯屈塔斯（Philostratus），羅馬帝國時代的希臘詭辯家。

8 吉・德・拉布羅斯（Guy de La Brosse, 1586-1641），法國植物學家、路易十三的御醫。

9 勒瓦耶（François de La Mothe Le Vayer, 1588-1672），法國歷史學家、哲學家。

10 路威・郝爾拜（Ludvig Holberg, 1684-1754），北歐哲學家、作家、歷史學家。

11 拉梅特里（Julien Offray de La Mettrie, 1709-1751），法國唯物主義哲學家。

12 萊布尼茨（Gottfried Wilhelm Leibniz, 1646-1716），德國萬能的博學家，他的身分有哲學家、科學家、數學家、律師等。

13 謝林（Friedrich Wilhelm Joseph von Schelling, 1775-1854），德國哲學家。

14 作者註：菲利浦・奧托・朗格（Philipp Otto Runge）是畫家也是詩人，一七七七年生於漢堡，是克萊斯特（Heinrich von Kleist）、提克和歌德的朋友。

15 瓦干（Wakan）對北美印第安人的蘇族人來說是「神祕費解之謎」（Grand Mystère）、「造物主」（Grand

Esprit），代表天地間的一切、宇宙的真理之意。

第 8 章

樹木的類比與個體化

樹木與人類之間的相似性首先是基於兩者同樣直立，這一點有助於植物人格化。據柏拉圖所說，人類可能是天空之樹，他的根轉而向上成長。聖托馬斯・阿奎那懷疑是直立這個共同點把人類、植物跟爬獸區隔開來，於是想到植物是動物與人類之間缺失的環節。

二十世紀中葉，馬蒂斯鼓勵學生把人類感覺成樹木。有天他對著幾棵松樹宣告：「我覺得你們像人類[1]。」他提到自己教導一名來向他學畫的中國畫家：「你畫一棵樹的時候，要有跟著它一起上升的感覺。」不管對樹木還是人類來說，直立都代表衝勁、生命的流動，而根據米榭勒的看法，這叫欲望。

然而菲利浦・哈傑爾（Philippe Ragel）指出人類面對橡樹時，比起衝勁的感受，內心的、冥想的象徵意義還要更為深切，「進入樹木」與隨樹一起攀升的行動力量不相上下[2]。

樹木與人之間的類比確實遠遠不能用直立這個共通點來一言以蔽之。老普林尼用不容置辯的口氣，詳述前人會依照動物及人體構造的模式，來決定如何描述樹木，他寫道：「樹木的樹皮也含有液體，我們必須把它看作樹木的血，而且每棵都不一樣。」後文又提到：「樹木的身體就跟動物的身體一樣，有皮膚、血液、肉、神經、血管、骨頭與骨髓。皮膚就是樹皮（……）。邊材下方是肉，肉下方是骨頭，也就是樹木最好的部分（……）。不是所有的樹都有脂肪或大量的肉，就像活動量最大的動物也沒有[3]。」所以黃楊、橄欖樹、山茱萸沒有骨髓，血液很少，一些像是無花果樹的樹木則全部都是肉，冬青櫟、岩生櫟、桑樹和山茱萸則全是骨頭。

樹木人格化：人類身上潛藏著樹的原型

在本書會不斷遇上的這些古代文章，把人類變形成植物的過程搬上舞台，要理解這些內容就必須考慮到樹木人格化的科學式描述。對變形的理解也一樣，在塔索、阿里奧斯托的史詩、十七世紀的童話裡，還有先前提過的《神曲》描述的地獄中，處處可見變形。

一一列舉充斥著類比的古代文章會太枯燥。這些類比被傳唱了數個世紀，人體解剖學及人類生理學的歷史也一路相偕。到了十七世紀哈維[1]的發現之後，樹液與血的類比，還有血液循環機制的類比，主宰著對樹木的描述。稍後特別是十八世紀，這回是呼吸成為範例，被應用在樹木生理上；這是光合作用在十九世紀被證明之前的事，等人類發現光合作用之後，植物的組織構造及生理功能才從人體描述中解脫。

說到樹木的描繪，十六世紀藝術及十七世紀荷蘭法蘭德斯繪畫中潛在的人格化，都被多次強調，我們之後會看到。

一七七四年，拉梅特里在《植物人》中，認定樹木和人類是同一種活物質的兩種形式。他受到當時的人賦予呼吸的重要性啟發，寫下「肺就是你們的葉子」，然後維持在這個論調上相當長的時間[4]。歌德在《植物變形記》裡肯定所有人類身上潛藏著植物的原型[2]。我們之後會看到梭羅對這個類比著墨甚詳；他最後還渴望變成植物。十九世紀末的藝術（特別是裝飾藝術）跟隨藝評家沃夫林[3]的腳步，沉醉在人樹相近理論（phytomorphisme）裡。植物女、花少女、樹精在前拉斐爾派及象徵派畫作中比比皆是，她們都跟著古斯塔夫．莫羅，特別是慕夏一起風靡一時。這些都眾所熟知，不值一提，但是類比這條線要保持連貫。

到了二十世紀中葉，類比的情形不變；容我再說一次，馬蒂斯那些植物形狀的裸女就證實了在他創作及教學的最後二十年中對人樹類比的迷戀。他說人類是外表，植物是外表隱藏的本質，認為當自己做到「能宣告植物隱藏在男人或女人裡[5]」的時候，那個作品才算大功告成——這解釋了馬蒂斯藝術中的「達芙妮化」。在他人生的最後幾年中，我們可以從寧芙（最佳變形受害者？）的再三重返，看出馬蒂斯對植物的愛欲[6]。

容我再說一次，當今的高茲沃斯也表現了樹木和人類雕塑家的類比。他躺在地上的時候[7]，想像自己的腳是樹根，胸膛是樹幹，雙臂和雙手是樹枝，他的感官就像樹葉；他把手勢想像成枝條的動作。

電影導演有時也會運用人樹類比。維克多．艾里斯[4]在他拍攝的安東尼奧．洛佩斯[5]自傳電影裡，說明「同樹一起成長」這個主題，呈現一個孩童與一棵樹的共同生活[8]。

第一次世界大戰戰場的恐怖，雖然不幸，卻深化了人類與樹木之間的類比性，兩者同樣遭受肢解。這些遭屠殺、支離破碎，緊鄰四分五裂的人類屍體的樹木，都強調了樹木軀體與人體之間的相似性。木材碎片似乎像人類四肢那樣血流成河[9]。

二十世紀的文學並未離棄這種類比。我們提過沙特和巴代伊體驗過的本體出神狀態，其中包含「感覺自己變成樹木」「跟樹木一樣」，還有向樹木發出沒有回應的懇求。

樹是有自我的個體

然而對於這個一再出現且據稱被體驗過的「偽類比」，朱爾・何納[6]的說法非常微妙。他放輕語氣，扭轉這種公式化。據他之見，這種拿自己與樹木類比的感受，確實會導致擴大相異感：「這就好比人類自行投射軀幹、手臂、頭髮、生命、直立，是為了發現一個事實，那就是無論在空間或時間中，樹木跟他都不在同一個規模裡[10]。」何納指出這個**另我**（alter ego）的欲望及無法類比的感受的雙邊行動，無疑是正確的。「樹木像是永恆的寫照[11]」確立了。

「所有生物的存在都是為了自己，西班牙栓皮櫟不是為了製造酒瓶軟木塞才生長的：這一切，康德跟我的看法一致[12]。」歌德在一八二七年四月十一日星期三，與艾克曼[7]的對話中如此表達。這個感想讓我想要追溯相信「樹木是個體」「樹木有自我」的信仰的歷史曲線，目前我只是粗略提及。

杜瑪正確無誤地指出[13]，長久以來，創作作品中的樹木不斷被賦予與它無關的意義，成為歡愉、痛苦、罪孽的象徵，被用來說明《聖經》場面或只是當作美化的手段，像是為了配置空間，置於幕前或幕後的布景，就像賈斯頓三世描寫的狩獵場面，還有稍後十七世紀的許多畫作中那樣。

閱讀達文西因為跨領域才華而走在時代前端的筆記，也只是在說明樹木這樣的地位。當然，按照達文西的看法，沒有兩棵樹相像，樹枝亦然。大自然多姿多采。然則這只是無限襯托出上帝創造的世界的多樣性，而非植物的個體性[14]。從那時開始，在樹木的繪畫中融入了觀者態度的改變——我已多次強調。原本在人們眼中，大自然讚揚造物主及創世的偉大、美麗及多樣性，但因為聖公宗教徒閱讀的詩篇、路德宗及敬虔主義（pietism）者的靈性、牛津學者的物理神學及歐洲大陸自然神學的躍升，改變了人看待大自然的眼光，我試圖呈現這個態度的變革有多重要。關於海岸還有很多其他有關山嶽的評價，導致礦物、植物、動物和宇宙脫離關係。樹木的評價當然搭著這趟順風車。

杜瑪還強調，繪畫裡的樹木慢慢獲得自主權是後來才發生的事，而且不是扶搖直上。樹木在繪畫領域裡地位上升，在整個樹木的輝煌世紀（十八世紀末延伸到印象派）中居高不下；樹木的地位上升是斷斷續續進行的，因為十七世紀已經有許多藝術家將樹木表現得像個體；樹木給我們的教誨有段時間被遺忘，但到了十九世紀初又被重新採用。科寧克斯洛[8]、雷斯達爾都畫出這種看樹的方法。雷斯達爾雖然只是將樹幹個體化，但似乎認為樹木本身就值得入畫。不過我們還是謹慎一點，因為在那個宗教強烈控制的時代，雷斯達爾的畫也可以被詮釋為受《聖經》影響，意在感化觀者[15]。

野生樹及文明樹

在「樹木個體化」的過程於十八世紀末完成、明確賦予樹木個體的地位、看似值得成為肖像之前，觀者會依照情境賦予樹木不同的地位。甚至在我剛才提過的表現法個體化的過程之前，人並未因為一棵樹是野樹或家樹、單獨或是埋在一堆同類中，就一視同仁地去感受，也不管它是田野樹木或籬笆樹，位在森林裡或樹林邊，觀者感受到的情感不一：這是我們首先必須思考的。

最顯著也最古老的區別，無疑是如何區隔野生樹及文明樹。泰奧弗拉斯托斯還有稍後的柯路美拉[9]、老加圖[10]、法羅[11]、維吉爾都跟老普林尼一樣，著眼在這個區別，還有樹木位置與其身分的關聯上。古人一致認為樹木若不是由人類培植，價值就低，因為不如有凡人照料的品質好。可是泰奧弗拉斯托斯[16]認為有些樹種天生就野，跟動物一樣，人類介入也無法阻止其退化、野生化。家樹一旦變野，果實便不再可口。它生長遲緩，整體變得比較濃密、堅硬，更加虬結。野樹通常偏愛寒冷，這就是為什麼它們生長在山上。據伐木工說，野樹比家樹活得久。泰奧弗拉斯托斯認為這是因為它們體積大，也更結實，此外也比較不會為果實所累。最後，野樹不如家樹容易生重病。

四個世紀之後的老普林尼[17]認為野生蘋果的滋味相當不可口，且氣味刺鼻。他在文章裡表示人們指責野生蘋果太苦澀，汁液過酸，足以讓金屬變鈍。「有些樹只有野生的，」它們只適合提供木柴。其他一些樹不算家樹，但比野樹來得文明；這些樹都因為果實的品質好而成為良樹，也因為其服務眾生的樹蔭及魅力而較有人性。

到了文藝復興時期，樹木的評價繼續演進。人工培植的樹木的價值遠遠沒有降低，改變的是觀者的態度。一五四四年，桑納札羅在《阿卡迪亞》中寫「大自然在高山上創造的那些高大寬闊的樹木，相較於由經驗豐富的園丁悉心照顧成美妙果園的植物，看起來更加賞心悅目[18]。」此外，龍沙也不忘謳歌受到悉心保存、包圍著噴水池的清新樹林的魅力，在一五六四（或一五六五）年寫下：

不經人為，濃蔭蔽天的橡樹，
偶然而生的巍然森林
較之悉心照料的果樹
對獸群更溫和，牧羊人更覺清涼[19]。

這首牧歌唱頌天然（或是野生）戰勝人工的優越性，自由優於束縛，到了古典花園的興盛時期已不再感覺得到。這個優越性只有在英式園林中，還有特別是在浪漫主義作家的妙筆下才得以恢復。

奧伯曼走遍楓丹白露森林，會避開人多、為散步者鑲滿樹木的花園。他寫「我喜歡泥坑、暗谷、茂林」，跟受人歌頌的優勝佳地截然相反[20]。白樺木「天然的單純、隨意[21]」讓他心滿願足。奧伯曼為了秋天的家摘野梨、落地的栗子、松果，讚嘆不已。還有青苔的潮溼清爽，以及摻雜了「草莓熟成的土壤熱氣[22]」的荊棘，在他眼中，這一切都是「野生和諧」的一部分。一摘完草莓，奧伯曼和同伴循著小徑回家，那些小徑上長著高大的野生梨樹，這些樹都證明了「人類不再照料的時候，還有土地照顧[23]」。

毫無疑問，沒有一個作家能將野果的意義及魅力說得比梭羅更好。我們必須再次停留在這裡，但不要忘記當時的宗教依然持續抨擊、反對野生樹木，因為樹木被視為直覺的代表。梭羅需要原始的活力，不僅僅是為了體會、凝視這原始，還為了讓自己「狂野」[24]。他幻想起過去，是為了讓原始人的野性及過去「原住民的美洲」的「原始樹木」在野生森林中湧現。「每一棵樹的纖維都在尋找野生自然（……）。它的活力及增強人性的樹皮來自森林和原始的大自然。我們的祖先是原始人[25]。」說到這裡，我們不得不注意到梭羅使用的*wilderness*無法以*sauvagerie*[12]直譯。比起法文，梭羅的用字具有更多的正面價值。

比起所有樹木，野生蘋果樹最能表達整體的感受與情緒。梭羅為野生蘋果寫了篇隨筆，他眼中的蘋果不再是害人墮落的禁果，而是一個再生、進入新伊甸園的機會。他多情地描述自己與「茂盛及狂野」、生機盎然、結實纍纍的年輕蘋果樹相遇，這些樹木的種籽由鳥或牛種在懸崖側。沒有人注意到它首次開花的那天，也沒有人注意到它首次結果。「不曾有人為了表達敬意，在它枝條下跳舞，現在又沒有人要伸手摘它的果實，只好任由松鼠啃咬，這是我觀察到的[26]。」梭羅說自己尊敬這個「生長遲緩、無畏的灌木」。樹木勾起他的興趣，他就像個野孩子充滿好奇心，總是在追尋不曾被提高甜度的野生果實。

這樣的樹長出來的蘋果就像奄奄垂絕的植物結的果實，風味較烈、比較像「原始狂放的美洲」。曝露在風霜、雨水中的蘋果，吸收時間與季節的所有特性。梭羅寫這些蘋果「刺激我們，讓我們沉浸在它們的蓬勃生氣裡」。我們必須為這種果實貼上這個標籤：「請在風中食用[27]。」我們只有在草地、田裡才能欣賞「大自然酸澀的產品[28]」。梭羅讚揚自然鄉土的滋味，這個滋味的精華就在野生蘋果中，生病的味覺會拒絕這種滋味。要享受這樣的果實，「我們的感官，即舌頭和顎上堅挺的舌乳頭，必須強壯而且健康。」**野生蘋果樹是真正的生命樹**。可是我們得知道怎麼把掉落的蘋果從藏身處找出來；溼溼亮亮的蘋果讓兔子啃去了一部分，也有黃蜂和蜜蜂螫過的痕跡。

獨立的林邊樹木：從自由到護衛

樹木之間有另一個主要區別，突顯了那些生長在森林邊緣的樹木的價值。那些樹木具有活圍欄的性質，其特色歷歷可辨。這裡的樹木獨立於大型群體，豎立在田地之前。杜瑪在這種景況、這個面對面裡，看見它帶給觀者的「奇怪的鏡像關係」。在中世紀，森林的邊緣是特別乾燥的區域，但也是「充滿精華與生命、得天獨厚的地方[29]」。光明與黑暗的精華在那裡交錯。那裡的植物種類比起森林下層植群要更加多樣。

反之，我們明白當人們只在意木材產量，就會以截然不同的觀點看待森林邊緣的樹木。蒙梭[13]輕視這些樹木，說林邊樹木不受重視，因為它們在天空那一邊生出太多樹枝，不過也承認它們保護後方的樹木不受風襲，因為它們的根遠遠探伸到鄰近的土裡，以防折斷或是被風吹倒

[30]。

成長在森林或是樹林邊緣，有助於樹木的個體化。此外，杜瑪認為這個情況蘊藏著「豐富的隱喻[31]」。這些樹木獨立於森林，在地面上站立如人。這個面對面的情況及奇妙的鏡像關係可以聯想到人類。在繪畫領域裡，康斯塔伯[14]繪於一八〇一至一八〇二年的《樹林邊》就是特別強烈的證明。近兩世紀之前，雷斯達爾的《林邊的農田》（*Edge of a Forest with a Granfield*）已經暗示了杜瑪提過的面對面了。

梭羅沒有錯過林邊樹木的特點，在他眼裡，這些樹有非比尋常的重要性。阿蘭・徐貝希柯（Alain Suberchicot）指出這位康科德居民[15][32]在作品中對邊界、界線、鄰接空間的迷戀。

在二十世紀中葉，蓬日強烈感受到林邊樹木帶給他的情感，寫下：「我好喜歡森林邊緣的這些松樹。」一面向田野、空曠、沒有樹木的世界，自由自在。「它們又恢復功能，圈起它們的社會，透過下部的發展來藏起奧祕和內部的不足（樸質、犧牲、匱乏）[33]。」

在當代，林邊樹木漸漸改變意義，引發的情感也出現同樣大的變化。長久以來，林邊樹木被認為是樹林與森林的護衛，扮演路障及密實、無法穿透的屏風角色，漸漸成為過渡空間、入口、迎接的領域[34]，而且經常被認為自然生態非常豐富。從此以後，林邊樹木受到群眾喜愛，因為樹木之間有開放的地方形成光井，光線的舒服接觸，讓今日的散步者心安。

樹籬：私密保護

我們還沒有說到籬笆樹。乍看之下，它類似林邊樹木，但是勾起的情感判然不同。喬治．艾略特知道怎麼表達樹籬的順性恣意而賦予樹木令人安心的特性。《弗洛斯河上的磨坊》的女主角瑪姬「感覺自己貼著樹籬走過去的時候，有受到庇護的甜蜜感覺[35]」。

歐蒂兒．馬塞精闢分析過被籬笆樹促發的獨特讚揚形式。樹籬誘發的情感同時是與「數世紀的濃密」的對峙，還有彷彿匿藏植物世界裡的感覺下的產物，大異於森林帶來的情感。位在「鮮活的威蕤」「原始的能量」（歐蒂兒．馬塞）中央的幸福，這個能量「證明世界的強度」；「我們所屬的真實世界」奇偉壯麗。馬塞的說法很有道理：「當我們誕生於這片景色中，必定可以學到一種文明，一種生活，一種存在方式。」

同時，樹林帶來保護的感受，是因為有紋絲不動、緩慢、層層疊疊的樹籬營造出私密的感覺，好像就算狂風暴雨交加，在它的庇蔭下，我們仍可以放緩腳步，走在不受風襲的小徑，可以想見什麼飛災橫禍都不會發生。當然，比起花園，樹林更令我們聯想到人間天堂；特別是樹林無主，因此無限生長。它上升到一個意外之外的詩意盎然的高度，空前的崇閎。

孤樹：個體面對社會

單獨的孤樹（更常是田野樹木）最容易引人矚目，甚至早在樹木十八世紀開始個體化之前就是如此。列奧米爾[16]則強調，不如其他樹高大是孤樹的特點，因為它沒有來自四周樹木的壓迫。它無需競爭，不必凌駕鄰近的植物[36]。

歌德獨挑陽光朗照下，在微高的土地上成長的老橡樹，這棵老橡樹在「潮濕的孤獨中依然堅苦卓絕，它在陰翳的環境中被照亮，並且在這清冷之地凝視自己的倒影[37]」。差不多在同一個時期，貝拿丹也挑中單獨的橡樹，寫說單獨的橡樹帶來一種獨特的樂趣，異於相互扶持的冷杉誘發的情感：「我們幾乎萌生一種來自於這棵健壯樹木的強大感覺，大自然給它獨自抵抗狂風暴雨的力量[38]。」稍後施南古在《奧伯曼》中為孑然的白樺木寫了一首詩：「我注意到這棵白樺木，令我傷感的孤樹[39]。」

在楓丹白露「綠色博物館」進行的工作當中，單獨的橡樹彷彿在等待誰為它畫下肖像，因為我們認為「橡樹的本質就是孤獨、個體、僻處一方，猶如首領[40]」。這些橡樹當中的一些甚至在丹納古[17]的介入之前，就已經遠近聞名[41]。

弗洛蒙丹在撒哈拉沙漠度過夏天的時候，凝視艾因邁濟[18]被戰火摧毀的花園，寫下：「只有一棵樹倖存；它孤立在荒涼的圍欄內，頗有悲悽之色[42]。」

我們要再次感謝梭羅，為孤樹寫出最完善的內容。這些內容是「小紅楓」值得記憶的一個特色，這棵無意中悄悄長出來的樹木，它那孤獨的身影令人安心，在梭羅眼裡，宛如「世界的添加物，像是額外存在的」，就像沒有同類陪伴的孤單橡樹，因此擁有「吃苦耐勞及頑強不屈的人類價值[43]」。

這棵小楓樹代表梭羅歷經一個又一個在秋天觀察到的個別樹木的原型。他為小楓樹寫下激昂的內容：「這樣的現象百年不遇，必須當成傳統留給後代，最後還要納入神話」。這棵不為人知的小紅楓「忠實地輸送它的樹液，為遊鳥擋風遮雨，讓種籽慢慢成熟，然後才託付給風[44]」「它的樹葉對它說話，向它發問[45]」。一般而言，紅楓之中總是會有一棵散發特殊的光芒，縱使遠隔千里，一樣吸引人的目光。

黑澤清在電影《神木》（*Charisma*）裡，呈現一棵孤立在樹林中央的樹木與包圍它的各樹木間的關係。他自問身為全體的一份子要如何做到完全獨立，並且向其他樹木要回屬於自己的權利。這棵名為「神木」的樹人間少有、神祕。黑澤清在這部電影裡對比這棵孤樹跟樹群，換言之，就是個體面對社會[46]。

田野樹木：日常的隨意特質

現在來看看田野樹木。正確地說，它不是家樹，但也不屬於林邊樹木，更不是悄悄生長的孤樹。它與同類直矗矗站在鄉野間，是這片風光的決定性要素，而且光是它的存在，就加深了吸引力。康斯塔伯被認為是傑出的田野樹木畫家，與其我在這裡洋洋灑灑，不如端詳他的畫作《乾草車》更容易明白。

田野樹木豎立在限定範圍、人來人往的土地中央。它不算是籬笆樹，卻會左右農牧活動空間的切割。它妝點磨坊，也能烘托教堂；成為人類在路邊、沼澤邊和池塘邊的良伴；很自然地與天空和水合而為一；包圍起工作與休息的人們；結合了動物性及植物性。簡言之，田野樹木恢復了《農事詩》中的傳統。容我再說一次，這棵完好無損、極少折斷、罕有裂口、極少受苦的樹，正確說來並不是家樹，具有日常的隨意特質。

樹的個體化過程

康斯塔伯和梭羅在各自的藝術裡，將我們引入某些樹的自我、個體化過程，這個已經進行了半個世紀的過程驅使人類去分析樹木的心理，描繪樹木的生理及精神的肖像，卻又不強制它只能是個象徵。因此扼要提及這個過程的發展並無不當。

杜瑪言之有理，他認為該過程中最基礎的步驟就是為樹木打標記[47]。森林護管員為它們起的名字會保護它們，因此也把它們個體化了。刻在樹身上的標記能用來驗明正身。這個身分和森林的保存及開墾緊密相關。然而在同一個時代，容我再說一次，樹木在科寧克斯洛和雷斯達爾的畫中有時候是主題，像是畫於一六五二年的《大橡樹》。人們對於樹木值得因為它們本身而入畫的感受高漲了。十八世紀末、特別是十九世紀的前三分之二時間，藝術家會找到這個信念，並奉行不渝。

橡樹在十七世紀中的英國獲取個性，被視為斯圖亞特王朝的皇家御樹[48]。例如范戴克畫作中的查理一世所在之處就是橡樹下。接下來，橡樹確實漸漸受人喜愛，但更像是因為它象徵老英國，而不是個體。人們特別稱頌它在一七〇三年的暴風雨中展現的力量，還有木材的品質適合造船。稍後，威廉．古柏[19]用一首變得膾炙人口的詩讚揚它。然而在英國鄉間，找出所有受人矚目的樹木（有時人們會以國王、英雄、名作家的名字為之命名）的位置，是在為到了十八世紀末大力吹起的樹木個體化風潮做準備。就是在那個時候，歐洲大陸的布豐不再將森林視為一組樹木，而是會相互影響的個體的集合。

我們可以把其他資料當作樹木個體化之前的歷史。矛盾的是我們試圖在法國的傳統樹木栽培中辨認出樹木的個體化[49]。園丁們會留意他們負責「教育」的每棵果樹的身分，這樣子養育植物分明是一套教學法。人們賦予自己「養大」的果樹性質：某些樹「品格清高」，有些「很惡劣」。這些表現法都是參照乖順、健壯、直挺、乾淨、光滑、枝強骨健的「佳樹」模式。對訓練有素的眼睛來說，佳樹是包含在人格化的極樂世界裡的。

在這樣的空間裡，樹木（特別是果樹）因其主人的身分而個體化[50]；它在個體化中贏取了個性。責怪它等於怪罪它的主人。在某種程度上，人們認為樹木具有人類的身分。毀損它、偷它的果實等同冒犯樹的主人，是在侮辱他，破壞他的名譽。這一切都導致果樹人格化。當一棵樹最漂亮的那些枝條遭人剪斷，我們會說它「名譽掃地」。數百年來的森林護管員都有這樣的行話[51]。那些用來標記所有權的果樹讓一個空間個人化，表明主人的社會存在，因此它經常是糾紛的肇因。它的美麗與健康證明秩序的存在。當它被砍倒在地，它那直立的可敬之處也跟著破碎，就會毀掉放在它身上的期望；破壞嫁接的情形也是一樣。

在英式園林中，迎風樹[20]（借用十八世紀園藝師使用的詞彙）被視為生物，會隨時間改變，而且擁有個性。人類應當竭盡所能放它自由，盡量讓我們插手的痕跡不可見。上述過程的結果就是威廉·梅森[21]在一七八八年翻譯成法文的《英式園林》中撰寫的〈植物權利宣言〉。作者寫道：「每個植物出生時就享有權利，就好比誕生在自由政府下的人類[52]。」

生日樹

簡言之，想要搞清楚樹木個體化的來龍去脈，以及十九世紀前半人們表現出對樹木肖像的愛好，會是十分棘手的事。我們可以求助於另一個儀式。

在孩子誕生時種一棵樹是自古以來的傳統，老普林尼寫說羅馬人會在女嬰誕生時種絲柏；千百年來相傳維吉爾出生的那天，有人種下一棵楊樹；為了孩子莫里斯及索蘭芝，喬治·桑命人在諾昂種下一些至今還在的樹木[53]。這些「生日樹」只會促成人類與樹木之間的同化過程，所以相當於賦予樹木一小部分的身分。

民族學家古柏納提斯[54]在一八七八年開始編列有這種栽種習俗的國家，列出的數量之多簡直看不到盡頭。在俄羅斯、德國、英國、法國、義大利，人們都會為剛出生的孩子種樹。在日耳曼國家，男嬰出生時種蘋果樹，女嬰出生時種梨樹。人們希望樹木代表好預兆，希望它能和諧地陪伴守護的那個孩子，一同成長。命運共同體是這個信仰的理由，而且人們相信植物能感受到發生在人類生活中的事，也會預告人類的禍福吉凶。

沒有樹是完全一樣的

容我再說一次，十八世紀末的英國人會為某些令人矚目或值得紀念的樹木命名，如畫風格（picturesque）的理論家吉爾平牧師在一七七七和一七九一年的參與，對我們要探討的內容而言，不只十分重要，而是根本就具有決定性。據他之見，沒有樹是一模一樣的，這就是為什麼藝術家必須掌握每棵樹的「基本特色」[55]。樹葉的獨特形狀，樹枝不同的伸展方式，給每種植物一個清楚分明的外形或「個性」。吉爾平在《森林的景色》中頌揚樹木，敘述它們的故事，特別是那些在他眼中不是因為實用，是身為值得欣賞的對象而受人矚目的樹木。他藉機說自己偏愛凹凸不平、粗糙、鄙陋的樹木。他頌揚老栗樹飽經折磨的樹皮，給了老栗樹個性。這本書的每一頁都奉獻給樹木的美，特別是它的個體化。

分析樹木的心理

吉爾平在一七七〇年跟許多同伴沿著威河（River Wye）往下游走，觀察沒有所有權觀念的大自然，打算根據眼前的景色，如實記下。他想從多姿多采的景色中獲得驚喜，表示自己遠離城市，遇上一座廢墟、「一棵孤樹」還有一塊「驕傲的懸岩」有多麼歡欣[56]。

康斯坦伯與梭羅就跟專畫森林的畫家一樣，在他們的銳意引領下，我們進入某些樹的自我、個體化的過程，這個過程此後會更加蓬勃發展，驅使我們去分析樹木的心理，去傾聽、描摹它的外貌與精神，忽略所有象徵。梭羅對它的「小紅楓」有一些高潔的想法，在日記中重新提起。他覺得這棵樹謙遜自牧，形容它「欣然自喜」。這棵小樹「很高興自己存在」，因為它謹守「楓樹的美德」[57]。梭羅埋怨十七世紀創建美國的朝聖始祖[22]看不出紅楓「興高采烈」。他談到這棵樹就像談到一個人，一個活生生的同伴，彷彿在鱈魚角遇上村民。

讓我們回到虛構作品上。容我再說一次，施南古筆下的奧伯曼納悶身邊的年輕冷杉對自己的生長了解多少。一般說來，他追尋的是樹木的個性。他認定舍塞爾（Chessel）的白楊樹和白樺木跟其他地方的白楊樹和白樺木都不一樣。

樹木肖像：從個體化到同化

康斯塔伯在《榆樹幹的習作》裡，已經不把這棵樹當成田野樹木來對待，畫裡的樹幹就是獨一無二的景色，變成康斯塔伯動筆繪製肖像的一個人物。我們在不久後的柯洛[23]身上發現同樣的需求，他一生都被稱作「樹木詩人」。若想深入了解，只要看看他為自己的幾幅畫下的標題，例如《樹木肖像》（*Portrait d'arbre*）。我們會在西奧多爾·胡梭[24]與森林樹木的交往上多加著墨。之後的庫爾貝在畫中賦予橡樹的精力成為他自己精力的代替品；這裡不只是植物個體化而已，而是清清楚楚的同化過程。

在十九世紀的前半期中，把樹木當作擁有個體特色、美德、記憶、感性的主體，不僅與日俱增，也普及起來。楓丹白露森林內的橡樹都有自己的名字，像是「火爆浪子」。樹木變成對話者。接下來幾章會詳述這一點。

樹木的貶值

接下來（至少在畫家手中）樹木不再是主體的狀況變多了。樹木的敘事濃度變得稀薄，在印象派畫家的作品裡喪失了個體性，再度被拉進樹群裡。它在畫裡失去分量，形象變得比較淡薄、細微。人們期待它揭示運河及溪流沿岸、草原旁邊的光線變化。「皇家樹木已死[58]，」米榭勒·

哈辛（Michel Racine）寫道。蒙德里安用抽象藝術消費這個死亡和樹木的貶值。對二十世紀前半期的藝術家來說，拒絕把樹木當成主體來看待，就是把牧歌拋到腦後，是在表達樹木屬於現代化、技術化和工業化的世界。

在作家筆下也一樣。文化歷史是由差異、反向運動寫成的。之前介紹過巴雷斯的《浮萍斷梗》，他在書中長時間著墨一棵有自己的故事和道德價值的樹木，賦予這棵樹人的地位。我們將會回到《尚・桑德伊》的一些段落，普魯斯特在當中提及樹木的個體性及道德特色，人類與植物之間的對話竟然如此容易。「在樹葉的油綠光澤底下〔……〕好像有個獨特的生物，我們都喜愛且無可取代的人[59]。」

活在當下的樹木：比人更老練的意志

二十世紀末，我們觀察到想為植物立傳的執迷又回來了，這與裝置藝術史讓人揣測的相背。佩諾內自視為把大部分作品奉獻在尋找樹木歷史的藝術家。他挖空樹幹重建過去，更好的說法是重現樹木生命前期的模樣。

我不清楚佩諾內是否知道拉馬丁在《天使謫凡記》中獻給黎巴嫩雪松的那幾句詩中，展現了先見之明：

若是打開你比鑽石更硬的樹幹，
我們看見上百成千的歲月
寫在你如脈的纖維中，
就像一個事件的脈絡[60]。

佩洛內和「貧窮藝術」（Arte povera）的藝術家並不是唯一。我們之前已經匆匆見過的地景藝術的門徒，像是高茲沃斯還有醉心於腐植質的攝影師。我們也遇過喬瑟夫．博伊斯[25]和烏多。

詩人也沒有缺席。博納富瓦在評論亞歷山大．霍隆（Alexandre Hollan）的畫作時，撇開人格化不談，專注在畫家擅長的樹木個體性上：那棵大樹「拔高，延展」；一棵「頭角崢嶸，有絕對力量」的樹木。在樹林裡隱約感受到的植物生命「就縮在這個站立的生物上，在那些只屬於它而且無可取代的輪廓線條下：就像那些在我們生命當中無比重要的人」。於是我們在樹木裡感受到「一個比我們更老練的意志，因為它們活在當下」。霍隆「開始像樹木那樣思考，這讓他可以在這個無形中看見世界的意識活動，這個意識還在初始狀態、仍舊充滿我們的語言已經喪失的直覺」「樹木即使隸屬於一個〔……〕的環境，天生有權展示自己獨具一格，與眾不同[61]」。

註解

1 哈維（William Harvey, 1578-1657），英國醫生，第一個發現血液循環與心臟功能的人。

2 歌德認為動植物都是從原型演變而來，例如植物的原型就是葉子。

3 作者註：沃夫林（Heinrich Wölfflin, 1864-1945），瑞士藝術史學家，專精文藝復興及巴洛克時期，他對這些時期觀念的定義及普及貢獻良多。

4 維克多・艾里斯（Victor Erice, 1640-），西班牙導演。

5 安東尼奧・洛佩斯（Antonio López García, 1936-），西班牙畫家。

6 朱爾・何納（Jules Renard, 1864-1910），法國作家、劇作家。

7 艾克曼（Johann Peter Eckermann, 1792-1854），德國詩人、作家。

8 科寧克斯洛（Gillis Van Coninxloo, 1544-1606），法蘭德斯風景畫家。

9 作者註：柯路美拉（Columella），西元一世紀的拉丁作家，也是農學專家，出版一些關於樹木的書籍，他的《論農業》（*De rustica*）就是一部詳盡的農學論著。

10 老加圖（Caton the Elder），羅馬軍人、政治家、作家。

11 法羅（Marcus Terentius Varro），古羅馬作家、學者、大法官。

12 「野蠻、未開化」之意。

13 作者註：蒙梭（Henri Louis Duhamel du Monceau, 1700-1782）是工程師也是園藝家，著作等身。在這些作品中，他在一七五八年出版的《樹木物理學》（*Physique des arbres*）中描述了植物成長的法則。

14 康斯塔伯（John Constable, 1776-1837），英國風景畫家。

15 康科德（Concord）位於美國麻州，是梭羅的故鄉。

16 作者註：列奧米爾（René-Antoine Ferchault de Réaumur, 1683-1757），法國最重要的物理學家及博物學者之一，列氏溫度計及列氏表就是他的發明。他偶然對開發樹林產生興趣。

17 丹納古（Claude-François Denecourt, 1788-1875）曾是拿破崙軍隊的中士，是致力於美化楓丹白露森林的大功臣。

18 艾因邁濟（Aïn Madhi）是阿爾及利亞的一座城市。

19 威廉・古柏（William Cowper, 1731-1800），英國詩人。

20 迎風樹（arbre de plein vent）指那些遠離圍牆或籬笆的果樹。

21 威廉・梅森（William Mason, 1724-1797），英國詩人。

22 朝聖始祖（Pilgrim Fathers）是一六〇二年搭乘五月花號到達美洲的清教徒。

23 柯洛（Jean-Baptiste Camille Corot, 1796-1875），法國巴比松畫派的畫家、版畫家。

24 西奧多爾・胡梭（Théodore Rousseau, 1812-1867），法國巴比松畫派的風景畫家。

25 作者註：喬瑟夫・博伊斯（Joseph Beuys, 1921-1986），德國藝術家，曾以德國納粹空軍的身分參與第二次世界大戰。他經常在作品中運用天然素材。卡塞爾（Kassel）那令人嘆為觀止的「七千棵橡樹」的作者就是他。

第 9 章

樹木的感覺及人類同理心

在西方歷史中，樹木的感覺能力引發眾人爭論不休。當然，這個爭論與植物靈魂的說法息息相關，在於是否同意**植物善感**。這點值得我們思考。

整個古代，這個主題一直都在：泰奧弗拉斯托斯長久以來都重視樹木的痛苦，它們會為治療傷口而奮鬥，對冷熱也很敏感。據他所見，正是因為如此，樹木會因為痛苦而虛弱，對於極端的氣溫高度敏感[1]。老普林尼留意悲傷的樹木，刺柏陰鬱的外表表現出它在害怕。按他的意思，某些樹厭惡甚至抗拒被人移種。月桂樹透過「響亮的劈啪聲」，表示對火的嫌憎，老普林尼認為這是「一種抗議[2]」。

戴利爾神父（abbé Delille）在他翻譯的《農事詩》前言中指出，維吉爾賦予樹木人類所有熱情、情感和情緒，尤其是欲望、訝異和遺忘。在中世紀，人格化決定樹木還有木材的表現法，所以我們之前說過樹木的軀體常被比喻成人類的軀體。樹木經歷生死，就跟人類一樣，會因病而受苦。米樹勒・帕斯杜侯（Michel Pastoureau）寫道：「它就跟人類一樣，會受苦、腐爛、受傷；也跟人類一樣會有蟲侵入體內[3]。」大部分中世紀那些流血與哭泣的雕像都是木材雕成。樹木似乎就跟動物的父母一樣，在自己的果實成熟、脫離哺育的父母之前，會悉心照顧。

現代初期的人們依舊深深相信動植物與宇宙之間有連結，《耶路撒冷的解放》裡的唐克瑞德對布永的戈弗華（Godefroi de Bouillon）表示，樹木因為有人類靈魂鼓動，所以能感受也會說話；這就是為什麼他決定永遠不要「撕扯一片樹皮」，也永遠不願「折斷一根樹枝[4]」。在塔索的詩裡，樹木能思考。它受苦，它流血，它呻吟。

受苦：樹木與人類的共通點

我們會質疑為什麼杜勒作品裡的樹木多半是樹疤斑斕、遍體鱗傷，偶爾歪七扭八，經常皮開肉綻，揮舞著殘斷枝條的空心樹幹[5]。這番衰敗模樣，目的是要展現人類的剛性嗎？只是遲來的哥德風格的悲情遺風，又或是渴望象徵性地傳達人類痛苦？無論如何，我們可以看見杜勒作品裡的樹幹從來不平滑。在《聖厄斯塔許》中，近景的樹木身負重傷；在《騎士、死神與惡魔》裡，樹木彎彎曲曲的形狀和暗伺的怪物相稱。儘管杜勒的作品複雜，他的畫也難以詮釋，觀者卻都感覺得到植物體驗到痛苦、恐怖或恨意。這裡的樹木成了命途多舛的人。痛苦製造出植物與人類之間的共通性。

十七世紀，受苦的樹木成為荷蘭繪畫的意象，其中可見斷裂的樹幹、刺天的枯枝、彎曲或前傾的樹木，雷斯達爾的《森林口》就是一個典範。在下一個世紀，特別是華鐸[1]、朗克雷[2]、布歇[3]也專注在樹木的痛苦，還有張牙舞爪的樹木上。他們畫出齜牙咧嘴的腐爛樹幹及密立的樹樁，特別是布歇，為了環繞他筆下那些遊戲中的小愛神，「在柳樹裡、伸長斷枝的樹幹裡（……）、以虯結樹根緊抓地面的樹樁裡，畫了一些裂痕，添加一些張力[6]」。

貝拿丹明確地寫出「每棵樹有自己的表情（……）。混合了愛意、敬意、喜樂、保護、感官歡愉以及宗教愁緒，似乎來自樹腰[7]」。別忘記這個時候，預感到樹木生理特點的啟蒙時代學者，都努力要找出樹木受苦或成長的部位。

浪漫主義者加重這種人格化的表現。葛航寫道：「房屋後面那四棵大冷杉，偶爾會承受到如此嚴酷的打擊，它們似乎嚇壞了，發出像是驚恐的呼喊聲，足以教人悸慄[8]。」葛航深信樹木善感，所以會內疚不安，例如摘下新生嫩葉時的愧疚。這位日記作家寫道：「它們本來可以活下去，可以在陽光下歡騰，迎風搖擺。就在我剪下它們時，我想著這一切[9]。」早上七點散步時，葛航記下「樹好像哭了一整晚，正在讓最後幾滴淚水掉落[10]」。到了文章後段，他在樹上注意到相貌，「幾乎是人臉」，這些紋絲不動的生物彷彿在表達從樹皮下萌生的無聲熱情。樹木在承受不熟悉的力量時會暴怒。然而在葛航的夢想中，變形成樹木是上天的賞賜，能滿足他對遊蕩的興奮之後，凍結當下的靜止的懷念[11]。

雨果向老柳樹發出預言：「你們會擺出哀傷的姿態[12]。」並將植物的痛苦體認為受到處罰的大自然元素[13]；他捕捉了枯枝未說出口的怨言。龔固爾兄弟筆下的人物柯利奧里斯（Coriolis）在楓丹白露森林裡看見橡樹「它們的力量在抽搐」「絕望的手臂」「將它們從上至下劃傷的劇痛」，不禁雙眼發直。對「樹木承受痛苦的偉大[14]」，他感到些許疲憊。

樹木這麼經常被人體認、描繪成受苦、衰朽、奄奄垂死或是開心的模樣，也傳達出一種感同身受的意願，**意在彌補植物與人類之間過於寬闊的距離，讓人類得以破解植物的語言。**

這解釋了何以承受痛楚、遍體鱗傷的受苦樹木的慘狀會這麼常見。在蓬日的眼中，植物因為不可能忘掉不幸，甚至就是因為它們無法移動，才造成植物的詛咒。樹木終其一生都在展示傷口。植物的一舉一動「不只像人類及其文字那樣留下痕跡，還留下一個存在，一場無法補救的誕生，抹不去過去的風霜[15]」。從這個觀點看來，樹木的表面是「立體壁毯[16]」。它的姿態和傷痕從此結盟；樹木「必須永遠負擔著年幼起所有動作造成的後果[17]」。蓬日在強調松樹林中的社會情況時，認為這些樹木倘若落單，「將會因為絕望或無聊（又或是狂喜）而優美地扭曲身體」，擺出「受罪英雄的宏偉雕像」姿勢。群體生活為它們解除了植物的詛咒，增進了遺忘的能力[18]。

博伊斯的結論是，樹木的悲哀應該會讓人類開始呈現他們的傷痕。他認為今天的樹木比人類還善感，這就是他要種樹的原因。按照他的說法，**拉拔樹木，就是讓人類的領悟力恢復健康**[19]。

共感：受害者樹木

樹木老化及死亡前的不幸與痛苦，多到我無法在此一五一十列出。容我再說一遍，泰奧弗拉斯托斯看見營養不良或位置不佳的樹木，會感到遺憾，他就為生活在沼澤邊的樹木悲嘆過。畸形殘缺、被剝去樹皮、截頂、過度修剪或劈裂的樹木，全都讓他於心不忍。有些樹木慘遭園丁折磨、蹂躪到變得可笑；另外一些則被螞蟻和寄生蟲啃噬；其他則因久雨而腐爛[20]。

這種同情樹木的範例一再被翻出來，而且在數百年中不斷增補。據貝什曼所說，中世紀的人會為被羊傷害或被獸爪剝皮的樹木感到傷痛。繼達文西之後，富同情心的貝拿丹和夏多布里昂都對樹木遭受風吹日曬和冰害的痛苦感同身受。

十八世紀的園丁譴責他們的前輩折磨樹木。華特雷為英式園林和浪漫主義花園中重獲自由的樹木感到慶幸[21]。

在今天，「受害者樹木」令人同情。我們感到它們脆弱、受威脅，同時又勇敢。它成為鬥士的隱喻[22]，其外貌特徵令人聯想到十九世紀的道德樹木。

自古以來，凋亡的老樹就跟風燭殘年的老人一樣令人傷感。枯樹的衰朽宣告人類的衰邁，賀拉斯為此感到悲哀。很久之後，荷蘭藝術家致力繪畫的樹木不是痛苦而是衰老，都是些在形態上見證它們經歷過什麼滄桑的樹木。因此包路斯・波特[4]愛畫凹凸不平、傷疤累累、被蕈類霸占的老樹[23]。

最常見的意象（至少在文學中）是負傷流血、怨聲連連的樹木。有時候那是被關在樹幹裡的受害者的血，或是變形成樹木的主人公的血。在無論是但丁、阿里奧斯托或塔索的史詩中，樹木確實都是肉刑及處罰的地點；不然就是樹木在夜晚或白天發出紅光的天空下，自己流出血來[24]。

奧維德描述厄律西克同[5]的慘痛遭遇時，給了數百年來的人可供借用的模型。這位殘酷的伐木者竟然瘋狂到藐視天神的力量，傷害一棵飾有紀念板和花圈的百年聖橡。他不顧這色薩利的樹木祈求他收起野蠻的斧頭，仍痛下殺手。厄律西克同的斧砍下，這棵樹流血了。樹下的寧芙開口譴責伐木者的殘酷，告訴他即將受到天譴。就在直到當時還在樹木裡玩耍的木靈哭泣時，大樹倒下了。刻瑞斯[6]受木靈驚動而來，嚴懲了厄律西克同，判他到沒有樹木、寸草不生的地方承受飢餓酷刑[25]。

中世紀的人害怕樹被砍的時候會流血[26]。伐木工被視為樹木的劊子手、森林的屠夫、「生命終結者」；他的斧頭被視為惡魔的工具、折磨的刑具。人們砍樹的時候，黃色的木材會變紅；每個人都會怕。至於鋸子的用途雖然是晚近才發展，卻令人聯想到非比尋常的痛苦，像是被關在樹幹裡的以賽亞被腰斬時的痛苦。

自殺者在地獄變形為樹木

但丁《神曲》裡的煉獄充滿了變形為樹木或灌木的靈魂，血淚相流，還保留著它們的身分。自殺者變形的樹木從樹枝發出悲咽，乞哀告憐。「斷木中同時浮出／文字與血[27]。」維吉爾帶著但丁走到「透過涔涔出血的傷口哭泣的灌木」，跟其中一位不幸之人說：「你是何方神聖，透過樹枝在喘息／用你的血發表痛苦[28]？」

此處與奧維德的距離相差甚大。被折斷時會流血也會抱怨的受苦樹木這種古老舊調，但丁都保存下來，也維持血與樹液、人聲與風聲的比較。可是這裡的樹木的痛苦是地獄的懲罰。書中的靈魂來到旅行尾聲，前往酷刑的舞台。地獄裡的並非真正的變形：死者的遺骸仍留在地上。在這陰森鬼魅的樹林中，只有靈魂會在樹木裡發芽、茁壯，一邊等待肉體重生，可是自殺者卻無法享受。在第十三首詩中出現自殺者的樹林，自殺者的靈魂因為滔天大錯而有罪。

流血的樹木

十六世紀的阿里奧斯托顯得比較接近古代。魯傑羅（Ruggero）騎上他的鷹馬，降落在長有魔法樹木的島上，向一棵濃綠的香桃木進攻。他的座騎搖晃它，樹枝紛紛斷落。這棵受傷的樹木正是被變形的艾斯托爾弗（Astolfo），它呻吟，大聲叫苦，打開樹皮向魯傑羅表達責難，請他發發慈悲。我們看到樹皮滲出液體，覆滿汗水[29]。

在塔索的《耶路撒冷的解放》中，唐克瑞德進入一座魔法森林，裡頭充滿持有武器、被火燄包圍的妖形鬼狀之物。他在森林中央聽見人類的啜泣聲，渾身頓時充滿了憐憫、痛苦和恐怖的感覺。他擊打一棵不可一世的絲柏，「割破的樹皮噴出血來／濡溼周圍的朱紅色土地[30]。」然後克洛琳達（Clorinda）的怨聲傳來，責怪唐克瑞德先是殺死她，如今又打了她。她告訴唐克瑞德，打敗仗的戰士無論是法蘭克人還是異教徒，一律會變形成樹木，樹幹和樹枝都有感覺。在布永的哥弗華出現的場景上，唐克瑞德表示樹木每挨受一道傷口，樹幹就會流出血來，彷彿樹身是柔軟的肉[31]。

龍沙同樣也賦予樹木受傷及流血的感覺能力。他發表於一五八四年、著名的第二十三首哀歌（法國學童依然在學習這首詩，但有些人誤以為維護大自然的感受與這首詩同時誕生）是光明正大從奧維德那裡獲得靈感，詩中引據了厄律西克同的故事，他假設讀者都聽過。龍沙對砍伐加斯蒂內森林的其中一位伐木工說：

聽著，伐木人（請住手）
你不該砍倒這些樹木，
你難道看不見汩汩狂流的血
和活在堅硬樹皮下的寧芙？
殺人的褻瀆行為〔……〕[32]。

在一首我們已經談過的詩中，龍沙重新提到樹木的血。當時內戰如火如荼，他為園子裡最鍾愛的那棵松樹擔心受怕了許久，懼怕另一個厄律西克同來砍他的樹，向那人預告會用奧維德描寫的酷刑來對付他。

從那時起，樹木流血的題材不斷重返西方文學中。在卡德龍[7]名為《最好的果樹》（*El árbol del mejor fruto*）的聖教劇[8]中，康達斯（Candaces）受所羅門王之命，砍掉黎巴嫩上唯一的樹（未來的十字架），我們看見樹中流出一條血河。都諾瓦夫人的童話中被變形成樹木的主角，數之不盡，挨打就會流血。十九世紀中葉，聶瓦爾的〈魚女王〉發行於一八五〇年，這篇童話裡的小男孩不肯把新鮮木材放進柴薪堆裡，因為他這麼做的時候，就會聽見樹木抱怨。

火燄經常被人認為會讓樹木遭受非同尋常的痛苦，直到它熄滅。維吉爾在《農事詩》裡就對此多加著墨，描述森林大火是如何因為牧羊人的疏忽而產生、蔓延。劈劈啪啪的聲響不絕於耳，燃燒木頭的爆裂聲讓人感覺到痛楚徹骨的跡象和（或是）抗議。

砍樹要戒慎恐懼

讓我們回到砍伐。砍伐的歷史涉及社會對待樹木的方式，會根據當地習俗而變化。當地習俗是每個社群的識別符號，跟道德紀律的象徵有關。因此在象徵自由的現代英國，為了讓植物自由生長，任何對樹木施加的皮肉之傷越來越受到砲轟。砍伐讓樹木痛苦，令人氣憤。一六五三年，瑪格麗特．卡文迪許[9]回到由樹木與伐木工的對話、樹木叫喊及人類對樹木的痛苦產生共感所組成的文學體裁。在英國，這是不折不扣的樹木崇拜，准許人將自身、家人、國族投射到植物上[33]。

寇沃爾強調，根據古老信仰，砍伐等於謀殺樹木及其靈魂。所以最好要防止植物報復，可以在樹根之間放置供品。要恰當挑選砍伐的日期，還要留意砍法，以盡可能減少樹液外滲，這些都至關重要。最好的方法就是從樹幹下方下手[34]。有些美洲印第安人為了不要砍樹，會改為綑綁，可以說是勒斃。

何可律說十九世紀末，山上老一輩的伐木工在接近森林時仍會戒慎恐懼，認為超自然的生物就藏在樹皮下，而樹液是聖血。「如果你是神，如果你是女神，」亞平寧山脈的山民說：「如果你是神，請原諒我[35]。」以前的伐木工提心吊膽，就怕神明報仇。

被連根拔起的樹

除了砍伐，人們也覺得被連根拔起是樹木的至痛。這個景象透過共感，深深觸痛人類。這個承襲自維吉爾與賀拉斯、以遭受雷劈或連根拔起的橡樹那矛盾的脆弱為象徵的題材，引發人思考樹木死亡的意義。被連根拔起的樹木令人驚心動魄。從它身上，我們可以看見憤怒、搏鬥精神與慘烈，因此啟發了許多表現法。發怒的泰坦在跟眾神拚鬥時，曾把樹幹連根拔起；酒神的女信徒可以赤手將梣樹連根拔起；被斧頭戕害的特洛伊英雄，一個個像絲柏那樣倒下。十七世紀中葉，莎士比亞在《雅典的泰門》中就藉此隱喻過主人公泰門看著曾經隨侍在側、為數眾多的僕役，因為一場風暴而四散，留他孤子一身[10]。

十九世紀初，狂風將繁花盛開的年輕橄欖樹從誕生的土壤裡連根颳走，倒在供給樹液給樹根、哺育它的水邊，看得夏多布里昂心生憐憫[36]。我們要感謝畫家米勒，在名為《風吹》（*Le Coup de vent*）的畫裡，他那棵被連根拔起的橡樹無疑是最讓人驚心動魄的。米勒暗示了自然災害的凶暴與力量。

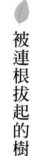

石化及立地死亡的樹木

達爾文、聶瓦爾、米榭勒都曾在旅途中為另一種景觀感到駭異：石化的樹木。達爾文在安地斯山脈觀賞到幾根白色斷柱，原來它們是埋在火山砂岩裡、變成岩石的冷杉，石化後依然保留了樹皮的印跡。米榭勒則提到「石木」「樹木的幽魂」「死亡陰影」，我們有時候在海灘上還可以看到這些死神的俘虜[37]。

還有立地死亡的樹木。何可律精準描述導致樹木死亡的緩慢作用：水浸入裂縫，土壤開了幾個口，暴露出樹根及樹幹的根基，洪水與暴風雨〔……〕的暴行[38]……

被樹木的痛苦激起共感

西方文學及繪畫中充斥著負傷、折磨、受苦、流血、禿盡、截斷、砍倒、連根拔起的樹木，我們應該賦予這種現象什麼意義？這種現象層出不窮，可以傳達出十字架、痛苦樹木對西方人的影響嗎？還是像尚．莫泰（Jean Mottet）暗示的那樣，是我們對樹木的強烈需求，對靜止的渴望，對樹木被連根拔起的擔憂？當代受害者樹木的形象是脆弱、受威脅但仍昂首挺立，就像一九九九年暴風雨時媒體報導的那樣，這樣無所不在的樹木形象令人這麼想。尚．莫泰納悶是不是因為這個原因，我們才會特別難以為樹木哀悼[39]？在草原上、熟悉的環境裡死去，變成化石的樹木，於暴風雨過後好幾年已變得齷齪[40]。沒有人敢摸。可是我們已經看過，被樹木的痛苦激起共感是自古即有的情況，而且可以上溯至基督教創立之前的古代；**共感、同情傳達出接近植物時的深刻情感**。

樹木有許多種情感

有感受能力的樹木遠不只會感到痛苦，它思考，它感動，它開心，它狂喜，它享受。賀拉斯和奧維德都提過樹木受奧菲斯感動，他纏綿悱惻的七弦豎琴讓著魔的橡樹亦步亦趨跟著他，之後這些橡樹為了表示對奧菲斯的悼念，樹葉脫盡，有如落髮[41]。

梭羅覺得鱈魚角的落葉松似乎很高興自己能點綴磽确的山脈側邊[42]；雨果在寫給妻子的信中描述自得其樂的榆樹[43]；不過最常著墨樹木的「舒服」和「微笑」的人，當屬普魯斯特。代書家的鐵柵欄兩邊各有一排顫抖的榆樹，「和風不時拂過這些被陽光曬得暖洋洋的小葉子，它們看上去彷彿因為舒服而抖動，綻放溫柔的燦爛笑容[44]。」尚叔叔花園裡一朵巨大山茶花的葉子，向「剛剛落在它們身上的陽光，報以一抹笑容」。燦爛的陽光及微風博得樹木這個「平靜的力量」「崇高的沉默」一抹笑容和一陣顫慄。開花期來了，陽光朗照，樹木笑得有點不在乎的模樣，宛如「端莊」又「可親」的貴婦[45]。克婁岱爾則提到椰子樹在「炎炎白日及漫長中午」裡，「大喜若狂」，張開它的葉子[46]。

貝拿丹在自然風景的描述中，人格化的技巧登峰造極。他寫說每棵樹身上帶著一種特質，能讓景色變化多端，幾乎是在景象中傳達一種情感。巴比倫的柳樹鬱鬱寡歡，絲柏陰沉，玫瑰樹是歡愉的標誌，香桃木象徵感官之樂。此外，動物會為與自己相伴的植物的道德感受添加色彩：哀鳴的夜鶯在「喃喃低語的楊樹」裡，「蜜蜂在豆科植物」「恩愛的斑鳩在香桃木裡」和樂融融[47]。在文章他處，貝拿丹進一步闡明：「每棵樹有自己的表情，每個樹群有自己的和諧。一些混雜了愛情、敬意、喜樂、保護、感官歡愉以及宗教愁緒的感受，似乎來自樹腰[48]……」

貝拿丹坐在河谷裡觀察樹木，體會到樹木會為熱情所驅使：「其中一棵樹彷彿面對長輩，對旁邊那棵樹哈腰鞠躬，後者則像個朋友，想親吻它的樣子；另外一棵則猶如臨敵，上竄下跳。敬意、友情、憤怒似乎輪番上陣，就跟人類心裡的狀態一樣。」不過貝拿丹也質疑自己的觀點，補充說樹木那些三心二意的情感，說穿了只是「風在作祟[49]」。

葛航也提過樹木澎湃的情感，但承認樹木有神祕的特色，因此削弱了人格化。他寫道：「那些離群的樹木〔……〕呈現出人類相貌、特色，我幾乎要說這些臉孔似乎在表達一些無聲的熱情，或許在這些靜止生物的樹皮底下正發生著未知的事物[50]。」

樹木的愛情

關於樹木的愛情[51]，老普林尼認為植物跟動物一樣會受孕，依據它們各自的性情，受孕日期都不同。對植物來說，「開花期就是誕生之日」，這時的花是「樹木之喜」。文藝復興時期棕櫚樹為愛折腰的奇事，啟發了龍沙，為現代引進有欲念的樹木模式。龍沙模仿斯塔提烏斯[11]，提到如癡如醉的冬青前來聽他朋友唱歌。這驚嘆不已的植物靠到窗口來，聽主人唱歌；它的腦袋探進房間，親吻布里農[52]（Brinon）。

二十世紀的梵樂希不斷重複樹木的欲求和歡愉，他筆下的狄迪若（Tityrus）說：「看看吧，比起躲在這棵樹下的我們，它更能享受神妙的驕陽：欲火難忍的它肯定是棵雌樹，它請我為它吟唱它的名字，替穿透它、柔柔滋擾它的微風譜一首曲子[53]。」

《西羅亞》的主角西蒙會在初春的每一天，走向一棵樹木；他獨自前來探望它，是為了讓自己與樹木同化，有像它一樣依然光溜的樹枝，「有所貪求而延伸的神聖模樣。」

梭羅還有不久後的米榭勒都提過樹木夢想繁殖力，而且會為了子孫滿堂而開心。在一座偏遠的河谷底，偶然生長出一棵吸睛的鮮紅色小紅楓，「知道上千棵它細心養育的小楓樹或許已經安頓在世界某處，它就心滿意足了[54]。」

我們會再看到樹木在貝爾傑哈克和左拉的腦中是如何真正地性交，並且透過呻吟、嘎吱聲和呼聲來表現當時的歡愉。因高潮而失魂狂亂是感性樹木的最高表現法。

還有人類所能想像的最微妙的植物情感的描述。我們已經看過梭羅如何在日記裡表現秋葉落地而死帶給他的柔柔傷懷。

我們可以在這一系列橫跨十幾個世紀的分散參考中，發現一個令我們苦惱許久的問題：樹木真正的感性是什麼，單靠人格化就能夠猜出來嗎？還是人類只得認命這個問題將永遠是個謎？

註解

1 華鐸（Antoine Watteau, 1684-1721）是法國洛可可風格的代表畫家，畫風精緻、細膩、優雅，多表現貴族生活的夢幻浮華。

2 朗克雷（Nicolas Lancret, 1690-1743），法國洛可可風格畫家。

3 布歇（François Boucher, 1703-1770），法國洛可可風格畫家。

4 包路斯．波特（Paulus Potter, 1625-1654），荷蘭風景畫家。

5 厄律西克同（Erysichthon），希臘神話中的忒薩利亞王子，用斧頭砍了農業女神得墨忒爾（Demeter）的大橡樹，女神懲罰他受飢餓之苦，因為無論吃什麼都止不了飢，最後吃起自己的肉，痛苦而死。

6 刻瑞斯（Ceres）是羅馬神話中的農業女神，相當於希臘神話中的得墨忒爾。

7 卡德龍（Pedro Calderón de la Barca, 1600-1681），西班牙詩人及劇作家。

8 「聖教劇」（*Auto Sacramental*）是一種盛行於十六至十八世紀的西班牙宗教劇。

9 瑪格麗特．卡文迪許（Margaret Cavendish, 1623-1673），英國作家、詩人、哲學家、科學家。

10 泰門形容自己曾經榮華富貴，身邊圍繞著數不清的僕役，但家財散盡、貧困潦倒之後就獨自一人，好比原本枝繁葉茂的橡樹因為一場冬天的暴風雨，將一身的繁枝茂葉都吹落，只剩赤裸裸的樹幹。

11 斯塔提烏斯（Statius），古羅馬詩人。

第10章

樹木的品德

在男子氣概正盛、歌頌各種抗敵形式的十九世紀中，樹木的一種評價理所當然落為俗套：人們將之視為在各沙場上展現英雄品德的一個人。

人格化在此任憑發展。雄壯、精力旺盛、強勁、睥睨群倫或者勇猛耐勞的樹木，網羅了一籮筐英雄主義的參考，讓觀者變成仰慕者、同伴，引發一連串情感，就像左拉筆下女主角艾樂繽（Albine）所感覺到的「大地的男子氣概[1]」。在這裡，樹木是個典範。橡樹的這個價值屬於古典文化。維吉爾描述埃涅阿斯如何抵抗蒂朵[1]的眼淚時，用一段會成為參考典範的文字，把橡樹變成這位英雄的形象：「像棵堅固不移的橡樹，木材因歲月而堅硬，漫山吹拂的波瑞阿斯們[2]相互較勁，看誰能吹跑他；氣流呼嘯，勁風擊打樹幹，樹葉掉了一地；樹木在岩石裡屹立不搖：它越是正面迎向空中的風，越是往地獄探伸它的根。因此埃涅阿斯他……」

在十八世紀的英國，橡樹（尤其是「橡樹心」，特別健壯有耐力的木頭）、個人主義、倔強難馴、以叛逆為榮，被認為是捍衛王國自由的英雄長牆，抵抗專制主義及異國勢力的威脅。這種驍勇樹木的看法，與稍後的德國浪漫主義所提出的大相逕庭。十九世紀初，驍勇的橡樹及冷杉的題材流布至萊因河對岸。例如弗德里希的《雪中橡樹》象徵異教的悲劇英雄主義，它孤身對抗基督教文化，在觀者心中引發驚恐和巨大的憂鬱。

當奧伯曼走遍整頓之前的楓丹白露森林時，樹木是英雄的感受在他身上還只是雛形。但他已經說自己喜歡看見白樺和刺柏「儘管沒有肥沃的土壤和有利的地面，仍奮力抵擋狂風」，為的是「繼續自由且貧瘠地活著[2]」。

為樹木命名，找出道德價值

從一八三〇年代開始，當時在繪畫教學上，「樹木的肖像」已經叱吒了十幾年，而且主導著風景的描繪法，英雄主義的人格化在楓丹白露森林中如火燎原。因為丹納古把楓丹白露森林整頓得旖旎如畫，為樹木命名的風氣因而廣泛流布，此為例證。因此，畫家前仆後繼，描摹名為「火爆浪子」的橡樹，這棵樹終其一生都昭示著它的抵抗力，體現了堅苦卓絕的威力。畫家、作家和觀光客主動、果決地將一群驍勇的樹木視為主體。在他們眼裡，橡樹天生就是孤獨、離群、個人的，所以在拉馬丁的《詩與宗教的和諧》（*Harmonies poétiques et religieuses*）中，橡樹強壯的身軀是鬥士的典範。

尋找樹木靈魂的胡梭連日來在孤絕、紋絲不動中，把樹木當成主角，畫它的品德，分享其痛苦。光是表現樹木的肉體，捕捉那富含表情的動作，認識其經歷反映出它們哪些特質，對他來說都不夠；他努力要找出樹木的道德價值，參考神話人物、《聖經》、荷馬的英雄及莪相[3]的抒情詩人，在他的信件或對話裡提到樹木的靦腆、勇氣、英雄氣概。他看見伐樹就心痛，將之形容為「屠殺無辜嬰兒」[4]；遭摧殘的大樹在他看來都像是倒地的阿基里斯。在他眼裡，樹木緊繃的四肢令人聯想到被擊垮的英雄的手腳。

因此勇者樹木、災難的受害者，博得人類同情，儘管樹木被連根拔起是大自然的秩序往往被人自然接受。

十九世紀中葉，樹木的命名越來越常以國家歷史為靈感，此舉同時也加強了最俊偉的樹種的人格化和個體化。庫爾貝以自己的方式傳達樹木的道德價值，把樹木畫為主體。以弗蘭什－孔泰大區的「維欽托利[5]的橡樹」而出名的「弗拉傑的橡樹」，浸淫著當時賦予樹木的諸多記憶參考，表達了樹木與英雄之間變得習以為常的關聯，還有對心愛故鄉的牽絆、對往事的頌揚及地區自決的要求。根深柢固，擁有絕對的天然威嚴、活力，尤其是樹幹的牢固、堅硬和樹疤所表現的植物耐力，讓弗拉傑的橡樹代表鐵錚錚的好漢。

在第二帝國期間，誇讚橡樹的勇猛苦鬥落為俗套。西奧多・邦維爾[6]為它寫了一首慷慨激昂的詩：

你們這些驕傲的巨漢，樹疤斑斕的大橡樹〔……〕
在這嗜殺的鬥士雄姿下〔……〕
讓人看見，往昔在這片碧海青天下，
噢，百歲巨人！你們一定
在被雷電擊敗的泰坦之間戰鬥過。

穆杰[7]則提到百年巨橡「被末世颳來的風凌虐」，「它們或許將根潛入洪積的淤泥中〔……〕，它們看起來有如一個個在休憩的海克力士〔……〕，蜷曲身體[3]。」提到這些奮戰的樹木，消除了當代歷史及其挫敗，即革命失敗的挫折。巨人彷彿石化了一般，帶領觀者前往「地質年代遼闊無垠的海灘」，「一個無與倫比的原始地底活動[4]」。

不結果的守貞樹

同時在大西洋的另一邊，我們已經看過梭羅就跟霍桑那些藝術家一樣，受到超驗主義啟發，並間接受到德國浪漫主義影響，迷戀樹木，著迷於與它們相遇，而他們的觀點並沒有漏掉道德層面。在這裡詳列梭羅承認過的樹木品德，清單將會太長。舉例來說，他讚賞不會結果的「守貞樹木」，頌揚設拉子[8]花園裡的阿扎德絲柏，直挺修長、威武難馴，昂立在暴風雨及黑暗、血肉凡軀與萬物之上[5]。

梭羅在一八五六年一月及一八五七年十月的日記中，為「他的榆樹」撰寫的斐然文章裡，倡揚對其品德的評價。這些樹在他眼裡，就像刻苦耐勞、堅忍不拔的人類。它們向暴風雨挑戰，它們永不退縮，死在崗位上。梭羅賦予其一系列心理特徵及道德價值，是最純粹的人格化。高貴、莊重、尊嚴、寬宏大量、視野廣闊、獨立都是這些樹木的特色。梭羅多次提到他的榆樹多麼堅忍不拔，而這表現出自主的保守主義，一種天然的激進主義。梭羅夢想看見這些榆樹變成議員，取代那些竊位的傀儡。榆樹因為根扎得深，「不假思索就投票給自己的原則[6]。」在文章後面，梭羅認為新英格蘭的紅橡樹因為顏色鮮烈，在甫下船的朝聖始祖眼裡曾經是勝利的先兆。

勇者樹木：瑞士石松

法國在一八七〇年的敗戰隔日，比起往常加倍頌揚樹木頑抗的品德。米榭勒描述的高山瑞士石松就是絕佳的證明。對他而言，瑞士石松讓我們應該向大自然學習的美德全都湧現出來。在他眼裡，英勇的原型是「緊抓著最峻峭斜坡的勇者樹木」；這種慷慨赴義的形象是真正的禁欲主義者。年老的米榭勒想必在這棵為自己打氣、遵奉神話並且自給自足的瑞士石松裡，看見自己的分身[7]。

我們在《山》(*La Montagne*)中讀到的瑞士石松，道德價值雲集於一身。瑞士石松「因為苦難而美麗」「雄霸荒蕪之處，獨存於無有之地」，大自然中無出其右。在為它保暖與維持生命的內裡保護下，它孤獨、高貴、神聖，發揮博愛的精神。瑞士石松就是人民，換句話說是受苦、奮鬥不懈且勤奮的人民的兄弟。此外，這些樹木因為努力、工作，成為避免高山庸俗化的捍衛者。

按照米榭勒的說法，多虧「高品質的樹脂」，「不透氣」「不溶於水」「抗電」的瑞士石松能夠對抗冰川。這些英勇的高山英雄不僅說明了何謂耐力，還有反抗該是什麼樣子。米榭勒獨自在早上去跟他的瑞士石松英雄打招呼。這樣的分析惹怒了雨果，因為他在這些緊緊抓著、牢牢鉤著的品德中看見反動的意識型態[8]。

團結的雲杉，頑強的冷杉

然而，瑞士石松並非唯一讓米榭勒評定為有美德的樹木。在最英豪的那些樹木之中，他欣賞雲杉；在山遇雪崩，好似對著它們呼喊「孩子們，抓緊囉[9]」的時候，雲杉團結一致，正面禦敵。米榭勒根據同樣的人格化觀點，也頌揚敗者（即沿海那些樹木）的英勇，「感覺到大暴君（大海）趨近」，「它壓迫人的氣息」，那些樹「若不是樹根抓著」，「顯然會臨陣脫逃」。與高山的瑞士石松相反，這些濱海樹木「似乎（……）狂亂潰逃」。有時候海灘上甚至有一些窒息而死、變成「石木」的樹木[10]。

一八八〇年，何可律提出同樣的英雄化看法，稱頌覆滿高山斜坡的冷杉「意志力頑強」。我們可以在這些文字中找到跟米榭勒作品中同樣的人格化，同樣的英雄主義語調，同樣的軍人象徵。何可律讚揚「前線的軍人」，在這個擁有多位「冠軍」的軍隊當中，「萬眾一心」。「這些樹木（冷杉）好似有頑強的意志力」。他在「偏遠的尖端」注意到一位「英雄」，長篇描述這位英雄是如何努力拒抗暴風雨，不像某些長於較高之處的「膽小」樹木，在高低不平、蜿蜒曲折的地面一步一滑[11]。

這個時候，這些文學模式普及了起來。一八七六年，這些模式影響了史蒂文生[9]描述的「馴服不了的栗樹」「一幫運動員」，跟「山嘴」（spur）上的「群聚大象一樣」，這是他在塞文山脈（Cévennes）健行時，有一晚遇到的栗樹[12]。

英雄樹的式微

接下來，這種因為品德讓人迷戀而出現的樹木人格化現象漸趨式微，慢慢變得陌生。樹木的道德價值不再有人重複，同時間在繪畫領域裡的個體性也被抹消了。樹木身為主體，曾經主宰風景畫，而且讓人渴望述說樹木本身的故事，如今喪失了正當性。藝術家似乎忘了樹木的深根不拔、恆常久遠，同時也失去敘事濃度。

比起到森林散步，畫家和觀者更喜歡漫遊公園、花園及河邊。此後他們較專注在水和光線的細緻變化，而不是去描繪樹木一腔的情感。由此可知，精力、抵抗力、毅力和英雄氣概已不再重要，頂多就是古代的參考和歷史回憶；在文學領域亦然。很久以後，在第二次世界大戰的隔日，會出現悲傷、富同情心的觀點，把樹木的表現法帶到另一種調性。

註解

1 蒂朵（Dido）是迦太基女王。埃涅阿斯在特洛伊戰爭結束後，流亡到了迦太基，與蒂朵相戀，但因要返回羅馬建國而離棄了她。

2 波瑞阿斯（Boreas），希臘神話中的北風之神。

3 莪相（Ossian），三世紀的吟遊詩人。

4 指希律王為了除掉耶穌而濫殺無辜嬰兒的事件。

5 維欽托利（Vercingétorix）是高盧人的英雄，曾英勇抵抗凱撒。

6 西奧多·邦維爾（Théodore de Banville, 1823-1891），法國詩人、劇作家。

7 穆杰（Henry Murger, 1822-1861），法國作家。

8 設拉子（Shiraz）是伊朗一座城市名。

9 史蒂文生（Robert Lewis Balfour Stevenson, 1850-1894），蘇格蘭小說家、詩人、旅遊文學家。

第11章

樹木作為說話對象、知己和心靈導師

樹木會根據觀者的狀態，像是感性程度、心門與否、既定印象、信仰，營造出對自我的整體效應。前面已提過驚心動魄、同情，之後我們會看到情欲。本章要介紹的是其他情感與感受，也就是祕密關係、相似、類同、共感，後者會促使我們想要親近樹木，結為密友，和諧共處，甚至是物我合一的欲望，這種衝勁甚至可以轉變成成為樹木、將人類置放於植物裡的夢想。

與樹木親密接觸也可被視為重新體驗先人的情感，去領略一種比都市文化更為久遠的感覺，找回原始。今天感受樹木的老化、孤獨、消失，就是在表達景色的悲哀。

儘管如此，這整體的情感造成類比的感覺和「徹底他者」（alterity）的感覺之間的緊繃關係。

要啟發這些情感，傾聽樹木訊息，特別是從樹木裡發出的所有聲音信號、也就是樹木的話語時，用心與否是關鍵。樹木有時可以成為說話對象、知心好友、傾聽者、心靈導師。我們應該在研究材料的源頭裡，搜尋植物在人們遐想中扮演的這些角色的足跡。

與樹合而為一的欲望

死後與植物合而為一的欲望自古有之，從十八世紀起貝拿丹就強調過了。色諾芬敘述居魯士彌留時希望被葬於鄉間野外的樹下，讓身體的各個元素可以迅速匯集到大自然中，「再次為大自然的美麗作品做出貢獻[1]，」他說。

愛默生身為美國超驗主義的發言人，在一八三六年寫下：「田野與樹木帶來的無上喜悅，就暗示了人類與植物之間暗藏的關係。」「在暴風雨中彎曲的樹枝對我是既新鮮又熟悉。它們的致意出乎我的意料，然而我對它們並不陌生。」他參考希臘人，補充說樹木「初生的形狀給予我們它欣然自得的喜悅[2]」。不久前的雪萊已經昭告：「樹葉在春日藍空中的動作裡，有一種和我們自己的心的神祕相通[3]。」

日復一日，最渴望勾勒這種情感的人無疑還是梭羅。按他的意思，看著樹木、聆聽樹木的訊息，會立刻意識到樹木和自己如出一轍。由此可知人類與非人類之間的區別微乎其微，大自然人類化，同時人類也自然化。這種跟非人類互換的感受[4]來自隱藏在模糊意識中的相似性、讓自我疆界擴張的結合，造成我們失去身分，卻「贏得新的存在[5]」。梭羅寫道：「為什麼我跟大地生不出默契呢？我不是樹葉與腐植土的一部分嗎？」他又補充：「我從赤楊和楊樹簌動的樹葉上感覺到我們氣味相投，幾乎讓我無法呼吸[6]。」

撇開自比為樹木、與樹木合而為一的欲望不談，至少與樹木膠漆相融的欲望的參考文獻是哪些？有沒有可能追蹤出大致的淵源？變形成樹木的題材俯拾即是，整個古代還有樹精徘徊不去，都包含在內。稍後會再回到這上面來。

不幸的是，要判定這樣的情感與感受是否存在於中世紀相當困難，因為能清楚表達這些感受（如果有的話）的清詞麗句寥寥無幾，甚至闕如。但我們還是得說一說，特別在這一段時期的尾聲，對樹木、它的花和果實有強烈的感受、甚至迷戀的線索有很多。

許多裝飾衣物，還有刻在首飾、錢幣、印章及繡在帷幔上的標誌，傳達出對植物象徵的明顯愛好。這個迷戀也表現在樹葉和果實的描繪方法、綠意裝飾的增加上，這種裝飾漸漸蔓延到狩獵場面，確保王公貴族進場時樹木的存在。除此之外，還有許多對每個樹種品質的象徵性參考[7]，人間天堂經常是這些表現法不言而喻的參考基礎。然而，要從這些線索推理出樹木帶給我們的情感之精確結構，依舊困難。

反觀在龍沙的作品裡，特別是自比為刺柏的那些詩中[8]，他對這棵樹的叨叨絮絮及深情動作，都足以佐證古人的情感回到文藝復興時代。

兩世紀之後，盧梭在《一個孤獨漫步者的遐想》的漫步之七中，把一種與生物系統的融合、自比為整個大自然的欣喜若狂、樂不可支的感受描寫出來；這使得一個被活著的感受淹沒的人失去自身的省思意識，忘卻自己在人間的所有情緒。當然，這內心的動盪不只起因於植物，可是植物激發我們的遐想，與先前提到的欣喜若狂相契合。

協調樹引發的情感，與靈魂對話

在同一個時期，庭園設計藝術必須要有跟靈魂說話的知識及意願，才能傳達及製造一系列的情感。感覺論（sensualism）的影響導致感官訊息與對漫步者心理的迴響息息相關。「感受的花園」必須營造一種欣喜若狂、經由各色各樣樹木傳遞的一連串不同的情感。這樣一來，園丁既可避免煩惱，又能無損於歡愉的期望。悲傷、憂鬱，還有愜意及愉悅、靈魂的內在滿足，都傳達出建造並整頓花園的人成功協調了樹木引發的情感。因此，園丁必須知道松樹是一種悲傷的綠色，懸鈴木是開心的綠色。在十九世紀初，H・G・N・勒布航（Lebrun）分析每個樹種帶來的心理效應[9]。

儘管如此，我們絕對不能把各色情感與對植物遐想的深度混為一談。在花園散步的人萌生的憂鬱、悲傷或歡愉，跟盧梭在第七次散步中提到的狂喜，不能相提並論。懂得挑選能對我們的感受力和想像力起作用的樹木，不代表通曉能讓人在樹木面前萌生和諧、親暱感受的學問，更不是擁有想與樹木合而為一或變形成樹木的欲望。

在浪漫主義者及他們十九世紀的後繼者身上就不一樣了，我們會舉德國和盎格魯薩克遜詩人的情感為例，讓各位理解是什麼區別了我所探討的情感，也就是那些在上世紀花園裡巧妙安排的情感。葛航夢想成為昆蟲，在「樹根的末端」移動，才可以在木頭深處凝視氣孔「吸取生氣[10]」的動作。他深深渴望變形成樹木——那種神話裡的神為了獎賞某些人的品德而選中他們，將他們變形成樹木。「依靠自己從大自然元素中選擇的樹液維生，包覆自己，看在人類眼裡，它們就像森林某些受人敬慕的雄壯大樹，因為根壯而似有撼天震地之力，端嚴漠然，只偶然發出隱約但深沉的聲響，好比那些茂盛枝葉模仿海聲呢喃，我覺得是值得努力的生命狀態[11]。」

半世紀之後，里爾克[1]倚在灌木枝椏裡，用「被鑲進大自然裡」來描述支撐他的遐想的感官印象。「就好像從樹內，幾乎不可察覺的振動傳進他體內〔……〕。」「他不太確定是透過哪個感官接收到那樣微弱卻又浩瀚的訊息[12]。」巴什拉評論道：這個情況釀成的狀態，跟其他所有狀態都不一樣，發自一種被送到世界另一邊、大自然的另一頭的感受，它是著魔而不是歡樂。

嘉登出版於一九四一年的小說《西羅亞》，主角西蒙渴望「獲得人樹混合這種難以滿足的喜悅[13]」，臣服在夾雜著對樹木及女性的雙重欲望下。當他把手探進情人亞莉安娜的秀髮中，「他覺得自己好像在觸碰某種根埋土裡的東西[14]。」馬蒂斯也差不多在這個時候說自己體會到變成樹木的渴望。

傳達神諭：傾聽樹的祕密語言

我粗略整理出來的年表得以闡明旨趣。讓我們從與樹木的言語有關的部分開始。在西方歷史中，樹木確實不斷在跟人類說話。這在集體表現的範疇裡是一個極端強烈的模式，讓作家癡迷。這個主題值得一部完整專論，本書只探討幾個面向[15]。

在整個古代，樹木最早被視為有決定性作用的先兆。因此老普林尼將腓立比（Philippi）的柳樹在大戰前一天坍倒視為好預兆[16]。漢尼拔被擊敗那一年，樹木下方長出小麥。很久之前，就在波斯王薛西斯（Xerxes）抵達勞迪西亞時，一棵懸鈴木變成橄欖樹。比起被希臘人、羅馬人視為預兆的這幾件事實，充滿超驗色彩的話語、樹木的神諭力量對我們來說更加重要，特別是橡樹這種與宇宙起源及人類文化緊密連結的奇偉樹木，又是雷電之神宙斯之樹，展現了神諭的力量。

多多納的回憶

在伊庇魯斯地區的多多納，神靈理應經由大橡樹回答諮詢。祭司會詮釋沒有風卻自動沙沙作響的樹葉聲，他們就是這樣接收神的訊息[17]；在其他地方也有類似的占卜過程。據傳宙斯阿蒙[2]在希瓦綠洲的神諭樹木中顯靈。

在古人的心目中，橡樹不是唯一會說話的樹。奧維德咬定是蘆葦洩漏了邁達斯[3]的殘疾祕密。蘆葦覆誦背叛國王的僕役所說的話，「洩密給奧斯忒耳[4]的輕盈氣息」「那些僕役散布主人的耳朵變成什麼模樣[18]」。在古人眼中，月桂樹有助於陳述神諭；預言者之一的皮媞亞在預言前會食用月桂葉。

自現代初期開始，多多納的回憶在文學中是屢見不鮮的參考。儘管該信仰早已退隱，這個意象依然保持異教占卜遺留下來的樹木話語的模糊觀念。伊庇魯斯的橡樹與睡眠、做夢緊密連結。在文藝復興時代，神諭樹木被歸類在專家口中的「超自然夢境」中。睡夢中的靈魂可以接觸神靈。杜貝萊[5]敘述自己在夢中見過「多多納之樹[19]」。要注意，就算沒有參考後者，索黑爾的弗朗雄就是在夢裡聽見本該是樹葉的地方卻長著鐵絲的樹木「連續不斷的咕咕聲」，而且含糊說著罵人和侮辱的話。

貝爾傑哈克《太陽世界旅行記》中的探險家正是在濃蔭下、寂靜中獨自酣睡時，聽見橡樹絮絮叨叨。故事中的這些橡樹說著古希臘語，咬定祖輩來自多多納，它們身為子孫，保存了語言能力及預言的天賦，並運用這些天賦為病人服務。它們說的話是「細語」「輕柔的聲響」「一種吐息」，模仿「柔和細微的風，永遠都會在樹林邊緣吹拂[20]」。貝爾傑哈克參考古代科學，認定這些樹木具有三種靈魂：植物的、感覺的、智能的；這等於承認樹木易感，所以也有七情六欲。睡覺的人盡情接收谷底橡樹的訊息。這些樹都是老人；主角聽見模糊不清、深沉、憂鬱的低語，知道它們在對他說話，就像來自多多納的一種神祕語言，讓他沉浸在「溫柔的遐想中」。

貝爾傑哈克長篇描述「樹之聲[21]」的訊息，他讓這些有人類身心功能的樹木發表的演說，無疑是植物在法國文學裡說過最長的話。

每個人都記得讓樹木說話的拉封丹。這些樹木責怪伐木工只知牟利，殘酷不仁。一個世紀後的貝拿丹徜徉在對植物的遐想中，說自己對老橡樹的訊息相當敏銳。他細述這些模糊、深沉又憂鬱的聲響，把自己的靈魂丟進「柔柔的悲傷裡」。貝拿丹寫道：「我覺得這些聲音好像在對我說話，就像多多納那些樹的聲音，一種神祕的語言，讓我墜入不可名狀的神遊之中[22]。」

普魯斯特的三棵樹

神諭依然在二十世紀的文學中持續發展，普魯斯特在「三棵樹」的著名情節裡提到神諭，聖瓊．佩斯在名為〈風〉的長詩中，對著「言語充滿神諭色彩的龐然巨樹[23]」說話。

夏多布里昂在《殉道者列傳》中則忘掉多多納，改而參考凱爾特文化，讓德魯伊教徒口中的

「守貞樹林」裡的神「托塔蒂斯」發言。這裡的一棵樹曾經以*Iresimbel*之名受人敬拜，後來變成令人生畏的神靈。這棵蒼白魔幻、有鐵皮而沒有樹皮的枯木四周，圍聚著幾棵橡樹（樹根被澆以人血），掛在樹梢的武器和戰利品發出毛骨悚然的低語。不久，自稱仙女的薇萊達變身成歐多路斯[6]窗下的一株草，在微風中怨嘆。

預言者樹木

《聖經》老早就承認樹木有發出神諭的能力。預言者樹木（〈士師記〉9:8-15）還有對亞伯拉罕說話的幔利橡樹（〈創世紀〉第十八章）就是如此；還有朴樹裡傳來的神的足音。有兩個源自《聖經》的主要題材，都可見到樹木的話語或是樹木有意識的動作。第一個就是逃離埃及的情節。根據先有卡西德魯斯[7]重寫，很久以後又有佛拉金寫進《黃金傳說》中的馬太偽福音，馬利亞與耶穌來到底比斯的荷馬士城（Hermopolis），行經一棵名叫「Persidis」、有療癒能力的樹下。這棵樹很可能像哀求者，崇敬過基督。在文章後段，當這一家人在一棵拔地參天的棕櫚樹下休息時，馬利亞表示想要這棵樹的果實，約瑟也希望能止渴。於是耶穌下令；棕櫚樹聽見他的聲音，垂下樹枝，樹根也冒出水來。這段情節經常被後世的藝術家重新採用。

神種下的黎巴嫩雪松

黎巴嫩雪松則讓浪漫主義者如癡如醉，他們毫不猶豫要讓它說話。夏多布里昂在《基督教真諦》中參考古典時期的自然神學，認定世間一般景色就是上帝存在的證明，因此「山谷的青草和高山的雪松都在祝福這片景色[24]」。然而在這本書發行的一八〇二年，這個題材早已是老調重彈了。一七八三年，豐塔納在《巴黎修道院》（*Chartreuse de Paris*）就提過黎巴嫩的雪松讓「滿腔熱忱的祈禱高入雲霄」。頌揚「祈禱樹木」的超群預言力最久、也最有力的人總是拉馬丁。在《天使謫凡記》其中一首詩裡，黎巴嫩雪松「千聲齊唱贊歌」。樹木吐露：「內心直覺到上帝的美好，讓我們的樹幹從樹頂顫抖到樹根[25]。」遊蕩的微風讓樹葉及木頭中的纖維變成琴弦，細語呢喃讚美造物主。「每一片葉子都是一種聲音」，樹木的每一道彎弧都是祈禱。黎巴嫩雪松具有「沒有任何生物擁有的」感官[26]，這些感官是「不朽生命」的神祕因素。因此黎巴嫩雪松用其優勢碾壓人類，這個「在它們腳邊枯朽的」微不足道的幽魂。

神種下的黎巴嫩雪松被當作大洪水時的避難處，提供木材給約櫃；這些所羅門王的樹木還參與聖殿的建造，也是十字架的材料。當然，這一切都只是詩人的想像。

黎巴嫩雪松變成朝聖的目的地，且歷久不變，也是宗教靈感來源。雪松齊聲說：「在我們發出預言的樹蔭下，」天使歡欣聆聽，雪松（詩人朝聖者）說：「我們樹枝的低語／會唱出最美妙的聖歌[27]。」

拉馬丁在一八三二年前去凝望七棵依然存活的雪松，認為有崇拜雪松傳統的阿拉伯人賦予其靈魂，視之為樹形的神物。

在這些提及神聖的文字中，無論是多多納還是黎巴嫩雪松，聲響、枝葉的絮語、樹幹的皺褶都連結到樹木的神諭。特別是夏多布里昂在《基督教真諦》中，不厭其煩地回到把風聲、樹木、水與祈禱、讚美造物主連結在一起的東西上。他寫道：「沒有比這些橡樹和沙漠蘆葦與風合唱的聖歌更神聖的東西了[28]。」在文章後段，他提到吟唱格雷果聖歌的僧侶。他相信自己在雪松的隆起部分、由低漸高的排列及單調的呢喃裡，聽出「為墓園及修道院迴廊遮蔭的紫杉和老松的嗡嗡聲[29]」。

樹木音樂

在對植物浮想聯翩的時候，樹木對人類說的話似乎是最不具宗教色彩的，沒有直接的宗教參考；之前提過的一系列聽覺資料顯得相當廣泛。樹枝間的風聲、微震與寧靜的變化、根據地點不同而千般萬樣的摩挲聲，「輕拂的舞步[30]」，讓景色振動的細微或激烈的敲擊聲、嘎吱聲與劈啪聲，組成了這片和諧樂音、這場有聲音樂會，而其力量在樹木於夜間倒下的落地聲中來到高潮。有時上述那些樹木發出的聲音會被歸類在「風弦琴」這個詞及樹木的音叉形象裡。

「爆裂聲盈耳，」葛哈克頌揚荒原冷杉乾燥到可燃的現象，寫道：「陽光剝落一片片樹皮，松子嘎啦一聲開裂，乾燥的針葉在散步者腳下[31]。」

分析有聲音樂會仍然不夠。我們會一直追問樹木發出的沙沙聲響：這是什麼？這在說什麼？這不就只是個單純的事件嗎？只是一股力量行經的痕跡？不然就是想讓人明白卻無能為力，說得結結巴巴？普魯斯特在《追憶似水年華》遇到剛才提到的三棵樹時自問：「我從它們天真又熱烈的比手劃腳中，看見喪失說話能力，無法言說其需求，我們也無從猜起的心愛生物的無力懊悔。」主角的結論就是這些樹木揮舞著「絕望的手臂[32]」，因為沒有人明白它們的意思，而且身為聽眾及觀者的人類永遠也不會知道這些樹木打算透露一部分有關它們的事。《尚・桑德伊》裡的用字遣句比較平靜，桑德伊有次沿著果園散步，說道：「我們從（珊瑚櫻的）葉子、這些漂亮的白花感覺到某樣東西在對我們說話，好像在遊行隊伍中遇上對著我們笑的心上人似的[33]。」神祕感仍在。

分辨每個樹種的獨特聲音

當然，聆聽樹木及凝視樹木湧生情感，與閒情脫不了干係。這些情感仰賴警覺之心，還有個人對風的敏銳度。諾華利斯已經提過，對大自然真正的審訊者來說，一個平靜又酣暢的靈魂、沉著凝視、在寂靜與孤獨之中不斷冥想，令人獲益無窮。

有沒有可能按照年代順序列出所有經由凝視而勾起的情感，特別是那些有能力敘述的人透過聆聽所產生的情感，就算只是一個大概？我們就約略說一個吧。貝拿丹不言而喻地參考了賀拉斯，說自己對「活動樹葉」的搖顫、對場景的和諧勻稱很敏銳，還強調了不同的情況及樹種間的契合概念。

「樹林間的楊樹樹葉讓人聽見溪流的翻騰（……），谷底還有山坡上被和風吹動的寧靜森林表現出海濤撞碎在岸邊的低語聲（……）」，他還著重植物在孤寂中富於變化的顫慄上[34]。

夏多布里昂則在《基督教真諦》中，在這個被他稱為「孤獨交響樂」的樹木音樂上徘徊。他建議音樂家發出樹木憂鬱的音調，還有籠罩墓園草地的低語聲。他提到風弦琴的靈妙和樹木音樂，邀請人們對每個樹種的獨特聲響有所感。「當松樹受到輕微的晃動，會發出輕柔的呻吟[35]。」這就是為什麼維吉爾會用一片宮商來形容這棵樹。

由於每片樹葉說一種屬於自己的語言，「每株草發出一種獨特的音」，渴望聆聽的夏多布里昂因而做出一些特殊行為。這位《墓畔回憶錄》的作者從布雷斯特（Brest）回來後，曾在貢布雷（Combray）住上一陣子。對他而言，童年結束了。在秋季的大樹林裡，他寫道：「我們（和露西）前後走著，伸長耳朵聆聽風在光禿樹木間的融融細語，或是一路踩在腳下的枯葉脆響，」到了文章後段，有關樹木在天地無聲中發出的響動，他寫道：「那些少有人踏足的地點傳來的聲音，我都細細聆賞，也一一傾聽每棵樹。」冬天迫臨之時，「晚上（……），我聽見樹葉掉落的聲音，心情最是閒適不過[36]。」夏多布里昂邀我們聆聽樹葉掉落的聲響，這是樹木發出最細緻的樂聲之一，在他的作品中屢見不鮮，也是其有聲景色的基本資料。

施南古也對樹木傳遞的訊息表現出細緻的聽覺敏銳度。他能夠分析遠方的落葉松裡，風吹造成的「嚴峻」歙動，也貪好「事物的寧靜融洽」、簡單和「協諧的一致」，喜愛當感受擴大成一場音樂會時的情境：

地上有種不確定的動靜。我們聽見白樺木在打顫，楊樹的葉子飄落，松樹發出原始的呢喃。

在施南古的靈魂裡，樹枝的款擺和水的微漣之間那和諧的一致，有時會提升欲望：它本身就是在歌頌愛情。這位《奧伯曼》的作者能區分植物聲音的品質各有不同：在寧靜的布倫塔河邊，楊樹「活潑」的樹葉曳曳而動，與「深淵上方讓勁風吹彎的挪威老冷杉的樹葉躁動」不一樣[37]。除了祈禱樹木，鍾情於和諧的拉馬丁對植物瞭若指掌，還展現了對風的高度敏銳，證明就是他在《喬西林》中對冷杉的讚揚：

和諧的樹木，冷杉！樹林的豎琴，
天上的風吹到你們身上就轉個調，
你們是樂器，能哭泣、唱歌，
大自然欣欣自得，千聲齊唱[38]。

大西洋另一端的梭羅同一時間也展現了對樹木的敏銳聽覺，他的敏感屬於另一個精神宇宙和其他精神上的衝動，他寫道：「我的心隨著樹間的風跳動。我，之前的人生是如此紛亂無序，如浮雲朝露，我突然透過這些聲音重新找回力量和靈性[39]。」梭羅注意到樹葉掉落發出跟雨同樣的聲音，可是跟雨聲不同的是樹葉掉落後，會在腳下簌簌作響。梭羅在探索緬因森林時，強烈感受到植物發出的聲音，寫道：「在闃寂的靜夜中，樹木墜落的聲音裡〔……〕有一種莊嚴、撼人的東西，彷彿它倒地不是因為受到搖晃，而是一種微細、刻意又深思熟慮的力量使然[40]。」

與樹對話

雨果則說自己很確定風在對樹木說話，而樹木在向人類說話之前，與風交流。「風跟橡樹說話，」他在《秋葉集》（*Feuilles d'automne*）的獻詞裡如此肯定。這將我們帶到另一個主題：樹木不只讓空氣盈滿它的呢喃細語、顫抖和所有躁動，還會跟人類對話。當人類有閒暇時，樹木就會激勵人類交流、對話。除了史詩、寓言的主角或其他角色暗示之外，許多作家一再重複和樹木的對話。

對樹木說話是龍沙在法國古典文學中首創的一種詩體。他多次對刺柏說話，覺得刺柏是他的同伴與兄弟，他說有一種共同的愛連結著他倆。法國文學中對樹木說了最長的話的人，非龍沙莫屬。他對刺柏說：「我請求你，鼓舞我。」他還對植物許願：

> 我跟樹木說話，然後一再
> 一再親吻它，告訴它〔……〕[41]。

他對樹木覆誦自己的好感，他們的命運一致，都是女主角的伴侶。可是龍沙不傻，他的讀者也不。他也明說這全都只是做做樣子，只是「沖昏頭」，換句話說，就是瘋狂：

> 我對樹木說話，它搖頭晃腦，
> 佯裝聽我說話，實則熟記我的詩句，
> 再吟唱給風聽[42]。

龍沙進一步說明：

> 彷彿它聽見我的苦楚和憂煩[43]。

對樹木傾吐愛意、苦楚與悲戚，這一整套感受組成十六、十七世紀田園小說的一個意象。主角期待伴侶安慰，尤其當對方是一棵易於個體化的林中樹時。有時候，對植物說話在這裡摻雜了知心話及神諭的等待。

在這些詩句或小說文字中，與樹木對話需要獨處、大自然的萬籟俱寂，以及一種讓人體會並說出我們想像樹木會有的情緒、感受、痛苦的共感。這解釋了為什麼對樹說話的內容結構千般萬樣。對樹木大抒胸臆，從《愛斯翠雅》開始就見證了這個關係的豐富。老垂柳既是談話對象、知己，也是宣誓的擔保人；長壽讓它成為回憶的收藏館。賽拉東用親熱的口氣對它說話。「你啊，柳樹老兄，〔……〕你記不記得那一天〔……〕[44]。」我們知道歷史學家尚・拉豐[8]一心要強調許多我們認為是浪漫主義者率先萌生的感受，實則早已經出現在杜爾菲的這本書中。

跟樹木對話更常見於田園文學，或至少更加著力，但也是浪漫主義文學作品的一個套路。拉馬丁在〈秋〉裡直接對樹木致意的親暱，也出現在其他回憶中。十數年下來，他甚至開起玩笑：

「你好！頭戴綠冠的樹！」

同樣的風潮還有把垂柳當成平輩說話，或是對〈橡樹〉的讀者發號施令：

對這棵百年老樹說些話吧
問問它如何出生。

當然，把樹木當成談話對象的這些感嘆詞、命令，只是在顯示一種文學過程。但在喬西林的內心話中，情感流露無遺。喬西林在離開母親與祖國，與之道別的時候，感覺到根的力量、他與童年的植物之間的友情和連結：

〔……〕我對每一棵樹說話，
我從一棵樹走到另一棵，我親吻它們，
我賦予它們感官，感受我灑下的淚水，
而且我相信感受到了，我們的靈魂多麼有力量，
一顆友愛的心在樹皮下跳動[45]。

喬西林親吻「我扎根的」土地時，說他感覺自己是樹。這個連結人類與植物的同鄉情誼，成為拉馬丁作品中的一個老調。

葛航尋找另一種連結人類與樹木的情感，無疑是更深入的。這位《綠冊子》（*Le Cahier vert*）的作者意欲進入樹木的內在深處，甚至直達樹葉的中心，做出比光是觸碰還要更激烈的行為。他在一八三四年表達過自己需要埋進植物裡，吸入樹木，預告了會在二十世紀中葉的藝術家（特別是佩諾內）身上綻放的情感。

葛航寫道：我分開黃楊、灌木、四處叢生的樹枝，把頭深埋其中，吸進它們暗藏的原始香氣，進入它們的內在深處，可以說是在「對它們的心說話」[46]。

雨果作品中跟植物的對話占有很重要的位置，值得特別研究，我不得已只能摘錄一些。雨果藉由凝視、傾聽、與樹木青草的對話，向我們指出在他眼中最重要的：「我感到某個魁梧的人在聽我說話，而且愛我[47]！」植物在這裡只是媒介，從此以後，交流的重點是提問。雨果說他需要知道雪松看到什麼、榆樹猜到什麼、橡樹感覺到什麼，換句話說就是：神、生物、無限、永恆、深淵。我們參考之前在〈無盡的邊緣〉中提過的樹木：這些樹木被描繪成人與上帝之間的媒介。這一點在名為〈永恆之樹〉的詩中更為明顯。

雨果的作品中，有一些跟樹木的對話比較不那麼高深。在摘錄自《沉思錄》（二十四篇），經常被引用的〈致樹木〉的詩中，雨果也是提問優先，而非傾訴、真情吐露或是尋求慰藉。

你們經常看到我（……）

在你們跳動的枝椏間低聲詢問[48]。

雨果尋找答案時，暗地裡參考多多納的樹木，說自己「留意你們的聲響」，「直到顫慄的樹梢」。

簡單說來，雨果向樹木表白他的愛意。在他晚年的詩〈無盡的邊緣〉中，反覆透過永恆之樹直立參天的隱喻，強化它細聲對不信它的人下的命令：「必須要相信。」

我們已經提過米榭勒偏離雨果式的形而上觀點，早上會去跟英勇的瑞士石松這些受苦眾生的近親致意，並且「和它們交談」。他看著瑞士石松悲愁的樣子，安慰道：「親愛的樹木，在我眼裡你們像〔……〕的人。你們所受的苦，正是本世紀的普遍特色[49]。」

在樹下告解：樹作為傾聽者及心靈導師

樹木不僅擔任談話對象，有時也扮演傾聽者。何可律敘述布列塔尼人在彌留之際，遇到神父不在的時候，可以在樹下告解。樹枝聽取瀕死之人的懺悔，「它們的摩娑聲將垂死者最後的祈禱直送雲霄[50]」。多多納聖殿的神諭請示過程在這裡顛倒了。

二十世紀中葉，梵樂希在《樹木的對話》（*Dialogue de l'arbre*）中，對植物的告白多所著墨。狄迪若向橡樹表白他的愛，親吻、聆聽它，聽見它模糊不清的話語時，狄迪若大叫：

> 我回答你，我的樹，我對你說話，告訴你我最私密的想法。所有關於我的真相〔……〕，你知道我的一切，還有最單純的生活中的天真折磨，你我最是相似。我環顧

四下，看看我們是否獨處，然後對你坦白我是什麼樣的人[51]。

同一時間在嘉登的小說裡，西蒙對樹木說話，滔滔不絕，讚頌他在與這棵崇高的樹木之間自動感受到的和諧。「這種感覺來自於我這個人的基礎。在我體內比意識更深的地方[52]」；所以西蒙向樹木吐露衷曲完全是很自然的事。樹木在這部小說裡面不只接收祕密、告解，還是嚮導、傾聽者、訓誨者、心靈導師。我們現在必須思考的就是這個角色。

對此，我們理當參考中世紀，因為整個中世紀的人都虔信樹會說話[53]。樹木是《聖經》規語的傳達者（〈箴言〉3：18），於是成為智慧與教誨的象徵。關於樹木的這個形象，經常被援引的是聖伯爾拿的一句話。他對一個受城裡新學校吸引的年輕人說：「樹木和岩石能傳授你科學老師無法傳授的東西。」

對此，在法國讀者的記憶中一定都有很久以後的巴雷斯的文章。在《浮萍斷梗》（布爾傑在《弟子》〔*Le Disciple*〕中有很大的篇幅在提這本書）的一章裡，生長在傷兵院（les Invalides）廣場柵欄的第三十根鐵條附近的懸鈴木，被描述為年老丹納的心靈導師，教導我們歸根的重要。對根的需要，說明回到瀕死的土地，這種需求與一棵根深葉茂，卻暗受威脅的樹木所象徵之物相一致。巴雷斯反覆描寫這個場景。丹納宣告：「無論晴雪，我每天都會去看它。它會是我餘生中的好友和顧問〔……〕，多麼優秀的思考嚮導啊！這漂亮的傢伙，讓我們看到的不是法式對稱，而是活生生的靈魂的邏輯思考，還有它產生的思想[54]。」按巴雷斯的看法，這就是太愛邏輯和系統分類的丹納得到的教誨。這是一堂觀察樹木如何趨向自由的課程。因為懸鈴木傳授最上乘的哲學，宣揚接受生命必需品的哲學。

這個心靈導師的樹木形象，充實了巴雷斯這本書的一個篇章，啟發了嘉登《西羅亞》一整本書。主角西蒙承受樹木對他的影響。他信賴樹木的智慧，認為樹木的智慧就是它的力量和平靜淡然。嘉登寫道：「西蒙走向它，像走向主人，像走向法官，像走向決定對錯且不容置辯的裁判。」到了文章他處，西蒙對樹木說：「大樹啊，我走向你，為了自我辯解，因為我需要你為我指點迷津〔……〕；我走向你，因為你曾經是我的主人[55]。」

何納受一片樹葉感動，等待樹木的教誨：「這些樹會慢慢接受我，而為了當得起它們的青睞，我要學習必須知道的事情」：

我已經看得懂飄經的雲朵。
也懂得保持不動。
還幾乎知道怎麼緘默[56]。

「樹木是教誨，」博納富瓦寫道：「多虧樹木，我們可以用生命而非知識去喜愛、思索、默想：就像以往在伊甸園本該是這個樣子[57]。」

如果不稱頌樹木引導了作家的手，就無法解說克勞德．西蒙[9]《相思樹》中的最後一段。這棵樹插天的枝葉啟發他寫作的靈感[58]。

許久以前，梭羅也曾在一棵小紅楓裡體會到這種灌頂的經驗。他在樹木裡看出和自我的相似性，感受到愛還有自比為植物的欲望；這種經驗擴大了感受與情感。這是我們現在必須思考的。

對樹木的喜愛與欲求，首先表現在光看到樹木時感受到的冷顫；這是嘉登長篇細述過的。當西蒙看到將要變成他的心靈導師（以及他的愛）的冷杉時[59]，「他的心因為情緒激烈而跳動，」嘉登寫道。

愛上樹的波斯王

希羅多德與老普林尼都敘述過波斯王亞達薛西斯（Artaxerxes）和樹木的兩情相悅，甚至因愛生妒；貝爾傑哈克、福樓拜都參考過。在亞達薛西斯前往攻打希臘的途中，來到撒狄（Sardis）附近，他因為懸鈴木秀麗絕倫，陷入了熱戀。他以黃金為它妝點，並且派其中一名「不死人」日夜守護。據貝爾傑哈克《太陽世界旅行記》中發言的「樹之聲」所說，亞達薛西斯可能是他父親岡比西斯（Cambyses）吃了懸鈴木的果實後懷上的。這就是為什麼他獨愛樹木，特別是吸引他的那棵。每天他都去親吻它，睡夢中也只見得到它。人們注意到亞達薛西斯的撫摸能讓這棵懸鈴木歡喜，而彼此的熾熱也讓它神采煥發。貝爾傑哈克筆下的「樹之聲」敘述，它的樹葉看見波斯王就會樂得扭動、顫抖，樹枝朝國王的臉彎下來，好似要擁抱他；特別是這棵懸鈴木還善妒。至於國王的愛情則無盡無休，他讓人把床架在懸鈴木下，而懸鈴木每天早上把樹葉分泌的蜜和露滴在亞達薛西斯身上。這位偉大的君主在摯愛的懸鈴木懷抱中斷氣；波斯人想把他的屍體跟這棵樹的樹枝一起焚燒。貝爾傑哈克的「樹之聲」又敘述：「火堆被點燃的時候，我們看見火燄與屍體的油脂纏繞一起；它們熾熱的頭髮交相纏捲，變成裊裊細煙直升至看不見的遠方[60]。」

我們不應該對這個怪誕不經的影像發笑。它也可以被視為一種兆頭，預示了今天美國某些墓園裡屍體與樹木交換ＤＮＡ的習俗。

貝爾傑哈克這個誇張的作品是有文獻根據的例子，我們不應該忘記這種情節在古代史中並不罕見。老普林尼指出在圖斯庫盧姆一座奉祀黛安娜的聖林裡，一棵山毛櫸撐天而立，雄辯家撒路斯提烏斯（Gaius Sallustius Crispus Passienus）是尼祿的姑母多米提亞（Domitia）的丈夫，他對這棵樹產生了濃烈的愛，親吻它、擁抱它，躲在樹蔭下，並用酒灌溉它[61]。馬克羅比烏斯[10]認為用純酒養育樹木的鼻祖是雄辯家霍爾登西烏斯（Hortensius）。塔西陀敘述，瓦列里烏斯決定割腕、要切開自己的血管時，讓人移開他的火葬堆，以免他院子裡的樹葉因為火的熱氣而損傷[62]。

這樣的場景與維吉爾作品中人類與樹木的關係不謀而合。此外，紀瑪強調這個時代的羅馬人十分意識到植物形狀的美。這個感受出現在賀拉斯、奧維德、斯塔提烏斯、卡圖盧斯的作品中；賀拉斯說自己對自家宅第的大松樹戀戀難捨，而且這不只是希臘及亞歷山大時期詩人的模仿那麼簡單。這種敬慕之心與當時的人對植物裝飾有敏銳的感受力一致。另一方面，樹木被認為見證了

「所有羅馬森林〔……〕還倒映在台伯河中[63]」的時期，解釋了在有文化陶冶的環境中，看到樹木就心生歡喜的情形。羅馬帝國初期的作者提過有一群人可以對東西說話，而且對他們而言，萬物皆有生命。歷史學家雷蒙・秀瓦里耶（Raymond Chevallier）寫道，在它與人類之間有一種祕密及服務的往來，詩是這個往來的珍貴紀念。

對樹的依戀

向樹木示愛的場景似乎在中世紀變得稀有起來。如果有人親吻木頭，那必定是十字架。當然，浪漫文學頌揚密不可透、催情的森林，人們會去那裡撒野，也會讚頌枝葉搭起的小屋，但這並不是個人對樹木表達有異教色彩的愛意——這種依戀之情是群體的感受。事關保護一棵樹的時候也一樣，直到當時，樹木都是祭拜儀式的地點。

到了現代初期，依戀這種情感又出現了，我們已經在諸如龍沙的詩還有田園小說中一系列細膩的情感裡看過。之後，童年的盧梭對那棵他在表哥陪同下，在離龍貝榭先生（Lambercier）的胡桃樹八法尺處種下的年輕柳樹，有著很深厚的感情，而不是道貌凜然的胡桃樹。盧梭在《懺悔錄》裡寫下：「樹占據了我們全副心思，讓我們無法用功學習，〔……〕就好像走火入魔了一樣[64]，」直到龍貝榭先生毀掉那棵柳樹。

之後，貝拿丹敘述丹頓[11]在處決前不久，被關在牢房裡時，一邊大呼，一邊嘆息：「啊！如果我可以看到樹就好了[66]！」貝拿丹的結論是丹頓這個人還不至於太墮落。

對樹木的愛，很明顯地回到歐洲的浪漫主義者，緊接著是美國的超驗主義者身上來，因為受到回憶、懷舊感和**永不再**的感受吸引而加劇。夏多布里昂表達自己對消失的橡樹感受到的愛，他寫孔布萊的古代城堡主塔似乎也在為這些暴風雨時保護它的老友們哭泣[66]。

施南古表示：「我愛白樺木，愛它們光滑、皸裂的白色樹皮，這純樸的莖幹，朝地面彎下的樹枝，活潑好動的樹葉，還有大自然的隨意、簡單及沙漠的姿態[67]。」他說自己每次碰到白樺木總是很開心。當然，我們可以把這行字詮釋成在傳達單純的欣賞，不過這裡顯然是在表達一種對特定品種、會造成強烈情感迴響的依戀，而不是對一棵個體化的樹木。達爾文搭乘小獵犬號長途探險時，就證明樹木對他而言是真正的需求而不只是愛好。他因為太久看不到樹木而痛苦難耐，說哪怕樹木是死的，都能令他歡欣。一八三四年四月二十四日，達爾文記下：「我們看到一棵浮動〔……〕的樹幹時感受到的歡欣，就跟看見科迪勒拉山脈圓丘上的森林時同樣喜悅[68]。」

對樹產生的愛欲

有時出現在雨果作品中的樹木不是說話對象、知己或心靈導師，而是體現了兄弟情誼，他在《沉思集》的〈駐足〉（*Halte en marchant*）一詩中寫道：「榆樹、山毛櫸，山谷的前輩，兄弟之樹[69]。」

然而把對樹木的愛欲闡明得最清楚的人是梭羅，他寫道：「是的，我今晚感受到對某棵灌木湧起了真正的欲望。我總算找到了同伴。我愛上了一棵年輕橡樹[70]。」維爾哈倫則為一棵樹寫道：「這棵柳樹，我把它當成人類那樣愛慕[71]。」

普魯斯特的作品充斥著樹木引發的情感見證，像是豔陽下的含笑樹木進入眼簾時，他不禁心潮澎湃。尚・桑德伊說自己就像「眼前有個身穿華服的異國美女〔……〕，面帶微笑」那樣瞠目結舌。這棵含笑樹木像是有點漫不經心、笑望著他的貴婦，「並未敏捷地向他走來〔……〕，而是像樹木般站在原地，莊重可親[72]。」

容我再說一遍，尚・桑德伊看見珊瑚櫻的白花時，覺得在樹葉油綠的光澤及花朵如緞的雪白下，是個「獨特生物[73]」，勾起了情感記憶。珊瑚櫻帶來的感受，有別於其他花樹：「這一次，每一朵花，每一片葉子都在回應我們體內的一個欲望[74]，」引發了全然不同的感受。心上人的話語（或者該說是微笑），萌生了這一剎那的深入感覺，是在回應一個強烈的需求。

梵樂希把對樹木產生的愛情，探討得清楚瞭然。狄迪若承認對山毛櫸情有獨鍾，這棵山毛櫸請他唱出他的愛，並為吹透它的微風譜寫一首曲子，他向山毛櫸表白：「我愛你，廣闊無邊的樹，我為你的四肢瘋狂。不是花，不是女子，偉大的百臂生物啊，只有你能感動我[75]。」狄迪若應盧克萊修的要求，為他的山毛櫸而唱：

我最心愛的大樹，不斷在我的虛弱裡

延展一股奇妙的精力[76]。

這裡的樹木與愛情雙雙都是「一個細不可察的胚芽」的果實，這個胚芽會長大、茁壯、發展、分枝。

退化成植物的幻想

之前說的一系列情感造成人們尋求直接的接觸。容我再說一次，在盧梭陳述的第七次漫步中，說他在自比為大自然物體時，感受到欣喜若狂和樂不可支。當然，諾華利斯寫過人類不懂樹木的語言，也可能納悶樹木究竟會不會說話，可是樹木在人類心中塗滿綠色，注滿平靜清新的精華。它激發我們「輕柔的欲望」，令人聯想到樹液向上輸送，直到樹葉滿溢[77]。

梭羅說樹木溫柔、甜美、鼓舞人心的陪伴，像是雨滴的感覺，讓自己滿心歡喜；這些都是可以產生猛烈情感的感受：一種強烈感應到宇宙存在所創造的快感，「重新組成天堂」的感受。容我再說一次，梭羅在探索緬因森林的敘述裡說自己最愛的「是這棵樹充滿生命力，與我十分肖似，而且它能治癒我的傷口[78]」。他之所以做一本康科德的秋葉收藏冊，是因為秋葉的紅色令他想起血。

在《在斯萬家那邊》裡，主人公停下腳步，吸入山楂花的幽香，這個氣味在他體內產生青春的喜悅。尚・桑德伊拉下百合花，還有圍在旁邊的幾片葉子，然後聞嗅，想找到其中潛藏難尋的祕密，它們看起來似乎在等待賓客。

這樣的情感在退化成植物的幻想中臻至高峰，先前已在有關葛航的部分提過。嘉登在整部《西羅亞》裡都在搓揉這個欲望，主角西蒙不斷分析他的兩個需求：女人與樹。他體內必須要有「樹木的性質」，以便「開始人樹混雜的生活，獲得這種人樹混雜難以滿足的喜悅」；那一邊的亞莉安娜則等著，「綑綁的雙手環抱樹幹，感到黑暗的根在她的皮肉中漸長漸大[79]。」這對情人的擁抱加深了兩人都退化成植物的印象。

同一時間，無論是沙特式的存在，還是巴代伊渴望維持神聖世界的出神經驗，無論是《嘔吐》裡的羅岡丹（Roquentin）或《內在經驗》（*L'Expérience intérieure*）的書中人物，在這兩個例子裡，本體的出神狀態都跟變成樹木（devenir-arbre）密不可分。前者宣示，「我是栗樹的根〔……〕我迷失在它當中，只有它。」後者則說：「在我不見天日的房裡，感覺自己變成一棵樹，甚至是被劈開的樹。」「像一棵樹那樣，」沙特小說《延緩》（*Sursis*）中的主角獨白[80]……

像是高茲沃斯、烏多、有臥地經驗的康波或佩洛內這樣的當代藝術家，在對植物浮想聯翩之時，把自比為樹木推向極致。當這種衝動化為行動時，我們必須回到這上面。

樹的「他者性」

可是有另一個主要的感受左右情感，那就是人類與樹木間「他者性」的極端感受。樹木冷漠無情，蔑視人造人（homunculus），會有這種感受是因為深信人類不可能與樹木對話，甚至是樹木沒有靈魂，不可能說話。於是作家必須表演口技，代替樹木說話[81]。對此，杜瑪引用葛哈克《大道筆記》（*Carnets du grand chemin*）中為加州巨杉而寫的內容。文中敘述了他者性的第一個基礎，源自兩者的時間性南轅北轍，因為樹木另屬一個時代，而當時的氣候如今已不在。想要自比為「森林的尼安德塔人」「植物立石」，絕無可能。

當代作家決定放棄採用人格化的角度，改以研究現象的方法來剖析，透過書寫把樹木還給它們自己。要闡明當代作家感受到的他者性，專家習慣從一份冗長名單中摘引許多重要文學的見證。

「樹木一直都對散步者的感受渾然不覺，」福樓拜在《情感教育》中腓得烈克與蘿莎妮出遊楓丹白露森林的段落裡如此縷述。人類世界對照出樹木的原始。「**植物世界自給自足**的這個他者性令蘿莎妮焦慮[82]。」「樹木無論如何無法保護我們，或是成為知己，充其量只是冷眼旁觀的見證者，直到世界末日[83]。」福樓拜不但稱不上浪漫，植物也勾不起他的遐想。拉馬丁和雨果分道揚鑣，而且因為這個幻滅，胡梭還有許多巴比松畫派的畫作都變得無法理解。

他者性、無法溝通、冷漠，被人說個沒完，然而對物我合一的追尋到了二十世紀越演越烈。

因此最後這幾十年留下了一種強力反對感受、欲望、情感的緊繃狀態的痕跡。「你永遠無法跟樹木對話，」喬治・佩雷克[12]在《一個睡覺的人》（*Un homme qui dort*）中寫道。對此，杜瑪還援引了紀亦維[13]、蘇佩維爾[14]、傑歐・諾哲[15][84]。紀亦維提到樹木的死寂；諾哲高呼（並終結了中世紀植物有靈的看法）十字架對周遭發生的刑罰麻木無感：

血、瀕死，它都不在乎

這根刑柱沒有一絲顫慄。

〔……〕

耶穌死在已死的木頭上[85]。

反之，巴代伊的作品則暗示著一種微妙的感受，因為他意識到樹木的他者性，以及這個他者性有可能不是那麼絕對。這個感受再加上得不到回應的哀求及偶然性的苦澀帶來的折磨，於是明知不可能卻還是希望溝通的緊繃狀態就顯現出來了[86]。

十九世紀的作家，特別是浪漫主義者，相信自己對於樹木的說法嗎？還是樹木的話語、交談、傾訴衷腸，都只是文學手段？聲稱如此並否認這些作家、藝術家所表達的所有情感、欲望、衝動的真摯及感同身受的趣味及重要性，無疑是太偏激了。

此外，關於樹木的話語，我們絕不能忘記若不借助隱喻，物品是無法發言的，各方面的情感亦然。尚・博伊（Jean Borie）寫道：「沒有隱喻的樹無話可說。但如果你們寫『橡樹跟泰坦一樣』等等，一切都活起來了，一切都變了。」隱喻敞開了情感的無限，讓人看見。然而我們也可能以為把隱喻移到近景，它就會「遮蔽它原本應該表現的事物[87]」。胡梭及其同伴畫的那些橡樹也無疑是這樣，特別是「火爆浪子」。對植物大量的浮想聯翩，更甚於信仰的千奇百怪，促使我努力追蹤廣大的各色情感；無論用什麼方式，我也要解決與植物的祕密關係以及絕對的他者性感受，這兩者間的緊繃狀態。

依戀樹木，所以保育樹木

想要也需要保存樹木，是因為無論個人或群體，都對樹木感受到依戀、感情甚至愛情，還有意識到它在象徵上的重要性。

一九八七年，諾曼第省的暴風雨肆虐下颳倒蒙堤伊鎮（Mantilly）的小椴樹，它被愛撫、被喚醒，甚至可說是被救活了，因為當地一個後來成為景觀設計師的小孩十分喜愛它。一九九九年的那場暴風雨更加猛烈，蒙堤伊居民跟其他同地區的市鎮居民相反，避免終結那些倒地樹木的生命，也避免使用電鋸。他們成功保住樹木的性命，因為他們對這些樹有深厚的情誼。然而研究這事件的派提斯・普拉多（Patrice Prado）言之鑿鑿，我們只會救活那些「我們瘋狂愛著」的樹。他寫道：「當樹木負傷瀕死，首先我們必須陪在身旁，讓它安心，輕哄它，撫摸它[88]。」

對此，蒙堤伊居民的榜樣可以追溯到很久以前。我們之前看過，羅馬人就已經有想保存樹木的欲望，對他們來說，樹木是崇拜的對象，有時還有神諭的功能。整個中世紀，教會都在打擊被他們歸類為偶像的樹木。特別是在愛爾蘭、布列塔尼、斯堪地納維亞，人民確實心繫他們崇拜的樹木。位於現今德國的居民為了拯救他們的神聖橡樹，會哭泣、祈禱、施詭計。有些大眾歌曲讚頌在眼前受傷流血的橡樹。

接下來，樹木受損引起的痛苦，以及為了保存樹木發起的行動接連不斷。我們已經看過龍沙如何抗議加斯蒂內森林被摧毀。從十七世紀的英國開始，這個有利於保護樹木的活動聲勢越發浩大。凱斯・湯瑪斯援引了許多這種感受的表現。按他的說法，對樹木的崇拜，特別是自十八世紀起，與那些對小型寵物的崇拜一致。與此同時，樹木的美與形狀占據了紳士們的對話。藝術家特別專精於描繪這些植物。在一七七〇至一八五〇年間，許多書探討老樹、那些看起來最壯麗或捲進歷史事件而聞名的樹木，尤其重要的是大量出現反對砍樹的抗議行動。

對這主題的惆悵變成「賦詩言悔」的文體，激發了某種對森林護管員的蔑視與敵意。這類感受最終養出了針對景觀設計師、花園建築師的抨擊，因為這些人過度重塑大自然，對老樹不敬。古柏、華茲華斯、約翰・克萊爾[16]、丁尼生和許多其他詩人都對「門面」、裝飾品、虛飾的必要報以噓聲。

大不列顛居民的情感表現在對墓園紫杉的敬意上，一種宗教性的感受讓保存樹木的欲望更加堅決。對樹身傷痕的批評及對嫩芽自由發展的讚頌，都打著英式自由原則的旗號蔓延開來[89]。

容我再說一次，從一六五三年起，卡文迪許重新藉由樹木和伐木工的對話，高呼砍伐帶來的痛苦，早了拉封丹幾年。從那時候開始，對樹的依戀成為對自身、家庭與國族的投射。王公貴族樂於使用樹根與樹樁的隱喻，老樹被表現成回憶的守護者。同時間，樹也越種越多。

通知月桂樹，主人已死

在十七世紀的法國，對樹木的依戀解釋了何以在地圖繪製正逐步精簡化的當時，樹木還能最後一次出現在地圖上。樹木讓地圖成為一片景色風光[90]。

在當時，對果樹的侵害被認為是傷害個人，隨之而來的就是植物的人格化，弗羅航．柯立葉（Florent Quellier）解釋：「文學中的人格化在傳達人們對樹木的照顧與期望。」傷害樹木可比侮辱，可以（特別是偷竊果實的話）套上象徵性的意義。

一七七六年，路易十六命人砍掉凡爾賽花園裡的一部分樹木；據說畫下這起事件的畫家雨貝．侯貝爾[17]向國王傳達他的傷痛。

最近兩個世紀的民族學家指出，住在鄉間的人對樹木用情深厚，尤其是靠近屋子、屬於家族圈子的那棵樹。在孚日省的許多地方，人們會通知花園裡的月桂樹主人已死，「輕聲對它說這個消息，還要輕輕搖晃，以防它乾枯[91]。」就跟在塔恩省一樣，路昂的布雷斯（Bresse louhannaise）的居民甚至通知整座花園，並在主人死後剪掉每一朵花。北部省及加萊海峽省的人會為植物服喪，在灌木的樹枝上綁黑紗。另一方面，鄉間的樹木（就跟飼養場的動物一樣）可以是死亡的兆頭。

這一切促成現代的樹木保育政策。夏瑪認為這個現象始自一八二九年，當時湯瑪斯・馬利恩（Thomas Maryon）提議要圈起一部分漢普斯特荒原（Hampstead Heath），建設成風景秀美的公園，引起一片抗議聲。於是保存荒原的支持者和反方呈對立之勢，展開一場司法辯論。前者祈求國民都能健康，在他們眼裡，倫敦人需要處女地。可是一直要等到一八七一年（離歐陸的拿破崙三世下的決定很久以後），荒原、草地和樹木的保育才被列入法條[92]。

在法國，研究學者鉅細靡遺地詳列有利保育樹木的行動清單[93]。這些行動始於七月王朝[18]期間。一八三七和一八五〇年，朱爾・賈南[19]以非正式的畫家、詩人、流浪漢和情人等社團之名，捍衛楓丹白露的樹木。而且他的辯護詞是基於愛國的論點，他寫道：「我們必須為畫家、法國風景插畫家、捍衛法國景觀的人保護國樹[94]。」在他眼裡，**森林是給大自然愛好者的詩的保護區**，這群愛好者都是倜儻不羈的無害之人。我們會明白，賈南的口氣並不是要造反，他以敦厚來捍衛自己的理由。

喬治・桑也出入鄉間。稍後，在一八七三年，她視森林為滿滿的有益健康之物：「樹木好比大扇子搧動氣流，讓空氣煥然一新，並且維護〔……〕地下的腐植質[95]。」喬治・桑這樣的行徑跟前不久盛行的空氣療法[20]若合符節。

一八六八年，米榭勒在《山》撻伐身為受害者的阿爾卑斯山森林遭受的摧殘，其他人則參考風行於十九世紀中葉的循環理論（circulus）。大自然是由生命的永恆循環賦予能量，絕對不得干擾，尤其不能打斷。維護大自然的支持者提出另一個論點。學者阿弗雷德．莫里[21]在為森林而寫的鉅著中陳述過文明的發展令人憂心。文明的發展確實可能造成所有本能的、強烈且天真的感受衰退，然而樹群在這方面，形成一個珍貴的收藏館[96]。

但是丹納古完成了楓丹白露森林的整頓。他的作品、先前提到的提議行動及拿破崙三世個人的信念，都促使樹木保育政策誕生，並以一連串法令表現出來。

美國的樹木保育歷史有很完整的文獻，多到無法在此一一列舉，我只引據波斯頓普救派講道者史塔金恩的行動，他長期受到超驗主義薰陶，在加州發現了內華達山的大樹，從中領會神性清楚可見的一面，將之視為天然的神聖印記。在他眼裡，這些樹木都是神聖的（一八六〇年），保護這些「美洲的自然神殿」無比重要，這些樹木與上帝同時誕生。如此一來，樹木的崇高性也為大西洋另一岸的植物神學所接納。

註解

1 里爾克（Rainer Maria Rilke, 1875-1926），生於布拉格的德語詩人、作家。

2 宙斯阿蒙（Zeus Ammon）實為三個太陽神——阿蒙、宙斯、拉（Ra）——合而為一的神。這是自詡為宙斯之子的亞歷山大征服埃及後，結合埃及對阿蒙神的崇拜所塑造的形象，有助於殖民。

3 邁達斯（Midas）是希臘神話中弗里吉亞的國王。有一回，他被選為牧神潘與阿波羅音樂比賽的評審之一，因為質疑其他評審認為阿波羅勝出的決定，被阿波羅懲罰，長了一對驢耳。

4 奧斯忒耳（Auster），神話中的南風之神。

5 杜貝萊（Joachim Du Bellay, 1522-1560），法國詩人。

6 歐多路斯（Eudoros）在《殉道者列傳》中是一名信奉基督的年輕羅馬軍官，他囚禁了協助高盧人起義的預言家薇萊達。獲釋的薇萊達愛上歐多路斯，但後者拒絕見她，她只好倚在一棵樹上，凝視歐多路斯的住處良久。

7 卡西德魯斯（Cassiodorus, 490-585），中世紀初期的羅馬政治家、作家。

8 尚・拉豐（Jean Marie Georges Lafond, 1888-1975），法國記者、藝術史學家、考古學家。

9 克勞德・西蒙（Claude Simon, 1913-2005）是法國作家，曾是諾貝爾文學獎得主。

10 馬克羅比烏斯（Macrobius），古羅馬作者、哲學家、語文家。

11 丹頓（Georges Jacques Danton, 1759-1794），法國律師、政治家，法國大革命的主導人物之一。

12 喬治・佩雷克（Georges Perec, 1936-1982），波蘭裔的法國先鋒小說家。

13 紀亦維（Eugène Guillevic, 1907-1997），法國詩人。

14 蘇佩維爾（Jules Supervielle, 1884-1960），生於烏拉圭的法國詩人。

15 傑歐・諾哲（Géo Norge, 1898-1990），本名是喬治・莫詹（Georges Mogin），是比利時法語詩人。

16 約翰・克萊爾（John Clare, 1793-1864），英國詩人。

17 雨貝・侯貝爾（Hubert Robert, 1733-1808），法國畫家，以擅畫廢墟聞名。

18 七月王朝（monarchie de Juillet），一八三〇至一八四八年間的法國君主立憲制王朝。

19 朱爾・賈南（Jules Janin, 1804-1874），法國作家、藝評家。

20 空氣療法（aérisme）是盛行於十八世紀末及十九世紀初的公共衛生及健康概念，當時的醫學認為不好的空氣品質是傳染病最主要的因素。

21 阿弗雷德．莫里（Alfred Maury, 1817-1892），精通考古學及歷史的法國學者，也是福婁拜的好友。

第12章

樹木與回憶

聞名遐邇的樹木有意讓人以歡喜且經常是懷念的心情，回想起一些兒時舊地、時光和情感。從古至今，這條追本溯源的路、這個與幼年的連結，已經有人感受到並且說了出來。因為想要感染這樣的情感才興起了朝聖，以茲紀念。

十八世紀末，這種情感變成私人日記裡的俗套，且持續了數十年。接下來，這個題材變得更加深入。從那時候起，樹木就不只促使人回首兒時的溫柔，還引發回憶衝擊。樹木會促發非自主的記憶，這個非自主的記憶占據了二十世紀初心理學家的心思。

記憶的封條：喚起童年記憶

尤里西斯是因為認出小時候父親特埃爾忒斯給他的那十三棵梨樹、四十棵無花果樹、十棵蘋果樹和五十排葡萄樹，並一一指認，才說服老夫妻相信他的身分。尤里西斯向老人提起童年一個場景：「我跟在你後面跑過花園，從一棵樹到另一棵，並談論每一棵樹；你，告訴我它們的名字[1]。」

很久以後，在十七世紀初的虛構作品裡，看見樹木就會觸發溫柔的回憶。賽拉東坐在利尼翁河岸樹下，喃喃低吟一首名為〈回憶〉（*Ressouvenirs*）的詩。他讓植物收藏他已逝戀情喜怒哀樂的回憶，並讓它擔任交換誓言的擔保人，以及愛斯翠雅的感受變化的證人。

數十年後，塞維涅夫人提到看見樹木產生了溫柔回憶。一六八八年十月十八日，她寫信給格里儂夫人，說很高興女兒保留了對家裡那些親切樹木的「溫柔回憶[2]」。關於羅樹堡小徑上的樹，她在隔年於信中坦承：「我種下的這些小孩已經長得這麼大，大到我不懂我們竟然還能夠生活在一起[3]。」她拿那些小徑的氣氛，跟「青春年少」的昔日氣氛相比，覺得植物現在的美「比較嚴肅[4]」。

然而在十八世紀，對兒時樹木的回憶才出現在私人日記裡，這時也是樹木的登場與兒童文學產生共鳴的時候。盧梭在《懺悔錄》裡預先表示回憶起兒時的小胡桃樹，因此燃起朝聖的欲望。「在我一七五四年去日內瓦的旅遊中最愉快的計畫之一，就是回博塞（Bossey）看看我童年時有紀念價值的遊戲場所，特別是那棵親愛的胡桃樹，它那時應該有三十多歲了[5]。」即使後來他的朝聖欲望無法滿足，這個欲望仍然在他體內完好如初。盧梭補充：「我幾乎確定如果我能回到這些親愛的地方，我會看到我親愛的胡桃樹還在那裡，我會用眼淚灌溉它[6]。」

不久，貝拿丹深入分析這一種情感。他寫了一段文字，形容這是對故鄉的孤獨的讚歌。「一個品德高尚的人在一棵樹下休息，帶給他非凡的回憶[7]。」當然，他在這裡提起的只是一些歷史場面：楊樹提醒我們海克力士的戰鬥，橡樹葉讓我們想起卡皮托里歐山的桂冠。可是貝拿丹並不滿足於樹木喚起回憶的能力，他肯定地說：「我知道不只一個移居海外的人到了晚年，讓年輕時在小榆樹蔭下跳舞的回憶，將他帶回故鄉的村子裡[8]。」鄉間最常見的植物，除了實用之外，都是些讓我們想起最愜意感受的樹木。「它們不像異國植物那樣把我們往外丟，而是把我們帶到裡面，回到我們自己[9]。」

此外，貝拿丹還讚揚他口中那些植物回憶，這些回憶把「我們飛逝的童年時光變得如此珍貴〔……〕。我們所到之處都有童年的回憶和畫面[10]」。

在同一個時代，花園的設計師想對靈魂說話，讓人體驗回首前塵的經驗，努力求取華特雷在《花園隨筆》（*Essai sur les jardins*）中形容的「回憶之樂[11]」的感受，樹木對此貢獻良多。在虛構作品領域裡，愛狄萊·德·蘇沙（Adélaïde de Souza）一七九四年的小說女主角的父親瑟南日先生，不願見到女兒砍掉他童年的樹，這些樹比他還要年老。老人表示這些樹是「我的老友，〔……〕我不能沒有它們[12]」。

浪漫主義者相較於先前，更加卯足力量頌揚植物內這個喚起回憶的能力。我們找回的不再只是童年回憶，還有一整座失去的樂園，因而導致深切的懷舊之情。這個喚起回憶的能力之所以強大，使得人類再也離不開這個「令人幸福的環境」，就是因為在諾華利斯的思想裡，植物是「土地最直接的語言[13]」。**「深埋的童年十分靠近大地[14]」，所以我們才會深深懷念這個失去的樂園**。為了從深眠中醒來，人類必須學習觸摸、感受，讓意欲重溫的舊日時光還有已逝童年的天真爛漫回來。

容我再說一遍，在歌德《少年維特的煩惱》中，維特的妻子坐在胡桃樹下一根梁上織毛線，他想起二十七年前的自己還是可憐的大學生，第一次在這裡見到還是少女的妻子，這棵胡桃樹對他而言一直是彌足珍貴的，讓他永誌不忘。

英國也有人表達一系列同樣的感受：威廉·赫茲利特[1]在出版於一八一四年的《論鄉間之

愛》中，強調樹木與花朵（還有動物）如何根據它們所喚起的往事而受到重視。它們是最能立刻勾起我們兒時回憶的。

「安詳的樹蔭！破碎的海濤！寂靜！月亮！夜啼的鳥兒！青澀歲月的感受，你們都變成什麼樣子了？[15]」施南古筆下的奧伯曼寫道。獨剩幽魂。樹木在這句話裡是首要的元素，聯繫起這段因為**永不再**的感受而歡快的時刻。

夏多布里昂在《墓畔回憶錄》中坦言，他某次散步時看見一棵白樺木，特別是高棲枝頭的斑鶇的鳴唱，讓童年的田野風光像變戲法一樣浮現眼前。很久以後，狼谷公園的樹木（保存著他的舊日時光）讓他憶起自己的旅遊。夏多布里昂在《基督教真諦》中努力列舉一長串連繫著故鄉的東西，提到鄉間那隻夜吠的狗、教堂鐘樓，還有墓園的紫杉。到了文章後段，這棵樹因為讓夏多布里昂遙憶故人的能力而受到讚揚[16]。

說到被樹木引發而與童年重逢的描述文字，人們習慣強調弗洛曼丹[2]作品的重要性。這不是沒有理由[17]。回憶兒時的感受，找回童年的自己，在內心裡描繪童布勒城堡（château des Trembles）公園，讓這片風光的景物成為多明尼克的靈魂寄託，這些都經常參考充滿鳥語的樹木及樹枝間的風聲。遠方的扁桃樹、梣樹、月桂樹、大橡樹都驅使人追憶往事。弗洛曼丹將這些樹視為「記憶的封條」，不因歲月而有絲毫的毀損。多明尼克坦言：「在這個園子裡，沒有我不認得的樹，若不是因為比我年長，我總是看到它們，就是見過它被種下，如果它跟我同時代的話[18]。」弗洛曼丹是情感記憶的頌揚者，我們可以理解為什麼有人將他看作普魯斯特的先驅。

我們也可以這麼說斯湯達爾，但當然沒那麼絕對。《論愛情》中的虛構人物默提摩與情婦重逢，他在震撼之下，腦中只有在相思樹下親吻佳人裙襬的畫面。從此以後，他每次看見相思樹就會戰慄；斯湯達爾闡明：「這真的是他對生命中最快樂的一刻所能保存的唯一清晰記憶[19]。」

在這個時期中，亟欲找回童年使得上述讓盧梭朝思暮想的朝聖欲望更加熾烈。此後，朝聖成為公式化的內容，我只提幾個例子。維特說：「我去那些看著我誕生的地方朝聖，」他在五月九日又補充：「〔……〕在S路上〔……〕，我請人在巨大椴樹附近停車〔……〕，讓我自己下來步行，並隨心品嘗每一段回憶的新鮮事物、活力。我停在這棵椴樹下，它曾經是我童年時散步的目的地與終點[20]。」拉馬丁重遊兒時舊地所觸發的「靈魂的單調」，成為〈葡萄樹與家〉（*La Vigne et la maison*）的主題。一八三一年七月十日，葛航坐在凱拉（le Cayla）的樹林裡，打算來一趟朝聖，並找回「原始的痕跡[21]」。

聶瓦爾提過的瓦盧瓦地區的童年回憶，是很明顯的例子，當時樹木和到童年舊地朝聖是有關聯的。我們知道在詩人眼中，要在往事的痕跡隨時有隱沒可能的當下一瞬萌生出深刻的情感，回憶的工作是不可或缺的。〈火之女〉中充塞著與樹木相關的回憶。要在這裡摘引哪些東西組成兒時回憶的結構會占去太多篇幅，我且舉一例：「就是這片綠色的草坪，有椴樹與小榆樹簇擁，我們以前經常在那裡跳舞……[22]」

在雨果身上，永不再的感受有時依靠同樣的手段產生。他在〈奧林皮歐之哀〉（*Tristesse d'Olympio*）中寫道：

他看見每棵樹豎起的陰影，唉！
就憶起那些一去不返的日子[23]！

雨果在〈塑像〉（*La Statue*）中與維雍[3]搭上線，這首詩無疑是參考了後者：

去年夏天的葉子，另一個時代的女子[24]。

後來，巴雷斯讓丹納說話，後者每天總要去傷兵院廣場瞻仰他那棵樹，他的懸鈴木說著回憶的話語，會告訴他所有他愛過的事。

再度體驗昔日的感受

回憶為我們帶來另一種情感。當記憶不再只是回憶，而是當感受與回憶緊緊連繫在這個現實裡的時候，它讓人二度體驗昔日的感受。樹木頗常加入這種過往情感又浮現的感受裡，樹木比許多其他東西更好，就是因為它的恆久，讓它得天獨厚，成為收藏館。

喬治・艾略特撰於一八五九年的小說《弗洛斯特河上的磨坊》（*The Mill on the Floss*），是首度有人縷析這種情感的復活能力。作者詳加描述我們在出生環境裡體驗到的舒適感受，那環境裡的東西對我們彌足珍貴，並提到「外在世界似乎只是我們本人的延伸，我們接受它也愛它，就像我們接受自己的存在、我們自己身體的感覺[25]」的那個時候。接著她強調一連串已經在記憶中根深柢固、具決定性的物品，比任何其他物品更有可能製造記憶衝擊。一個鮮明的例子就是喬治・艾略特提到「接骨木突伸到斜坡上樹籬交纏不清的枝葉上方，我們在它面前感到幸福。〔……〕對我而言，比較喜歡這棵接骨木最好的理由，就是它喚醒了古老的記憶——只會透過我現下對形狀和顏色的敏感而觸動我，這在我生命中並不是新鮮事，**而是我整個人生的忠實伴侶**，當我的喜悅還很強烈的那個時候，它與我的喜悅形影不離[26]」。知道普魯斯特年輕的時候發現這本小說，而且賞識不已，我們不會驚訝。兒時往事的美感重生了，一棵普通的樹木竟然讓我們體會到當時的情感的力量，而不是那些被視為最美麗的樹木，因為普通樹木喚起回憶的能力更高強。

喬治・艾略特多次提到看見犬薔薇及「秋天樹籬上方」的山楂花，就聯想起幼年的感受。這些花讓深處細膩的心弦振動，熱帶的棕櫚樹絕對做不到。小說人物之一菲利浦孑然一身，「特別喜歡紅谷的樹木陪伴，原本已逝的喜悅似乎繼續如影隨形，有如不散的陰魂[27]。」

哪怕只是大致略提，也不可能在這裡分析是什麼讓半個世紀之後的普魯斯特將非自主的記憶與樹木連結起來，但至少有三篇意義非凡的文章非提不可，尤其是陳述三棵樹相遇的那篇。此處只舉其中一例：《尚・桑德伊》中頻頻出現、跟喬治・艾略特提過的接骨木屬親子關係的蘋果樹牆（espalier）的話語。「這些彷彿沿著樹牆相繼生長的白花〔……〕象徵著我們剛才遇見而且認出來的生命中某一段時間。」「在我們體驗到的歡愉裡，令我們開心的，是某種我們打從內心深處感受到、如今已一去不復返的東西，因為見過同樣的蘋果樹的昔日感受就在裡面，而且這個感受也不只是以往才有[28]。」**所以它不是憶起往事、認出過去一個情感那麼簡單，而是那一剎那的深入感受回應著一個欲望**，和與眾不同、無可取代的心愛之人（蘋果樹牆）的話語有關，而且它的笑容就跟話語一樣，注入一種有別於日常生活、不亦樂乎的一刻。

伊夫・塔迪耶[4]在文中表示，《尚・桑德伊》中處處可見非自主記憶的召喚。尚經常同時活在兩種時刻中：「脫離現在的能力讓回憶轉變為直接感受到的事實，令人喜不自勝[29]。」現在來聽聽普魯斯特的說法：「那時候發生的事，就好像我們的真實本性不受時間局限，是為了要品味永恆，而當現在與過去的衝擊裡，冒出某樣既非今日亦非昨日〔……〕但是不受時間局限，又是我們生命的真實要素的東西來，那我們對現況不滿，對過去傷心的本性，就會突然顫動[30]。」然而這個衝擊，這個讓人擺脫現在奴役的新發現，這個顫慄，這個驚奇，好多次都是植物造成的，尤其是某棵常見的樹木，在普魯斯特的作品裡，有能力引發衝擊的通常是灌木，而不是偉麗的橡樹。

二十世紀似乎沒有深入分析何以樹木創造衝擊，成為記憶標誌、非自主記憶的催化劑，可是樹木與兒時回憶之間的連結層出不窮。海德格在〈鄉間小路〉的優美文章裡就提起過，寫道：「隨著年紀漸長，路旁的橡樹更常把我們的思緒帶到兒時的遊戲及自己最初的抉擇」，因為單純

「保存了所有永恆、偉大的祕密[31]」。只是這一回，一個威脅在十九世紀精密分析過的情感持久現象上方遨翔。海德格認為危險就在於人類已不再為鄉間小路伸出耳朵，簡單的事物對他們而言叫作單調，不再新奇，寂靜的力量消退，歸根的重要性也遭人遺忘了。

註解

1 威廉・赫茲利特（William Hazlitt, 1778-1830），英國作家，以散文及文學評論見長。

2 弗洛曼丹（Eugène Fromentin, 1820-1876），法國作家、畫家，他的《多明尼克》（*Dominique*）被視為心理小說的傑作。

3 維雍（François Villon, 1431-1463）是法國詩人。曾經因為殺人、竊盜而兩度遭到流放，後又捲入打鬥案件被捕，被判驅逐，最後下落不明。他一生顛沛流離，寂寂無名，他的詩要等到他失蹤數十年後才受到世人賞識。

4 伊夫・塔迪耶（Jean-Yves Tadié, 1936-），法國作家、傳記作家，曾為普魯斯特作傳。

第13章

樹木與春夢

依普魯斯特之見，光是樹木本身就會刺激對女性的欲望。瘋魔般的青草、樹木、鐘樓讓《追憶似水年華》的主角萌生「希望眼前出現女人的欲望」。他認定這種大自然暗示的對女性的欲望，會讓大自然擴大、變得崇高。他提到自己渴望看見某個鄉下姑娘冒出來讓他擁抱，她可能是「這片土地必要且天然的產品」。「我直盯著一棵遠方樹木的樹幹不放，她會從樹幹後面冒出來，朝我走來。」接著到了夜暮四合，他的希望破滅：「我不再歡樂，憤而怒打胡善維爾（Roussainville）樹林裡的樹木，但樹木之間並未走出比全景畫布上的樹木間更多的生物來[1]。」

主角在秋末抱著難以填飽的欲望回到巴黎，前往布洛涅森林散步。他寫道：「於是我用一種欲求未滿的柔情看著樹木，我的溫柔眼神越過樹木，不知不覺飄向這幅麗人散步的媚景，一天當中連續好幾個小時，這些樹木會將她們團團圍住。」他在後段坦言冷杉、林裡的相思樹，尤其是後者，「在這方面，比栗子樹和翠安儂宮的丁香花更擾亂人心」，讓人渴望美麗；「這些樹像被強迫嫁接一樣，與女性共同生活這麼多年，不得不令我想到樹精這個敏捷繽紛的美麗交際花，在她行經之時，樹木會用樹枝蓋住她[2]。」

樹木的性別

在普魯斯特寫作時，樹木與色欲的關聯老早就被強調了，無論是人欲橫流的中世紀花園還是獵豔場所的文藝復興時代森林，甚至可以上溯至創世紀。對此，哲學家霍傑強調樹木性別化

（sexualisation）的重要性。他認為數百年來，樹木的性別化賦予景色催情的價值。這一點值得我們駐足。霍傑提出一個他認為舉世常見的傾向，將樹木原本是中性的本質一分為二，再依照語言、文化及詩人，來分配「這個先天的性別[3]」。

事實上，樹木的性別糾纏著古希臘及羅馬學者的思緒，令他們十分入迷。據泰奧弗拉斯托斯之見，樹木的某些特點可以讓人區分它的性別。冷杉的樹葉有所不同，雄性冷杉的葉子比較尖刺，葉尖較彎曲；雌性冷杉的木材比較白也比較柔軟，易於加工，而雄性的木材較為堅硬粗糙，「毫不起眼。」雄性椴樹乾燥，樹疤斑斕，結實，呈黃色，脫落的樹皮會比較厚，比較堅硬；雌性椴樹的木材比較白，也較為芬芳，樹皮較薄，可輕易彎折。雄性山茱萸的木材「結實、堅韌如獸角」，這就是為什麼我們用它來做標槍；雌性山茱萸的木材「木髓多，較柔軟」。雄性松樹特別剛硬，「在加工的時候很是磨人」；雌性松樹的木材比較柔軟，易於加工[4]。

至於橡樹是最佳的雄性樹木代表，從它產生的植物癭就可以看出來。它的植物癭之一呈棒狀，在成長結束時會堅硬挺立，且尖端有洞。

而根據伐木工的說法，「砍下來的雄性樹木比較短、比較彎曲，也比較難加工，而且顏色較深」，「雌性樹木比較高[5]」。雌性松樹的木材沒有那麼多樹脂，所以比較不黏稠，顏色比較美。反之，雄性松樹有一種難聞的物質，燃燒不易，而且會從火裡面跳出來。

從前述可知雌性樹木通常會結果，而雄性樹木則否。如有例外，兩者都有生殖力，那麼「雌性樹木會結出更美麗、數量也更多的果實[6]」，這暗示了家樹與野樹之間的區別。

老普林尼受希臘科學影響，直搗樹木的性別。他不容置辯地說：「雄性樹木比較短，也比較硬，雌性樹木比較修長，樹葉多脂、形狀簡單，不那麼僵硬。雄性木材過硬且扭曲，不利加工，雌性樹木的木材比較軟[7]。」如果傳說可信，那麼斧頭可供人辨識出任何樹木品種的雄性，因為雄性樹木會抗拒，斧頭砍入時會製造更多聲響，且較難抽出來。

老普林尼受泰奧弗拉斯托斯啟發，更加強調用途，還寫雌性冷杉的木材比較軟，容易打開，樹幹比較圓，整體外貌「較為歡樂[8]」。而最能一眼區分出雌雄的，就是椴樹。

若蒐集古代學者作品中提過的區別，可以看見雄性椴樹短小矮壯，有斑斕的樹疤，樹皮堅硬粗糙、乾燥、色深，排斥斧頭，而且因為密度大而難以彎折。雄性椴樹的木材堅實，有很大的黏性，可塑性低；它的樹葉尖刺，尖端彎曲。它比較接近野樹，結的果實比較少，或根本不結果。雌性椴樹顯得較為修長，樹幹更圓，樹皮更柔軟，很容易摺起，它的木材軟，較白，潮濕而且芳香，木材容易加工。這所有的優點很自然讓人把雌性椴樹歸類為家樹。

樹的性行為

承認這些可以辨別雌雄的顯著特質，並不意味著樹木就有性行為，會交配和妊娠。直到十七世紀，正統科學都順應柏拉圖、阿里奧斯托及大阿爾伯特的觀點，排除樹木性行為的存在。「有性」與「無性」之爭到了稍後才燒起來。支持植物缺乏性能力的論據很多：樹木沒有感覺器官。

樹木無法移動、相遇、交配。植物不知欲望為何物，因此樹木會性交的想法該被剔除。

自古以來，有無數學者顯現出預感。泰奧弗拉斯托斯還有稍後抄襲他的老普林尼，都強調過一種雄性粉末會被送往雌性樹木的果實上，他說這是「一種交配方式」。兩位作家都使用一種有結婚、懷孕和生產含意的詞彙來描述春季的授粉。泰奧弗拉斯托斯認為樹木懷著果實。

此外，整個古代的樹木表現法都受到性別左右，並形成當時的民風。無花果樹即一例證。它是絕佳的生殖及哺育之樹，因此受到羅馬人崇拜。無花果樹暗示性滿足，果實的形狀令人聯想到睪丸。據寇沃爾所說，劃開樹幹汲取或是從樹葉擠出的樹液顏色極似精液[9]。這一切都讓無花果樹出現在陽物象徵裡：每座普里亞普斯神像的巨碩陰莖都是用無花果樹的木材刻削而成；酒神節的祭典隊伍搬運的儀式用陰莖也是。傳說中無花果樹跟公羊牽連甚深，公羊被懷疑對維斯塔貞女抱有邪欲。

在整個漫長中世紀裡，樹木的表現法顯然有雌雄之分。要深入明瞭這種「性別之分」，就必須知道木材不是隨便哪一種木材。每一個品種都經過鑑別，有自己的故事、傳說、屬性和象徵力量，像是貴族之木、庶民之木、戰士之木、正義之木、懲罰之木和樂師之木，也有雄性木材與雌性木材；有些木材有益，其他則令人不安[10]。這麼多的象徵決定藝術家如何將樹木形象化，例如木匠的做法；這一套象徵已有學者著書立說。因此木匠在知道自己的工具要對付的對象性別之前，絕不會削製工具，也不會製作將被男性運用來應付雌性木材的工具。

交纏的樹木

樹木及木材有性別之分的表現法，暗示著植物有類似人類的情感，有友愛和反感，這些屬於人格化。我們會再花時間回到恩愛植物的交纏上，例如葡萄藤和小榆樹，或是長春藤與橡樹。不過還有另一種植物的愛情傾向表現。古人已注意到某些樹木會互相纏結，或是彼此傾靠。蘭諾斯的菲洛斯特拉特斯[1]在《想像》（*Images*）中頌讚一位畫家，該畫家畫了兩棵棕櫚樹，一雄一雌，前者在一條溪流上「款款深情地彎下腰」，以便觸碰另一棵，形成「一種像橋的東西[11]」。很久以後，到了十八世紀中葉，布歇畫的交纏樹木及由此而起的風景情色化中，暗示了這種吸引力。

容我再說一遍，文藝復興時期的學者依然擯斥樹木性交的念頭，因為基督教傳統排除這種觀點。長久以來，在基督教傳統的認知中，植物是斷情絕欲的。植物體現一種天真淡然的純潔、非獸性的狀態，這種狀態剝奪了植物的淫欲，而且屬於天堂。長久以來，修道院的花園裡都種有割除邪念的牡荊或「聖潔莓」（*Agnus castus*）。杜．巴爾達斯就抱持這個觀點，在《第二週》中描寫「羞恥樹」。這棵樹生長在天堂的一個陰暗角落，它似乎有靈魂，有眼睛，會表現恐懼、痛楚，最特別的是它表現出一種道德情感：羞恥[12]；這就是為什麼它要避開人類的接觸。但是，杜．巴爾達斯對植物的遐想充滿著對比，出版於一五八四年的《第二週》裡介紹了「熱情交纏的棕櫚樹」是欲火難忍的雌樹，因為需要接觸雄性而痛苦不堪，會彎身前來與丈夫相會，不過僅止於前戲，沒有性交。此外，「這些火熱的棕櫚樹」也表現出不能否認的忠貞[13]。

在十九世紀中葉，梭羅提到植物的友情，在《麻州自然史》中寫道：「在大自然中締結的愉快友情及籠罩那裡的融洽氣氛讓我震驚，就像地衣隨著樹葉表面起伏生長的時候[14]。」可是也有讓樹木彼此遠離的反感，泰奧弗拉斯托斯已經強調過了。如果傳說可信，那麼葡萄藤蔓能感知到香味，喜愛待在芳香的植物旁邊，它碰到發臭的植物會掉過頭，「彷彿嫌惡那個味道[15]。」

惡女夏娃：女性與樹木結合的原型

我們現在離開點出樹木性別化的開場白，來到女性與樹木結合的原型形象。〈創世紀〉中惡女夏娃及樹木的牽連，深深影響西方世界的女性描繪法。在這種關係裡，女性顯得既令人渴望又／或者令人害怕。初版《聖經》裡的重大場面呈現了寸絲不掛的夏娃站在知善惡樹下，正在聆聽蛇語或是站在牠旁邊摘禁果，又或是把禁果遞給驚訝、擔憂但又口饞的亞當。這個場景暗示了植物、動物及人類（即樹木、蛇與女性）同時參與的原罪逼近了。

從基督教創立及至整個中世紀，夏娃因此代表大罪人，嚇人遠勝於誘人。她的美麗是惡魔的美麗。夏娃象徵人墮落的工具，她是這件事的主犯，而每個女人體內都留有一點罪孽。就算這位禍水紅顏的皮肉看起來如此美麗光滑、誘人或優美，也不能說她就比較不毒辣。創世紀的場景把樹木、果實、夏娃的裸體，與淫蕩、背叛、女性謊言連結起來。夏娃是首位體現墮落、邪惡、不幸與紛爭的女性。

而蘋果樹從五世紀起，它的果實就被視為是造成人墮落的果實，似乎也是邪惡的。有毒的蘋果是來自女性的禮物。

在整個中世紀，惡女夏娃的形象表現有很多。在歐坦的主教教堂的北門門楣上，精赤條條、淫情浪態的夏娃躺在樹木之間[16]。在歷史學家帕斯杜侯建立的一系列夏娃形象的雕像中，我們注意到巴黎聖母院一扇大門的門墩柱上刻有聖母，還有林堡兄弟[2]在《貝里公爵之盛世》（*Les Très Riches Heures du duc de Berry*）呈現的被逐出樂園的夏娃。科內利斯・范・哈倫[3]在一五九二年畫下《人類的墮落》（*La Chute de l'homme*），將中世紀的惡女夏娃形象系列延續下去。接下來，這個題材仍未乾涸，波希筆下樹木間的惡女夏娃即為一例。十九世紀依然，蘇珊・瓦拉東[4]和「關稅員」亨利・盧梭[5]都回到惡女夏娃上面，這個時代的象徵主義者酷愛描繪有驚世美貌的邪惡女性，經常緊附樹木，或是讓她們的白皙皮肉蜷伏在一地樹葉上面。勒維－杜梅[6]的絕美夏娃就被畫在樹木附近，讓人想到古代的狠毒妖女。但是這一次，勒維－杜梅將樹精與惡女夏娃連結在一起。

樹精的歷史

比最後這個例子更古老的，都是些巨乳肥臀、來自美索不達米亞文明的樹木女神。學者處心積慮要在整個地中海流域找出這位樹木女神的後代子孫。這個部分超越本書的題旨，我只提與本書有關且可以輕易看出對樹木的催情能力產生影響的主要形象就好：樹精。樹精象徵女性跟植物的合而為一，還有當中的愛欲。

這類樹精的形式林林總總，包含了一群居住或嵌入樹木中的女性、獨自生活在樹內或樹枝狀的寧芙、永久或斷斷續續變身成樹木的女性，以及其他由樹所生或者從樹木內發散出來的女子。當然，女性逐步變形成樹木是重要的過程，左右樹精的歷史。

奧維德介紹了一群被變成樹木的寧芙、少女或婦女。達芙妮的變形是影響西方人最深遠的例子。奧維德精確陳述達芙妮為擺脫阿波羅的欲求，自願被變形的過程。讓我們回到文字上。愛之箭射穿了太陽神，他立刻愛上達芙妮。達芙妮卻被驅愛的箭射穿，跑遍寂靜的樹林。到了最後，阿波羅為愛窮追不捨，就在他的氣息輕觸達芙妮頸間四散的亂髮時，達芙妮向坦佩谷的水神父親帕紐斯（Peneus）呼救，要求變形。

後人將會不厭其煩採用《變形記》的文體：「她才祈禱完畢，一股沉重的麻木感就攫取她的四肢；一層薄薄的樹皮包住她細緻的胸部；她變長的頭髮成為樹葉；她的雙臂變成樹枝；本來還很靈便的雙腳，被移動不得的樹根附著在地面；樹冠圍住她的頭；她的魅力只剩輝芒。」阿波羅的欲望還未熄滅，依然感覺到達芙妮的心臟在新生的樹皮下跳動：「他的雙臂環繞取代了達芙妮雙臂的樹枝，在木頭上布滿他的吻。」他告訴樹木：「妳會是我的樹。」「噢，月桂樹，妳永遠都會裝飾我的髮、我的齊特琴、我的箭袋。」月桂樹朝阿波羅垂下新生的樹枝，晃晃樹冠，表示聽懂了太陽神說的話[17]。這段文字是文學中對樹木抱有欲望及愛撫的首創，也是本書的題旨。

奧維德也用許多其他例子來闡釋女子在變形當下，感到自己變成樹木時的印象、情緒、感受，有時也提及旁觀寧芙們的驚愕、痛苦和同情。

葡萄樹女

其他古代作家呈現了與樹木合而為一的女性。琉善[7]在《真實故事》中提出了另一個形象，浸淫了文藝復興時代的人的想像，當時的作家以新的眼光重新回過頭去關注古人。他在書中描述一群不知羞恥的葡萄樹女。嫁接在葡萄樹上的她們個個美貌無雙，指尖到頭頂都是葡萄藤蔓和葡萄。她們渴求男性的陪伴，跟希臘旅者打招呼，以他們的語言跟他們說話。她們親吻旅人的嘴巴，令他們陶醉不已。兩個倒霉鬼的生殖器被綁住，變成葡萄樹[18]。

花少女

樹精的形象不斷令人癡迷，因此除了點出幾個指標，要談論這個對樹精歷時不衰的關注需要太長的篇幅。十三世紀，奧維德是道德作家的說法廣泛流傳，因此這位拉丁詩人的變形故事讓人重溫，被改編成基督教訊息，還成為品德訓誡。十二世紀末，那些無疑來自東方的「花少女故事」，已經模糊了這些模式。大部分樹木歷史的專家都著眼在《亞歷山大大帝傳奇》（*Roman d'Alexandre*）的一段情節，成為另一種閱讀中世紀樹精的方式。

來自希臘的征服者在森林裡稍事休息。一些美貌光芒四射的女子，「肌膚白裡透紅，雙目炯炯有神，眉歡眼笑，嘴巴與鼻子線條分明，身段苗條，胸部小巧，臀部緊裹在服裝裡[19]」，每棵樹下都有一位。這些美人都在樹下度過夏天。「冬天，她們回到樹裡，化在樹根中。灌溉她們的血是樹液，她們渴求的精液必須使樹液受孕。」這些體液確定植物早於人類[20]。希臘士兵讓女子採取主動，在每棵樹下恣情縱欲了整整四天，然後抽身逃離這蠱惑人心的溫柔鄉。中世紀史學家多明尼克．布特（Dominique Bouter）把《亞歷山大大帝傳奇》的這段情節詮釋成人間天堂及古代異教神話的結合，這裡的優勝佳地、樹木、噴水池、花少女在他眼裡都像是烙印了惡魔標記。樹木及其惑人的吸引力是創世紀的蛇布下的陷阱[21]。

在塔索的《耶路撒冷的解放》的第十八首詩中，何諾進入一座神祕森林的中央，他眼前的樹木景象必定會讓人想到在舞台上發生的場景：

一棵看似已受孕的冬青櫟
自己敞開身體，誕下
一位成人寧芙（噢！好一個奇蹟！），
她從樹中走來，身著奇裝異服；

接著他看見另外一百棵植物
同時從沃腴的胸中，產下一百位寧芙。

輕薄的裙裝，赤裸的雙臂，
踩著美麗的繫帶長靴，鬆開的髮辮，
這些虛假的生物就是如此
生自野生的樹皮[22]。

樹精圍起圓圈跳舞，放浪形骸，隨後變成猙獰的獨眼巨人，接著阿米達從一棵「巨大出奇的香桃木」中冒出，凌厲抵擋何諾的猛攻。在何諾砍倒一棵以保護之姿遮蓋香桃木的胡桃樹之後，這奇幻的一幕也隨之消散無蹤。這段情節將凶怪的樹精及魔女的偽裝搭配在一起，加強了當女性被視為與樹木共存時所造成的威脅。樹精在同時代的龍沙作品中屢見不鮮，所以我們只舉幾個例子：

你們這些樹精，還有你們這群仙子〔……〕
還有出世於樹皮之下
誕生在灌木樹幹裡的：

都來裝飾這本長春藤之書吧[23]。

詩人就是這樣對樹精說話的。這些樹精與神話中的所有女性形象連結起來，像是繆思、美惠三女神、寧芙，龍沙把第十八首詩獻給她們。

他在「刺柏」這組詩中，故意混淆情人名字與植物品種名稱，輕易玩著變形的遊戲。龍沙請求樹上的夜鶯迷惑他的情人日妮芙（Genèvre）：

在你夜夜啼唱的這棵刺柏裡，
它的樹皮底下住著處女，
愛情、恐懼和歷險
改變了她的表面與本色[24]。

日妮芙遇上高地山羊而逃跑。她要求「林中黛安娜」把她變成一棵樹；龍沙用情意綿綿的長篇文字細密描述這場變形，再以描繪刺柏畫上句點[25]；這無疑是達芙妮這個人物在法國文學中最精準的遺韻。

受奧維德影響的龍沙用同樣的膽氣，在名為〈冬青〉（*le Houx*）的詩裡描述感覺自己正在變形的寧芙的情緒。她祈求黛安娜保護她不受潘[8]欺辱：

亭亭玉立的她
漸趨僵硬的腳掌
緩緩生出新的根，〔……〕
樹皮沿著她的髖
爬上她白皙的胸：
她看著自己的攣生雙臂
延長成為兩根樹枝，
手指成了蔥蔥枝椏，
頭髮轉為綠葉，
樹椿上圍著
豎起的尖刺，
就怕潘的觸碰[26]。

受神話啟發的文藝復興時代詩人只在這首詩中看見風格的練習、沒有溫度的模仿，何況教會也不會允許龍沙另闢新徑，但這個結論下得有點太早。我們也可以宣稱龍沙深諳植物生命的意義，而且他將植物生命的意義與情色的感覺緊密相連。

很久以後，聶瓦爾惋惜神話人物到了十九世紀已失去所有的力量。但作為參考，神話人物還是刺激了人的想像。濟慈在《夜鶯頌》中拿夜鶯和「林間的輕翅樹精[27]」相比。喬治．艾略特《弗洛斯河上的磨坊》中的菲利浦在戶外為瑪姬畫肖像，深情地對瑪姬說：「當午後的樹幹將影子投射在青草上的時候，您就會像一名堅強且尊貴的高大棕髮樹精，從其中一棵松樹中走出來[28]。」

前拉斐爾派的畫家作品中，樹精也無所不在。誘人且致命的神祕女子緊緊傍著植物，彷佛從樹中脫身而出，在樹蔭下引誘、威脅騎士。

二十世紀初，喬伊斯在《尤里西斯》中用很長的篇幅讚賞樹精帶來的魔幻氛圍，這是被沖刷進聯想、《聖經》或神話的回憶長河中的文化殘骸。喬伊斯提到樹精在墓園紫杉當中嬉戲，無疑是參考了象徵主義畫作，且特別能喚起布魯姆兒時回憶中的情色場景。在他的浮想聯翩中，「整片樹林裡的簌簌聲響像是細微的吻聲。樹精的臉龐在樹洞中還有樹葉間，虎視眈眈[29]……」布魯姆想起亞麻色頭髮的小洛蒂．克拉克，她年輕旺盛的野性讓他興奮不已，「她爬上他們那棵歪扭的樹上，而我……就算是聖人也難耐。我被惡魔附身了[30]。」喬伊斯很巧妙地將緊傍著植物的神話女性形象及惡女夏娃的惡魔尤物形象重新連結。

我們會再回到卡爾維諾的小說《樹上的男爵》中，那位在樹上嬉戲的女子的態度；我們最好在這裡說說嘉登的《西羅亞》的亞莉安娜。作者告訴我們，亞莉安娜就像達芙妮對自己的變形感到驚訝一樣，她感覺自己的皮肉生出黑暗的樹根來。大地產下的樹之女，「亞莉安娜直接從地上長出來，她就像個年輕樹幹那樣，從土裡竄出來。遍布她全身的血管應該最早是從土裡汲取營養，這絕對就是她跟大自然的各種形式都相處融洽的原因[31]。」當西蒙理解到亞莉安娜已死，他意識到愛人的深處本質是什麼；這成了慰藉。此後，「她柔軟的身體滋養樹木，然後春至花開[32]。」

在同一個時代，有一些攝影師專注在女性裸體和樹木的結合，或者說是合而為一。安妮・布里格曼（Anne Brigman）住在內華達山脈，靠大自然的裝飾來創作。她在二十世紀初就敢在戶外拍攝裸女，突顯她的模特兒與大自然息息相通。凝視《松樹精靈》（*Pin Spirit*）攝於一九一一年，稍稍內行的觀者也一定會因為長久以來的薰陶，聯想到樹精[33]。

樹下的女子

樹下女子和在樹下群聚的女性，是整個中世紀處處可見的圖案；我們會想到保存並展示在克呂尼博物館（Cluny）中那些十四及十五世紀精巧的帷幔。這些表現法並不直接參考惡女夏娃，也不是樹精。

在《神曲》〈煉獄篇〉第三十二首詩中，睡在樹旁的但丁被嚮導「虔誠女士」吵醒。但丁問她哪裡才找得到蓓德麗彩，對方回答：「看哪，她就在新葉下，坐在樹根下。」「她獨坐在光淨的地上[34]。」這一幕開場提醒了我們，在西方文學中，女性出場往往跟樹木相關。

中世紀還有非常多植物與人類結合、女性與樹木緊密相關的文學範例。在德・特魯瓦的小說《艾雷克》（*Erec*）中，西克莫無花果樹下的銀床上的那位處女，就是這個關聯的一個典範。基督教出現之前的歐洲仙女勉強被冠上處女或聖女的名號，都緊緊依偎著樹木，尤其是那些格外討人喜愛的樹種，像是松樹與山楂樹。此外，在專家眼中，仙女的魔杖可能象徵著一棵縮小的樹木。姣麗的女子有時候赤身沐浴，出現在迷路或者孤身在樹林裡的男子眼前。她會過來依附，承諾給他愛情、喜悅和財富，交換一個男方通常不會信守的誓言。

可是也有其他比較沒那麼奇妙的樹下女性形象。山楂樹下的女孩令人回想起年少的遊戲還有早熟的激情。數不清的牧歌及歌曲中，處女們把祕密藏在松樹或西克莫無花果樹下；牧羊女在樹下休息或睡覺，這時情郎走近。在十四世紀的《傳奇故事》（*Dits*）中，女性與樹木的連結舉不勝舉[35]。

五月之樹：樹下的睡美人

很久以後，樹下女子的模式在童話中延續下去。我們可以藉此來詮釋《睡美人》：糾葛不清的植物在公主睡著時開始生長。伊鳯娜・維迪耶（Yvonne Verdier）援引這篇童話的另一個版本，故事裡的少女只是睡在樹下，無人敢靠近[36]。

五月的民間習俗具有植物緊鄰少女的這種表現法的力量。在五月的第一天，人們會在待嫁女子的家門前放置樹木，讓她們跟睡美人一樣。事實上，她們要避免談情說愛至少一個月的時間，因為五月不得結婚。這些青春期的少女就這樣被放在五月之樹下。她們往往被「迷了魂」，昏而不醒。年輕男子選擇的樹種會指出她們的優缺點。在這原始行為的當下，從森林深處得來的樹木表達著不倫之戀、自由與坦直[37]。

樹之女

我們再回到中世紀。中世紀有越來越多的「樹枝女」或是「果實女」這種夢幻、畸形又光怪陸離的幻想。這屬於地理奇景，大自然的疆界到此為止，最好的例子就是《印度奇蹟》（*mirabilia Indiae*）。勒果夫寫道：「印度洋是思想的地平線，中世紀西方的異國情懷、幻夢和縱情恣意的地方。」這時候，中世紀繪製的地圖將人間天堂置於世界的東方盡頭，「世界的奇蹟盡在東方[38]」。它極盡荒怪不經之能事。在這個半真實、半魔幻的遠方孤島上，住著一些種族，座落在今天的阿拉伯世界一帶。在這些魚龍混雜的土地上，住著「會吠的犬頭人」、單足的人、東拼西湊而成的動物。在這個對肉體抱持天真態度、性自由的世界中，他們經常裸體走動。印度人間天堂的傳說就在旅人眼前上演著，那裡的樹葉經年常綠。中世紀的人將「太陽樹」「月亮樹」還有能發出神諭的「說話樹」都放在印度。

在這一系列奇景中，在這個人民含糊其辭、不知所云的世界裡，有瓦克瓦克島上[9]的樹之女。人們咬定航海家對她們知之甚詳，水手流傳著她們存在的證明。這些女子都像混種樹木，並不符合西方樹精的典型。半人半植物的樹木經由風的受精，像結果實那樣長出美麗的年輕女子，當這些混種植物成熟時會叫著「瓦克－瓦克」。根據某些專家的說法，這些瓦克瓦克女性是參考對偉大母親、我先前影射過的巨乳肥臀的樹木女神的崇拜，為的是強調她們哺育的角色[39]。

牧歌裡的寧芙

不是只有樹精、惡女夏娃、樹下女子和樹之女會左右西方植物的情欲象徵。對此，我們絕對不能忘記把樹木納入十六及十七世紀牧歌中春色無邊的大自然裡的原因。當然，這種文學借鏡古代，內容讚揚宇宙力量的寧芙、薩堤爾[10]和牧羊人，雖是參考狄奧克里塔斯[11]和維吉爾的牧歌傳統，但依然更新了表現法。

牧歌文學裡談情說愛的戲碼都浸淫在一片聲色氣氛中，這種氣氛搭配著十五世紀起在佛羅倫斯、十六世紀在費拉拉（Ferrara）和威尼斯、十七世紀在西班牙及法國日漸精進的田野風光[40]。三部具指標性的作品說明了這個精神世界：桑納札羅的《阿卡迪亞》、蒙特莫爾[12]的《戀愛中的狄亞娜》（*Diana Enamorada*），還有杜爾菲的《愛斯翠雅》。寧芙肉感的裸體似乎偶爾會從樹木和樹椿裡發散出來。身為造物主的傑作，這些軀體天真無邪，令人渴望，但是稍一轉移或至少移動，就走向墮落。在普桑的畫作裡，這個過程最後會在豔色無邊的大自然裡，產生身體與樹木之間「明顯」的等同效果[41]。

自一五〇二年起，桑納札羅的《阿卡迪亞》成了模範。為了讓大家更理解前述內容，我摘錄這本書中經常被引用的一段薩堤爾式景色。我先前提到的等同效果就在作者描述的一座聖殿內出現：「我們看見前門上方繪有最精美絕倫的樹林和山谷，遍地是枝葉扶疏的樹木，百花爭妍。」「沒有比幾位脫去衣裳、站立、半藏在栗樹樹幹後方的寧芙更悅目，更能吸引我的眼光：她們對著山羊微笑，牠正起勁地咬著掉在眼前的橡樹葉花圈，忘記吃身邊的草。這時四個薩堤爾（……）穿過一叢叢的乳香黃連木，悄悄掩至，輕手輕腳的，就為了驚嚇這些年輕女子[42]。」幾個輕巧的移動，裸女、樹林、公羊與色欲薰心的薩堤爾就全在這裡串連起來了。

在牧歌特有的動作、情感的表露中，樹木也像個知己那樣牽涉其中。牧羊人向樹木傾吐愛意和失望是牧歌文學裡的俗套。牧羊人把這些心情刻在樹皮上[43]。

就跟惡女夏娃、樹精和樹下女子的形象一樣，西方文學與造型藝術一再呈現寧芙嬉戲。幸好交織的樹葉、植物的間隙允許視線擅闖，偷看然後是定睛細瞧泡澡女子的裸體。在龍沙的作品中，離開水中、慵懶坐在樹下或在噴水池附近的貴婦被「啁啁啾啾不知講著什麼話」的鳥兒眈眈看伺……還有詩人[44]。

在童話裡庇護女性

到了十七世紀，同樣的公式化內容添綴了貴族童話。多諾瓦夫人的童話說明女性與樹木之間關係緊密，待在樹下或藏在樹葉間的女主角舉不勝舉。她們得到樂於助人的植物幫忙（《春天公主》《青鳥》）；對植物的痛苦深表同情；聆聽樹木的話語；在樹皮上刻字。多諾瓦夫人在童話裡著重綠色、青翠繁茂的畫面，在女性的想像裡灌注著物質與色彩。總之，樹木在故事裡供應了有利於做夢的植物空間，提供女性的庇護往往令人聯想到未受破壞的島嶼。相較之下，男性（這裡是王子）與灌木之間的關係處於被動[45]。

我們都很清楚，女子現身大自然、待在樹下或在樹附近，是浪漫文學中的老套；無需再多言，舉幾個例子就夠了。一七九七年，一名貴族少女在夜晚現身，到樹下祈禱，啟發了柯立芝。

眼前真是美好的一幕（她跪在月光下）
高貴的克麗絲塔貝在老橡樹下祈禱
浸在青苔遍布的光禿樹枝
形成的鋸齒狀陰影當中[46]。

一八〇七年，斯湯達爾滿懷田園牧歌畫作般的記憶，回想著。他寫道（兩年前在馬賽）：「我津津有味看著我國色天姿的情人在于沃恩河中洗浴，四周圍著一圈大樹[47]。」很久以後，馬蒂斯透過樹枝間的葉隙，看見一絲不掛的浴女出現。當他坦承只要看到樹木就會聯想到女體[48]的時候，就是為女性與樹木連結的交纏象徵下了結論。

樹的催情能力

樹木的催情能力不僅限於女性呈現她的裸體或嬌懶姿態的描繪法，還牽涉到兩個人，以及其中一方色欲薰心而想擁抱的理由。我們先回想當女性努力要逃離男性的時候，何以會與樹木牽扯上關係。東逃西竄的女子躲進、嵌入樹木中（也就是先前描述過的達芙妮），在西方人的想像中糾纏了數世紀之久。

在橫跨文藝復興時代到二十一世紀的眾多神話故事的表現法當中，有三件作品因為其重要性而出類拔萃。首先是波拉約洛[13]的《阿波羅與達芙妮》，畫於一四七五至一四八〇年間，啟發了後世無數藝術家。十七世紀，每位到羅馬觀光的遊客必定會欣賞的稀世珍品，就是貝尼尼的《阿波羅與達芙妮》，被收藏在波格賽美術館（Galerie Borghèse）。這真的是一件令人讚嘆不止的作品，達芙妮肉感的身材曲線，富有彈性的肌膚教人忍不住觸摸，她的頭髮令人想像金燦的顏色，這些效果讓人更容易感覺到進行中的變形似乎是「一目瞭然的」，還有放緩腳步，試圖用左臂環抱驚嚇美人的阿波羅的飢渴，全都引發觀者的震驚[49]。

稍後的普桑呈現迥然不同的表現法。羅浮宮內的《阿波羅與達芙妮》繪於一六六四年，經常被介紹為畫家的遺作。普桑採用他熟悉的田野風光。這幅畫裡的阿波羅坐在橡樹下，身旁有一群寧芙；其中一位展示她謎樣的裸體，坐在一棵樹上。另一邊，達芙妮躲在父親帕紐斯身邊，變形尚未開始。這幅畫的重點在於兩人眼神的交換，分別傳達了太陽神的情欲與寧芙的厭惡。阿波羅雖然情場上不得意，依然維持太陽神的泰然自若[50]。

普桑在部分作品裡使用對照法來表現與樹木相鄰的女性愛欲。《春天》裡的夏娃站在主要由樹木組成的伊甸園中央，為四季更迭開場。知善惡樹不再像普桑的風景畫裡那樣，是背景樹。在開春的晨光下，它聳立在茂木豐草的阿卡迪亞[14]中央。這裡的人間天堂濃蔭匝地，充滿鳥語，美得讓剛剛醒來的第一對戀人嘖嘖讚嘆。它表現一個天真世界，豐饒的植物讓它至善至美，但這樣的世界很快就要因為夏娃的過錯而不復可尋[51]。

很久以後，象徵主義者及「新藝術」藝術家大量使用寸絲不掛或蜷伏在一地青草或枯葉上的女性形象，喚起觀者對情欲與天真無邪兼而有之的伊甸園的模糊回憶；只不過（我們剛看到）招致災禍的惡女夏娃摻進了這個甜美的氣氛中。容我再說一次，這些十九世紀末的藝術家讓樹木與女性相鄰的表現法恢復消失已久的活力，並承認女性是植物生長的一部分。因此樹木與女性相鄰的表現法偏離了自然主義者的描述性方式，並運用與創世有關的上升象徵，表現茁長；女性面對樹木，就像碰上一個「蘊含著滿滿的奔放感情」的對象。皮耶·施耐德（Pierre Schneider）想得不錯，這確實是一次古代神話的真誠回歸，不如文藝復興時代進行得那麼膚淺[52]。

跟達芙妮不同，帕西菲[15]代表飢渴女性的典範，她的熊熊欲火也與植物相關。馬蒂斯為她創作了一系列作品，把發情女性對樹木的擁抱強而有力地表現出來；在空心的木牛製作出來之前，擁抱可以滿足帕西菲的欲求。

愛情的信差：為愛種樹

簡單回顧一下，一眼就能看出樹木與愛情關聯的大自然場景。談論讓人春情萌動的森林不在題旨內，我們就專注在另一個樹木與愛情的風景上：在阿卡迪亞式的田園風景裡，植物本身就代表愛情的宿命。幾千頁的《愛斯翠雅》讀下來，頻頻出現在故事中的不只有利尼翁河，讀者也都對樹木印象深刻。在我看來，植物的無所不在讓這部偉大小說成為我們最主要的資料，可惜我們無法在這裡用這個角度去分析，因為內容實在太豐富了。不過我們已經而且也還會繼續碰上它。

即便在牧歌可說是絕跡了很久之後，阿卡迪亞式田園風光中維持樹木在場的傳統，在西方文學中仍繼續沿襲。在夏多布里昂的《阿達拉》中，陪伴被俘的夏克塔斯婦女問起他的童年；她們問他神祕山谷裡的樹木有沒有「建議他去戀愛」。《愛的親合力》[16]中的愛德華覺得光是種樹就是愛情宿命的保證。這年輕人在家族檔案中歡喜發現，他「在歐蒂兒生日的同年同日，種了他的幾棵樹[53]」。喬治．費特曼長時間散步，尋找一些令人嘆為觀止的西方樹木，提出幾個為愛而種樹的例子。

在聶瓦爾眼中，植物都是「愛情的信差」。這就是為什麼他詩中那位戀愛中人會把兩根樹枝編成裝飾品，戴在亞德莉安[17]頭上。《西羅亞》中的西蒙感覺自己孤寂得難受，請樹木拿走他的愛，送去給亞莉安娜。這兩位戀愛中的男子都找上冷杉。「它把我們攬進樹枝裡，您和我（西蒙的低語），我倆將在它的保密中結合[54]。」千百年來，我們每每看到樹木作為愛情書寫的載體；

此外，它們還讓在枝頭宛轉的鳥兒來鳴唱愛情。別忘記這在龍沙的詩中屢見不鮮。我們也會在貝爾傑哈克描述的太陽帝國中找到這個意象。此外，聶瓦爾的樹木和它們「隱密的樹蔭」在有必要的時候，還能治療愛情的折磨。

各式各樣的樹木各有自己的方式象徵愛情。樹木說著玄妙的語言，會因地而異，而且民族學家永無休止地努力蒐集、比較。幾乎每個地區都找得到與結婚儀式及忠誠儀式相關的樹木，就如同根納普的漫長調查所呈現的結果。

讓我們回到虛構作品上，索黑爾在出版於一六二三年（初版）的《弗朗雄趣譚》中，把樹木當作性能力的保證，等於把古代的信仰及習俗重新連結起來。

樹木堅實牢固，象徵永久，愛情始終不渝。龍沙一直運用這種想法，特別在《致艾蓮娜的十四行詩》的二十二首詩中坦承。在《法蘭西亞德》中，龍沙用兩棵種在河岸邊，等待風起的松樹，來比喻弗朗庫斯（Francus）和雨安特（Hyanthe）的相遇及兩人的意亂情迷。

相鄰的兩棵樹你儂我儂，喁喁閒談：
輪到那對情人在愛情的風下
絮絮叨叨。

容我再說一次，龍沙寫了一組有關刺柏的作品，在詩中與樹木共享情人：

〔……〕我總是可以描繪我倆嬌艷的情人：
我倆的，因為她屬於我也屬於你：
我相信你為她受的煎熬跟我一樣多[55]。

盧梭調換角色，記得他那棵「親愛的媽媽」給了「夏爾梅特（les Charmettes）的樹木靈魂」。

愛巢：樹下的情人

說得白話一點，樹木是情人約會也是重逢的地點。根據〈創世紀〉，亞當與夏娃就是站在知善惡樹下。情人在夜間的樹下偷期暗會，左右了畢拉姆斯與緹絲蓓[18]的愛情悲劇。崔斯坦與伊索德[19]在松樹下見面，馬克國王在樹上眈眈窺伺。很久以後，貝拿丹認為情人因為他們愛情的偉大，使他們站立的樹蔭有了紀念價值；而保羅與維琴妮[20]的樹木會讓讀者永誌不忘。庫爾貝繪於一八六四年的那棵「大橡樹」給予情人堅固且善意的支持，彷彿貝拿丹的樹遷移到了這裡[56]。

從費內克斯及香克間的信件往返，我們可以注意到戀人在「他們親愛的樹」下相見，將感受比擬為「崇高如耶穌受難之樹[57]」。喬治．桑寫信給米榭．德．布爾日[21]，說渴望擁他入懷，將他緊緊貼在心上，「在我倆的相思樹下。」

樹木不僅僅是情人約會的地點，也是遮護愛情的地方，為情人匿跡。盧克萊修提過人類最早會在「一地的樹葉」上結合。擁簇卡呂普索[22]山洞的樹木及喀耳刻[23]皇宮的樹木，掩護了尤里西斯的豔情。在整個中世紀，森林中央的樹葉小屋歡迎情人光臨。勒果夫強調過這種中世紀愛巢的角色。在彌爾頓的《失樂園》中掩蔽亞當與夏娃翻雲覆雨的隱身處繼續在詩人的想像中，久久揮之不去。夏多布里昂在《基督教真諦》中又回到這上面來[58]。

利涅親王[24]在《不道德童話》（*Contes immoraux*）的其中一篇，讓情人在一棵空心樹內部幽會[59]。洛埃塞爾·德·特歐賈特[25]的《多爾布勒茲》（*Dolbreuse*）裡，黃昏時分，意亂情迷的夫妻在由莖桿交纏不清的碩大百合花做成、陽光也無法穿透的華蓋下面密會。他們還會在一棵椴樹的遮掩下巫山雲雨，那棵椴樹「向地面彎曲的樹枝，用枝椏密密實實地把他們包起來[60]」。簡言之，樹木幫情人東遮西掩，提供最催情的房間。雨果則提到一棵樹，樹下的情人「他們的靈魂在親吻中相融／什麼都忘記了！」

至死不渝的愛：樹與交纏的植物

只要稍加留意虛構文學中樹木連結情人的題材，就足以看出交纏植物的隱喻有多麼頻繁。這無疑是虛構文學中最常出現的套路。這種植物之間的關係，還暗示了男女的魚水和諧、忠貞不二。這種關係是一個典範；這整體的感受與配偶關係特別密切相關。

從維吉爾的文字一直到二十世紀詩人的文字，葡萄藤與榆樹還有特別是棕櫚樹與香桃木，忍冬與榛樹的結合，以及雙重樹幹的交纏糾結，全都是愛情的濃烈與堅不可摧的眾多隱喻。

按老普林尼的說法，榆樹與葡萄藤的結合見證了樹木天生會「喜愛」身邊的植物。按柯路美拉的說法，好的園藝就是要鼓勵這種結合。他建議等榆樹超過三十六個月齡就需要教育它，「以便接納葡萄藤」，它們會在榆樹長到第六年的時候「結婚」[61]。在卡圖盧斯[26]的《茱莉與蒙利烏斯的祝婚詩》（*Épithalame de Julie et de Manlius*）中，這兩樹的關係就是忠誠的佳兆[62]。

之後的幾個世紀，法蘭西的瑪麗在她最負盛名的抒情小詩中，頌揚忍冬與榛樹的糾葛不清。她用來表現崔斯坦和康瓦爾皇后伊索德兩人之間的眷戀：「就像它們，」崔斯坦保證：「就像環繞榛樹的忍冬：只要它纏了上去，繞住莖幹，它們若能維持結合，就可以好好活下去，但如若將來要拆散它們，榛樹會立刻死亡，忍冬也是。」「我美麗的朋友，我們就是如此：您不能沒有我，我不能沒有您[63]。」

植物的糾結混雜，象徵情人死後的永恆結合。在艾哈特·馮·奧貝格[27]的作品中，崔斯坦和伊索德在同一座墳墓裡安息。馬克國王命人在伊索德的屍骨上種一棵玫瑰，葡萄樹則指出崔斯坦的安息之所。這兩棵植物緊緊纏在一起，作者言之鑿鑿：「誰也分不開它們，除非鐵下心來斬斷。」烏里希·馮·特海姆[28]則如此評論這件事：「如今伊索德與崔斯坦兩人同在一座墳墓裡，他們的愛情至死不泯。」這兩棵植物彼此糾葛交纏，直至樹根[64]。「玫瑰和葡萄樹立即深入它們的根，直到這對情人各自的心臟中[65]。」

在文藝復興時代，這種俗套到了阿里奧斯托及龍沙的詩裡更是俯拾即是，兩人也都加強情色的內容。阿里奧斯托描述羅吉耶洛和阿奇娜擁抱的時候，表示「長春藤纏繞身邊的樹時也不會比這對情人相擁時更緊〔……〕，他們的嘴巴裡經常不只一根舌頭[66]」；這是交纏的另一種表現。

春天時，洋溢著愛情的自然景觀撩起擁抱的欲望。因此，龍沙在〈致美麗的瑪麗詠〉（*À la belle Marion*）中馳騁於豔思之中：

你佯裝小睡
假裝醒來，接著你親吻我，
雙臂壓上我的頸子，彷彿
壯健的葡萄藤纏繞榆樹[67]。

龍沙在丹婷與查洛（查理九世）的大喜之時提到婚床，並祝願新郎：

願盤繞榆樹的葡萄藤緊緊收束
就像年輕的新娘雙臂環繞你的脖子[68]。

龍沙在〈于侯哀歌〉（*Elégie à J. Hurault*）中建議于侯拿春天當榜樣，他描寫的大自然洋溢著愛情，比起動物之愛，他給相愛的植物更大的施展空間。

你沒看見這些纏結的葡萄藤
是如何緊緊環抱英偉榆樹的樹枝
看看這片樹林，再看看另一邊
長春藤扭曲的長手臂
扭屹盤上這棵長臂橡樹的樹皮
霸王硬上弓[69]。

龍沙承認受到卡圖盧斯的啟發，偏好讓女性發動攻勢，他曾在《頌歌集》（*Odes*）中多次提及。在〈艾蓮娜之歌〉（*Chanson pour Hélène*）中：

比葡萄藤與榆樹更加緊密結合
用妳柔軟但強壯的手臂，
用妳的手掌，情人啊，我請妳
纏抱我的身軀[70]。

布朗托姆[29]一再使用這個隱喻：

就像葡萄藤纏繞榆樹
美化了綠野，
菲利浦與伊莎貝比翼連枝
點綴著法國與西班牙[71]。

夫妻結合的象徵

到了十八世紀，糾葛不清的植物不再那麼直接表示男女之間的情欲動作及和諧，但加上柔情、手足之情、友情，尤其強調夫婦之愛。貝拿丹將愛的纏結放在植物產生友情的那一個篇章：橡樹與栗樹、冷杉與白樺木、柳樹與赤楊，當然還有榆樹與葡萄藤。他在群樹的協諧中，尤其感知到夫妻間琴瑟調和的畫面。

「琴瑟合鳴是這個無可言喻的情趣來源，當我們在草原上遇到因為大自然而熙熙融融的榆樹和柳樹時，就可以感受到〔……〕」，還有樹林深處，「長春藤和山毛櫸[72]。」

「印度茅屋」的夫妻纏綿模仿植物交纏。上天賜給主人一位賢妻。「只有彼此交纏，兩棵力弱的灌木方能抵風抗雨[73]。」

在夏多布里昂的作品中，植物糾葛不清的隱喻循環往復，到了令人厭煩的地步。但是這裡加強了夫妻之情的參考，且藤蔓取代了葡萄藤。他提到「久久不放的擁抱讓藤蔓與橡樹結合[74]」；不斷重複這個隱喻的《基督教真諦》裡有一頁，夏多布里昂寫到一位丈夫：「女子在他周圍掛滿生命之花，猶如樹林裡的藤蔓用幽幽吐香的花圈妝點橡樹幹[75]。」在文章他處，夏多布里昂頌揚附著楓香樹的帶刺藤蔓的愛獨一無二。他將之變成「只擁抱一樣東西的真愛[76]」的象徵。事實上，緊密的交纏排除逃跑、四處獵豔的情況。

數十年以來，利用植物歌頌夫妻結合這種具決定性且天然的特色的形式遍地開花。比起動物界的例子，植物界就多得多。不過這個參考並非總是牽涉到夫妻關係。一八五八年九月二十八日，阿弗雷德．德．維尼[30]在一封寫給情婦奧古絲塔．布瓦爾（Augusta Bouvard）的信中宣告：「我用你送我的小羽毛筆寫給你〔……〕。它代表一棵大橡樹，一條長春藤纏捲它全身，攀附其上〔……〕，我好喜愛它，而且我這惹人憐愛的小天使，只為我服務[77]。」接近一九一四年，法國榮譽勳章女子學校的學生艾蓮娜．富歇（Hélène Fouchet）夢見遇到摯愛。她為了傳達感受，在私人日記中向對方預告：「像樹幹上的長春藤，我的愛將攀纏在你身上[78]。」

普魯斯特在《尚．桑德伊》寫到從代書家的鐵柵門開始鋪展出去的一條小徑：「我們看見一棵龐然巨大的粉紅山楂樹，越過高高的圍牆，跟鄰居神父的花園高處的丁香花交起了朋友。它們的樹枝交纏糾結，彷彿交換了花朵[79]。」

樹木的交纏與依偎是夫妻結合的象徵，令人聯想到菲利門和鮑希絲[31]的寓言。奧維德敘述朱庇特進入兩位老人的茅屋探訪，問他們有何願望。兩人希望成為朱庇特神殿的祭司與守護者，然後相偕離開人世，等到死期屆臨，朱庇特把他們變成樹木。倆老如願以償。

拉封丹忠於奧維德的原著，把這則神話寫成長篇寓言。詩變成對夫妻之愛的讚歌。我們來聽最後一幕：

她〔鮑希絲〕逐漸變成樹木，對他探出雙臂；
他也想要朝她伸出手，卻徒勞無功。
他想說話，樹皮壓在他的舌頭上。
兩人在心中互道永別：
身體很快就成了樹葉與木頭〔……〕
鮑希絲變成椴樹，菲利門變成橡樹[80]。

最重要的是據拉封丹所說，這兩棵樹從那時起就變成戀人的朝聖地。各地的人帶著供品前來，把它們當成夫妻神明敬拜。

夫妻只要在它們的樹蔭下待上一陣，
無論歲月如何更替，他們都會相愛到永久。

這兩棵樹的樹蔭能使夫妻之愛更形崇高，但最後幾句話讓籠罩樹下的暮年憂鬱開始浮現。幾乎每個地區都找得到與結婚儀式及忠誠儀式相關的樹木，就像根納普的漫長調查所呈現的結果[81]。

接下來參考植物牽纏、頌揚情人或百年佳偶間的愛情合作關係的例子，多得舉不勝舉。像是拉馬丁歌詠喬西林與蘿倫絲的合作關係：

這兩棵孿生山毛櫸似乎繫有一個結，
纏得一天緊過一天，
茁長於同一個樹幹，在同一片樹皮之下[82]。

布賀東敘述過雨果和茱莉葉・德魯埃一件動人的軼事，其真實性已經專家確認。多年來，倆人經常同搭一輛四輪馬車兜風（這個習慣後人一提再提），有一回，這對情人經過兩座門，一大一小。雨果指著第一座門，對茱莉葉說：「這是騎士之門，夫人。」茱莉葉指著小門，答道：「這是行人之門，先生。」接著他們來到兩棵樹枝相纏的樹木之前，雨果對情婦說「菲利門與鮑希絲」，「他知道茱莉葉不會回答[83]」。這兩個多年來一直被覆誦的名字認證情人間的不渝愛情。雨果和茱莉葉一掃雙方的身分差異，為兩座門命名就是參考這個典故。布賀東結論：雨果透過神話的影射，「不言而喻地告訴茱莉葉他們死也不會分開；茱莉葉只能沉默以示同意[84]。」

在樹下纏綿

我們現在要試著找出幾個輕描淡寫或是詳述樹旁、樹下、樹中歡合的場景，也要努力識別植物為翻雲覆雨的滋味帶來什麼。在此象徵性地作為與交媾緊密相關的樹木是香桃木[85]。

我無需提醒〈創世紀〉中暗示了亞當與夏娃在知善惡樹下交合。潘妮洛普認出回到伊薩卡的尤里西斯，後者堅持要找回並且復原兩人頭幾次歡合的床，因為這張床是一棵樹，或至少可以說是，因為床軸是棵橄欖樹。它是夫妻百年好合以及忠貞不二的擔保。只要回到這張床上，就能找回昔日的動作與感受。

盧克萊修提醒，最早讓男女在樹林裡交歡的是維納斯。我們已經看過，情人在樹葉小屋纏綿是中世紀小說的意象：崔斯坦和伊索德也是，不過在貝胡爾[32]的小說裡，他們依然發乎情，止於禮。在《瘋狂奧蘭多》中，情人在樹下纏綿變成公式化的內容。《耶路撒冷的解放》裡的樹木會觀察並保護何諾與阿米達的私情。在都諾瓦夫人的童話裡，儘管描述含蓄，男女交歡也經常是在樹下進行[86]。

在一個世紀之後的貝拿丹眼裡，動物做出榜樣，會選擇樹木的品種。因此他認定松雞通常在松樹下交配。

很久以後，雨果在非虛構作品〈奧林皮歐之哀〉中，提到一八三五年九月二十四日那場著名的暴風雨，茱莉葉與他在樹下躲避：整整一個小時半，「茱莉葉都曉得要保持狂喜[87]。」

和土壤性交的幻想

偶爾有人說樹木跟人類或動物一樣，也會結合。這種導致人想像樹木和土壤性交的幻想，到了十七世紀時，由貝爾傑哈克在《太陽世界旅行記》中長文鋪陳。橡樹絮絮叨叨，向主角解釋樹木跟人類一樣也會交媾，特別在春天[88]。當「太陽用生殖力強大的樹液讓我們的樹皮樂不可支，我們舒展枝條，往深愛的土地上方延伸果實纍纍的樹枝。那一頭的土地微微開啟，同樣熱情如火〔……〕而我們的樹枝，歡愉滿載，將種子盡情宣洩在求孕若渴的土壤內」。稍後，「丈夫」樹木害怕寒冬會危害懷胎，用一地的枯葉這舊外套覆蓋住土地[89]。

撩人情欲的樹木

兩個世紀後，左拉在他經常受人摘引的幾頁裡，把樹木性交及情人受植物催發的野合行為，描述得淋漓盡致。經過一連串樹木扮演要角的場景長時間的醞釀，艾樂繽與塞吉終於在伊甸園（帕拉杜）中央犯下過錯。我們時而看見半裸的艾樂繽一副挑釁，在樹枝間扭屹如蛇；時而看見這對戀人在枝葉遮掩下純真相擁。接著人格化大顯身手。那棵「健壯強悍」的樹木，代表「大地的雄風[90]」，它是楷模，變成艾樂繽與塞吉的心靈導師。這棵健壯的樹木首先傳達性交的癲狂失魂，為抽搐與叫喊做出示範。它的所作所為使得在艾樂繽眼裡，「她向來順從的這些樹木」代表天真的大自然，讓她不懂何謂罪惡感。反觀在塞吉身上，犯下滔天大罪的感受，激發起羞恥與懺悔的需要。簡言之，對他以及扮演天使、禁止他再回到人間天堂的嚴厲亞尚佳（Archangias）而言，創世紀的一幕在樹下重演招來罪惡感。從此以後，那棵樹對他來說代表不懷好意的大自然；這本小說在可怕的幻象吞沒穆雷教士時達到高潮：他以為看見一棵妖形怪狀的花楸樹入侵他簡陋教堂的中殿。

在這個十九世紀末三分之一的時期，對退化、衰退的恐懼折磨著人。處女森林的樹木在人的想像中徘徊不去。這些樹令人聯想到原始、野蠻甚至可能是退化的世界。這就是為什麼凡爾納要特別為空中村莊寫一部小說。這座村莊裡的黑人都住在樹上，在樹上來去，虔心崇拜一位退化中的荷蘭老商人。

不過幾年後，艾格．萊斯．布洛（Edgar Rice Burroughs）的泰山系列，暗示西方讀者森林之人與年輕迷人的貴族小姐奇妙的交歡（在啟發自這些小說的電影裡更加一目瞭然）；泰山肌肉發達，身手矯捷，散發和善、敏感的動物野性，讓珍深深著迷[91]，但泰山的原始只是一種退化現象，因為泰山來自貴族家庭。珍依然想在樹木和藤蔓之間布置出一個植物家，重新打造英倫家庭的舒適。這裡的樹木、藤蔓皆屬經典模式，但是給了這個模式新的面貌。在閨房文學裡，它並不像電影呈現的森林那樣令人入迷、散布著誘人的澡池，那座森林在直到當時都杳無人跡的大自然裡，是一個一夫一妻、等待繁殖的家庭住所。

這種模式再也不曾消失。傑克・倫敦想像史前景象，長篇描敘主角和「矯捷」的遊龍戲鳳；「矯捷」在樹枝間展現的靈活身手，可謂泰山的史前祖先[92]。二十世紀中葉，繼我們已多次談到的嘉登之後，就數卡爾維諾敢卯足全力提及撩人情欲的樹木。這位主角是位啟蒙時代的義大利貴族，決定離開城堡，住到樹木上，這個高度讓他可以更全面地評判這個世界、沉思、過上學富五車的遁世生活，尤其是能聆聽並共享世界的韻律。但這並不妨礙他時不時插手解決人間事。

他找到兒時讓他如癡如迷的年輕女子，他們在密密叢叢的樹葉裡縱情雲雨，有四通八達的樹枝支撐，什麼樣的愛情體操動作也難不倒他們，在當時人們的想像裡，這些內容無疑超越了情色文學中的規定。在「高空凹室」中，這對情人沉醉在「以各種新奇擁抱作結的雜技競賽中。他們喜愛掛在半空中，藉樹枝支撐，緊抓枝條；她簡直像用飛的那樣投入他的懷抱[93]」。這部小說預示了今天諸多農村旅舍、旅館和渡假俱樂部的樹屋和樹上客房的廣大成功。

民族學在植物交配的方面貢獻良多。我想到（只是舉個例，因為這條路會把我們帶到太遠的地方）李維史陀那個利洛埃（lilloët）神話中的小故事：「很久以前，有個人獨居在木屋裡，這棟木屋有一半埋在地底下〔……〕。他很想娶老婆，卻又不曉得從何找起，最後決定用樹枝做一個女人出來。接下來好幾天，他東奔西跑，折斷了不知道多少樹枝，才終於找到一根合適的：它脫離樹幹的部位有個洞。這人把這根樹枝帶回家，待它有如妻子。他用自己本來的聲音跟它說話，再假造女聲，彷彿它在回答。他睡在樹枝旁，出門時會用被子把它蓋好，還留下飲料及吃食給它[94]。」

連結及阻礙之樹

我們已經著墨過樹木撩撥人類性欲的催情能力，但樹木也會被用在無數因愛而怨、挫折和求愛失敗的場景上。說到這裡，我不得不提柳樹的象徵。柳樹異於象徵貞潔的香桃木，是「連結及阻礙之樹[95]」，也是代表女性哀怨憂思的樹木，所以苔絲狄蒙娜才會唱著柳樹的歌曲，歌德也用它來形容情人分飛。它亦令人想起形單影隻時的顫動，孤獨的維特認出那棵曾與夏洛特一起休息過的柳樹時，絕望地顫抖不已[96]。賽拉東想著愛斯翠雅背叛他的時候，就是躲在他的柳樹小屋裡。但柳樹也是治癒情傷或維持已逝愛情的回憶之樹。龍沙不斷重複；歌德一再影射柳樹的那部作品裡，多次提到這個優點。至愛的墳墓有柳樹遮蔭是個公式化的安排。如同在無數其他文章裡，例如特歐賈特的《多爾布勒茲》（一七八三年）中的柳樹，成為感情朝聖之樹。書中那位憂鬱的情人想著情婦未來的墳墓，讓墳墓座落在「柳樹和楊樹之中」。這位柔腸寸斷的情夫想著，將來就是要到那裡去尋找艾蔓絲（Ermance）的幻影[97]。

註解

1 作者註：蘭諾斯的菲洛斯特拉特斯（Philostratus of Lemnos），西元三世紀的希臘詭辯學派的政治演說家。千萬不要把他跟同為詭辯學家的叔叔、人稱「雅典人」的菲洛斯特拉特斯（Philostratus）混淆了。

2 林堡兄弟（frères Limbourg），中世紀著名的泥金裝飾手抄本畫家。

3 作者註：科內利斯・范・哈倫（Cornelis Van Haarlem, 1562-1638），出生在荷蘭哈倫的畫家，在前往法國然後是安特衛普學習藝術之後，又回到哈倫定居。他繪有《聖經》、神話畫作，還有靜物畫。他在《人的墮落》中準確、如實描繪這一幕，畫中的知善惡樹特別能夠反映出這個寫實畫的做法。

4 蘇珊・瓦拉東（Suzanne Valadon, 1865-1938），法國畫家，曾是羅德列克的情人，她的兒子莫里斯・烏特里羅（Maurice Utrillo）也是重要的畫家。

5 亨利・盧梭（Henri Rousseau, 1844-1910），法國後印象派畫家，以純真風格及異域風景著稱，曾經是海關收稅員。

6 勒維－杜梅（Lucien Lévy-Dhurmer, 1865-1953），法國畫家、雕刻家。

7 琉善（Lucian of Samosata），古羅馬時代的作家，以古希臘語寫成的《真實故事》（*Vera Historia*）可說是世界上第一部科幻小說。

8 潘（Pan），希臘神話中半人半羊的牧神。

9 瓦克瓦克島（Wak-Wak），中世紀的阿拉伯文獻中的島名。

10 薩堤爾（Satyr），半人半羊的森林之神，嗜酒好色。

11 狄奧克里塔斯（Theocritus），古希臘詩人，擅寫田園詩。

12 作者註：蒙特莫爾（Jorge de Montemayor, 1520-1561），《黛安娜的七本書》的作者，一部受到廣大迴響的田園小說，它在這類型小說中的重要性，只有《愛斯翠雅》方可比擬。

13 波拉約洛（Antonio Pollaiuolo,1429-1498），義大利畫家、雕塑家、金匠，據說是第一位進行人體解剖的藝術家。

14 阿卡迪亞有烏托邦之意。

15 帕西菲（Pasiphaë），古希臘神話中克里特島的邁諾斯國王之妻。因為邁諾斯將原本要獻祭給海神的白色公牛據為己有，觸怒了海神，為了懲罰邁諾斯，海神讓帕西菲愛上這頭公牛。帕西菲命人建造一頭木製母牛，她再躲進去與公牛交歡，最後生下牛頭人身怪物米諾陶洛斯。

16 《愛的親合力》（*Die Wahlverwandtschaften*）是歌德用化學概念來隱喻愛情關係的一本書。「親合力」指化學元素會選擇性親近某些化學元素，進而組成化合物。

17 亞德莉安（Adrienne）是聶瓦爾新詩〈席爾薇〉（*Sylvie*）中的人物。

18 畢拉姆斯與緹絲蓓（Pyramus and Thisbe）是一對青梅竹馬的戀人，也是鄰居，因為雙方家族的反對，只能透過牆上的隙縫互訴衷曲，有一天兩人終於決定遠走高飛。私奔當晚緹絲蓓先抵達約定地點，遇上一隻剛吃飽、嘴巴沾有血跡的母獅，驚惶逃跑中緹絲蓓弄掉了斗篷，讓母獅咬得稀巴爛。後來畢拉姆斯趕到，看見地上破爛的沾血斗篷，誤以為緹絲蓓已死，於是拔劍刺向胸口。回到原地的緹絲蓓看見這個情景，也跟著殉情。

19 崔斯坦與伊索德（Trsitan and Iseult）原是凱爾特傳說，敘述騎士崔斯坦及公主伊索德之間的悲戀。這個傳說在十二世紀的歐洲廣為傳布，有多種版本。

20 貝拿丹最膾炙人口的小說《保羅與維琴妮》（*Paul et Virginie*）的主人公。

21 米榭・德・布爾日（Michel de Bourges, 1797-1853），法國律師，也是政治家，在一八三五至一八三七年間曾為喬治・桑的情人。

22 卡呂普索（Calypso），希臘神話中的寧芙，曾將奧德修斯困在她的島上七年。

23 喀耳刻（Circe），希臘神話中法力高強的女巫。

24 利涅親王（Charles-Joseph Lamoral, 7e prince de Ligne），比利時貴族。

25 洛埃塞爾・德・特歐賈特（Joseph Marie Loaisel de Tréogate, 1752-1812），法國小說家、劇作家。

26 卡圖盧斯（Catullus），古羅馬抒情詩人。

27 艾哈特・馮・奧貝格（Eihart von Oberg）是《崔斯坦與伊索德》（Tristrant und Isalde）的作者，也是這則傳說的第一個歐洲版本之一。

28 作者註：烏里希・馮・特海姆（Ulrich von Türheim），《第一續篇》（*Première continuation*）的作者。

29 布朗托姆（Brantôme, 約1537-1614），法國歷史學家、軍人，曾任布朗托姆修道院院長，故後人常以以布朗托姆稱之。

30 阿弗雷德・德・維尼（Alfred de Vigny, 1797-1863），法國詩人、作家、劇作家。

31 菲利門與鮑西絲（Philemon and Baucis）是奧維德《變形記》中一對貧窮的老夫婦，但因為比城中富有的居民慷慨好客，以僅存的酒菜招待了偽裝成乞丐的朱庇特與墨丘利。朱庇特為報答兩人，帶他們到山頂躲避洪災，並同意這對夫婦的請求。

32 貝胡爾（Béroul），十二世紀的古法文詩人。

第14章
樹蔭與風俗習慣

希斯亞德[1]受蟬聲迷惑，於西元前七世紀在《工作與時間》裡寫下：「我可以（……）躺在樹蔭下，臉朝向西菲洛[2]的強勁氣息，對我的饗宴心滿意足[1]。」柏拉圖在《費德爾》序言中提到與蘇格拉底及其弟子某次在雅典城外的伊利索斯河邊散步。「噢，赫拉啊，」老師驚喊：「看這景色如畫之處，我們理當停下腳步。這棵懸鈴木這樣巍然，遮蔽了如此廣大的空間。還有這棵宏偉的牡荊，濃蔭蔽天！繁花怒放，此地的香氣不可能再更濃郁了！還有在懸鈴木下流動的泉水，魅力無與倫比。」蘇格拉底也誇讚新鮮的空氣、蟬鳴。「但最為精緻美妙的，」在他眼中，「就是這片天然的柔軟草皮，還有讓人舒展四肢平躺著的斜坡，可以讓人的頭舒適至極[2]。」接下來的亞歷山大體詩人頌揚樹木搭配流水而變得動心娛目的場所，像是皮尼奧斯河（Pineios）流過的坦佩谷。

羅馬共和國末年的作家再三提及這些樂趣，甚至到了羅馬帝國之初依然如此，濃蔭的魔力臻至頂點，不斷有人誇讚在樹下休憩之好，優勝佳地的構想也越趨清晰，這會影響人的想像及行為整整兩千年之久。

對此，我們必須充分理解優勝佳地不只是客觀的水、植物和噴水池的集合，也是體驗一個地點的精神表現，一種個人想與感性之域產生關係的遐想。從狄奧克里塔斯起，詩人提及的都不是地球某確切地點實際存在的事物。博納富瓦說詩人提到一座山谷、濃蔭樹林、花朵、鳥囀、溪流或泉水的時候，都是簡化的表現，旨在淡化粗糙的現實、世界的混亂。這裡的樹木和泉水只存在於語言之中。這些窠臼文章的作者都未曾涉足過筆下描繪的地方。於是物體不再只是物品，而是一種存在[3]。

樹蔭的溫柔：樹木帶來的歡愉

在這種想像中，樹木投下的陰影有保護作用，是供人休息，讓人或坐或躺。站在樹下暗指不加入優勝佳地，置身局外。這個地點是靜止的幸福空間，與《埃涅阿斯記》那種大氣磅礴的空間相反。從描述看來，優勝佳地比較適宜沉思，而非活動[4]。

在賀拉斯的年代，在樹下憩坐、喝水、睡覺、接待朋友，是人人稱揚的樂趣。這些單純的愉悅與不久前讓阿爾克諾厄斯[3]的花園，接著是波斯的樂土成為奇景的理由判然不同。

據賀拉斯所說，**可親的樹蔭和它帶來的隱蔽快感，請人要曉得自制，停下腳步休息**。察覺到奧林匹亞是個濃蔭匝地之處，夾雜了水及樹葉帶來的感官歡愉[5]。他的作品中必有對樹蔭的頌詞；一棵敬拜黛安娜的巨松俯視他的別墅[6]。對他而言，「平躺在綠色的草莓樹下[7]」是一種歡愉。這樣的態度正是古人的**暇逸自得**（*otium*），心閒的文人雅士熱愛大自然與樂於置身文化及文學陶冶的世界有關。在樹下休息、接待朋友及在樹蔭下喝酒，符合「簡單但深刻的幸福」「隱蔽的快感」，還有歡愉的「即刻性[8]」。要讓人見樹蔭而欣喜，賀拉斯建議搭配不同的樹種，例如巨松與白楊，懸鈴木與冬青櫟。

在優勝佳地這種富有靈氣的地點，我們依稀感覺到神靈存在，像是黛安娜、巴克斯與潘。

維吉爾在《牧歌集》中強調這種通神的顫慄甚至就在人類與植物的關係中，讓景色撩人心動。在《牧歌集》的第一首詩中，出場人物都在樹下。狄迪若「在山毛櫸下閒適自在」，這棵樹是義大利樹；白鴿棲息在梅利波伊的榆樹上；瑟西斯「躺在綠色的樹蔭中」，吟唱樹木的美麗，梅那爾克提議莫普索斯「坐在榆樹間的草地上[9]」。這些詩就像賀拉斯的詩一樣，當中的樹蔭都引發睡意。

盧克萊修曾經長篇敘述原始人的簡單樂趣，被視為伊比鳩魯式幸福的頂峰：「所以說，在溪邊柔軟的青草上，在一棵大樹的陰影下，躺在同伴之間，這樣的身心舒暢絲毫不費心思錢財[10]。」盧克萊修援引對話、遊戲、此地特色的打打鬧鬧的喜悅，並在後段描繪「朋友間的草地上的野餐」。老普林尼坦承喜愛躺在草地上，並大肆稱頌從東方引入的懸鈴木，因為它樹蔭豐美。花園裡的馬提亞[4]讚揚「懸鈴木將樹蔭灑在進餐的人身上」。

自尼祿統治期的末年起，人們漸漸喪失對大自然有所感觸和在樹下體驗到舒暢的能力。格里瑪強調[11]，花園裡的建築物比植物還多；紀念建築大舉入侵。接下來，優勝佳地的影響並非順利無阻。在中世紀早期，田園詩被遺忘了，農民消失在文學裡[12]。之後來到十二至十四世紀間，在樹下休憩、進食、睡覺重新成為小說中的老套，最常發生在森林裡或是在樹籬的遮蔽下，例如德·特魯瓦的《艾雷克》。只要優勝佳地繼續存在，就有源源而生的仙女；一個由泉水、樹木和青草或是（經由延伸）水池、池塘、草原、山谷定義的地點。它是一個天然的場所，異於果園或阿拉伯文學中的花園[13]。

重新整頓後的優勝佳地以「現代阿卡迪亞」之姿強力回歸，讓鄉間成為充滿魔法的他域，似乎生自樹木及泉水中的寧芙也回來了。感官的欲望與對美景的渴望在此處兩兩相融。我已經提過[14]桑納札羅的《阿卡迪亞》和《愛斯翠雅》還有屬於牧歌文學的作品，也指出它們的影響。然而史詩也對這種地點的靈氣復甦有很大的功勞，例如阿里奧斯托的《瘋狂奧蘭多》中阿奇娜（Alcina）的島上風光可茲證明。當何諾登上河岸，樹木「用陽傘般豐厚的枝葉[15]」造出抵抗炎炎夏日的壁壘；他們享受噴水池的清涼。類似的樹木角色也出現在塔索筆下的阿米達花園裡。最後，龍沙「躺在綠色的樹蔭下」歌頌加斯蒂內森林。

到了十七世紀，優勝佳地絲毫沒有消失的跡象；十七世紀的前十年起，馬萊布在作品裡明確地參考了優勝美地，例如在獻給他的美人、名為〈新生青草〉（*Les herbes nouvelles*）的詩歌裡。

赤日如火，但是幽暗的樹葉
遠離塵囂，賜給我們些許陰翳，
我們身處紫羅蘭中
無視琥珀香與香爐。
鄰近我們的枝頭上，
金雀花、冬青和棘刺，
夜鶯清越的歌聲

岩石都生出耳朵聆賞[16]……

然而我們不能不說塞萬提斯對田園詩、牧歌和詩歌中的樹木的嘲諷。例如唐吉訶德和馬廝桑丘帶豬去體驗那場著名的冒險之前，他對著桑丘高談闊論，嘲弄阿卡迪亞式的歡愉。唐吉訶德提議桑丘模仿優雅的牧羊人及「想重建新的阿卡迪亞」的迷人牧羊女。他對桑丘說：「我會買幾頭山羊，這棵岩生櫟會慷慨贈予我們美味的果實——也就是橡實，那棵冬青櫟的樹幹供我們休息，卸除疲憊；柳樹提供樹蔭……阿波羅會啟發我們作詩的靈感[17]。」

知足的歡樂

不過樹木帶來的歡愉在十七世紀中，比較受到《農事詩》的啟發，而不是《牧歌集》。種植、觀察、嫁接、「教育」一棵樹，讓它象徵主人的身分階級、審美觀和家業興旺，讓果園主人稱心滿意。這裡的果樹引發的情趣是參考了維吉爾筆下的塔蘭托（Taranto）園丁。

拉封丹寓言裡的樹木何其多，最常作為能夠引發安詳、幸福、心平氣定的天然裝飾。栽種它們的審慎園丁在沉思宇宙秩序中找到幸福；塔蘭托老人在自家花園中欣然自樂，就是一個特別清楚的證明。種植、教育樹木，像是他對這座果園無微不至的照顧就是一種虔心相信世界有其神祕秩序的行為，屬於伊比鳩魯式的知足知止。樹蔭帶來的舒適即是知足的歡樂之一。

在同一時代，在行文中提起蔭庇之處成為都諾瓦夫人童話裡的中心主題。這裡，這個阿卡迪亞神話是結合民間故事與文學的複雜手法。在每篇童話的主要裝飾當中，有蔭涼的草原、平靜的河流、散發香氣的獸群、枝葉小屋。這種抒情背景的描繪結合了民間故事的靈感。在名為〈機靈的灰姑娘〉（*Finette Cendron*）的童話中，女主角種下一顆橡實，然後留意它的成長，「淨想著它會變成橡樹中最美的那一棵[18]。」

尋找跟大自然的「原始關係」

到了十八世紀，一切都變了調。樹木撩起的歡愉範圍擴大了。當然，古代的優勝佳地帶來的歡愉繼續受人褒讚。十八世紀的旅人喜愛植物的陰影和清涼。韓德爾稱揚懸鈴木的樹蔭可親[19]；海頓在〈創世紀彌撒曲〉中提到腰彎如弓的樹林和樹木「綠色的蔭涼」；作家堅持不懈，言說樹林的吸引力[20]。一七九八年依然如此，巴托洛繆修道院院長致力畫出年輕的阿納卡西斯[5]遊記中的坦佩谷還有皮尼奧斯河。但這些都不是最重要的。重點在於情感策略的細緻，在於優勝佳地在英式園林接著是浪漫主義花園中有了新的整頓。樹木在裡面扮演首要的角色。這些地方重新參閱像是文藝復興時期的田園詩、牧歌這類古籍，以期發現新的樂趣。

四項決定性因素促成優勝佳地的重新整頓：(1)首先是人們開始關心呼吸的空氣、通風的好處，想要逃離烏煙瘴氣的城市，遠遠避開大郊區的「濃霧厚塵」。樹木是天然的大型通風設備，扮演著重要的角色；(2)個人行為適應本能的需求在數十年來有漸增的趨勢，迫使個人順性而為。從此以後，這似乎是真正的保健法。十八世紀末寫給提梭醫生[6]的信如雪片飛來，爭相說明這種需求在增長。這樣看來，有樹木的空間是得天獨厚的；(3)洛克與康狄亞克[7]的影響顯得更具決定性；換句話說就是感覺主義的躍升，感覺主義視感官訊息的接收與發射為必要；(4)感性靈魂的激情、行為中的某些道德表現加重、幸福的新象徵、友情的影響，接著是「因愛同居[21]」的產生，都對樹蔭、涼爽、植物裝飾和在樹下散步的喜愛，塗上全新的色彩。

對威廉．肯特[8]的傑作肯辛頓花園的讚揚，成為中心主題。對本書而言，重點是在這座花園裡，人們放任樹木自由成長。華特雷寫道：「從此以後，這些樹木可以無拘無束，伸展自己的樹枝[22]。」這個人類傳輸給樹木的道德價值開始蓬勃發展。

要充分理解這座啟蒙時代的花園（或是更確切地說，這座到了十八世紀末傾向被人稱為浪漫主義的花園），就要跟隨建築師的腳步。按肯特之言，人們來這裡是為了「擺脫工作」；暇逸自得的古風，在喬治時代的英國蔓延得特別厲害。花園愛好者尋找能讓他避免激情、濫情及破壞性的焦躁之處。這座花園是為了防止愛好者萌生虛榮、野心、嫉妒、罪惡感而設計。他可以在那裡享受鄉間的寧靜（確實是有點虛假），仿效在田野中休息。花園還參考伊比鳩魯式的傳統，供應靜謐的歡愉；來這裡的人是要尋找跟大自然的「原始關係」。這裡的幸福與友情息息相關，花園邀人來接受它的款待，它頌揚交纏樹木與枝葉棚架的悠然所暗示的賓至如歸的溫情。來到這個地方，欲望就如同各種消遣，都顯得有所節制。

種樹是為了讓人生情

在當時蔚為主流的感覺主義影響下，比起不久前，人們更加挑三揀四，對感受的細緻度也加倍講究。自此待在花園裡的人都渴望置身詩境之中。在尚－馬利・莫黑爾[9]的《花園理論》（*Théorie des jardins*）中被形容為「感情豐富」的大自然裡，酣暢的快感需要一個藉口。從此花園屬於一門靈魂科學。對設計花園的人來說，他要在外在物體、從中發射出的感覺訊息，以及被一個渴望感受的人完美接收、滿足所有感官之間，建立完美的關係。此外，花園中的物體必須影響得了靈魂狀態。這個情感策略牽涉到視覺、聽覺還有嗅覺[23]。

花園要感人心脾，讓人見景生情，建築師尤其要懂得配置樹木。他在種樹的時候，必須要預先考慮到樹木對感官與靈魂造成的效果，這就是為什麼我們可以說「種樹是為了讓人生情」。接下來，樹木的整治必須有利情感的追尋。利涅親王在文中提到自己在貝洛伊（Beloeil）的領地時就這樣強調：「簡單利用一些樹蔭，我們就可以結合出心平氣定、酣暢的快感、懶散、賣弄風情、不以為意或嫉妒的樹叢來。」因此貝洛伊裡有憂鬱的樹木，有為「悲傷的遐想者[24]」設置的幽暗散步場所。法國的英式園林必須避免盧梭及霍爾巴赫[10]所撻伐的過度、誇張甚至荒謬[25]。

無數理論家（像是赫西菲爾德[11]、莫黑爾、胡歇[12]、吉拉丹[13]等）都探討過「情感工廠」內的樹木，像是指出如何讓山上的白樺與紅杉或黑杉結婚，引進異國樹木的新顏色，還有種樹人都應該先預想，未來樹幹及色彩繽紛的樹皮的變化會是什麼樣子。花園的設計師必須懂得如何結合或置換草木的青翠還有那些帶紅、轉銀的樹葉，同時考慮到每個樹種不只有自己獨特的顏色，還會「依次轉換成不同的色調；從嫩綠色和淡黃色直到最深的褐色，體現它最鮮亮和最深暗的模樣[26]」。參觀花園的人就像那些描述花園的人，必須非常明白在這段逗留期間，「那些樹木有名有姓，不只是樹木而已。」因此他必須不斷尋找單一細節。

花園建築師運用植物的交纏讓樹蔭濃厚，或是利用葉隙的安排讓樹蔭薄透。我們欣賞肯辛頓花園裡肯特玩弄「斑駁光線」和「拉長樹蔭[27]」的方式。建築師也必須考慮到樹木多少是有氣味的，有些比較容易親近，有些則比較「有利鳥類福祉」。從此以後，我們應當避免舊公園的模式；在那些公園裡散步經常枯燥無趣。驅逐無聊，還有因為制式、重複、直條條的樹木而產生的厭倦感是必要條件。設計師反而要努力繪製一座現代化花園，陳列豐富的各色情感。他會像畫家那樣，透過綠意的變化，營造和諧的氣氛及一連串情感。

事實上，要讓人們感受到閎壯、衝勁、華美與挺直、高貴、酣暢的快感、肅穆或哀傷、可怕與安詳（例如楊樹）、喜悅（如懸鈴木）的感受，植物都扮演決定性的角色。建築師曉得如何玩弄寂靜與樹葉的籟籟聲響，懂得在有需要的時候混合野樹與家樹，也必須把樹種得像是無心之舉，維持整體但不對稱，容我再說一次，因為他需要讓樹木自由發展形狀。有需要的話，他也必須尊重並保護歷史遺產的樹木可敬的幽暗。

這些範本文章的作者的腦中，都有盧梭的《新埃洛綺絲》（*La Nouvelle Héloïse*）為茱莉的花園而寫的那幾頁；而且打從一開始他們就都記得阿奇娜島上的樹木、阿米達花園中的樹木、桑納札洛的阿卡迪亞樹木，還有（至少在法國）杜爾菲《愛斯翠雅》的樹木。此外也不要忘記，花園裡令人聯想起荒漠、幽居[14]、隱居（ermitage）、愛麗舍[15]、村落（hameau）、葉子小屋（folie）——換句話說就是「多蔭之處」——的常用詞彙，見證了大量的文化參考。花園樹木的配置除了影響情感，也影響著一系列感受。樹木會根據狀況的不同，令人聯想到力量、充裕、豐饒、美麗……

蜿蜒曲折之必要

有個類似花園的特例勾起我們的注意力：「觀光農場[28]」（ferme ornée）。我們可以從一條道路或是幾條蜿蜒小徑進入，這些路上總是有一些「看似也是偶然過來的」樹木，防止遊人曝曬。此外還必須創造「蔽空濃蔭，下方是一排草皮及一座小噴水池」，供人休憩；「不對稱的大樹」會指出呈半圓形的農場入口。這些大樹為工人遮蔭，還有幾張長椅供訪客休閒。

從「觀光農場」望去，我們遠遠注意到一些「外面的小徑」，開著花的樹籬夾道，還有一系列的樹木是由（譬如說）一組柳樹和義大利楊樹間雜而成。這些植物將「我們永遠不該忽視的明媚風光的多采多姿」呈現在眼前。沿著這些小徑走，樹木及葡萄樹的纏捲十分悅目，在散步者的靈魂裡灑下欲望。

這些地方都必須盡量讓無害的動物高興，讓樹木自由生長。要達到目的，蜿蜒曲折有其必要，因此四處可見對曲線的讚頌。容我再說一遍，要營造簡單、不拘小節、偶然的感覺，以前矯直樹木的習慣消失了。我們再也不會去對齊樹木，只會隨意修剪。我們的目標是讓遊人觸碰和注視樹幹和樹葉的時候，同樣能湧生情感。

十八、十九世紀之交，野外郊遊時欣賞樹木的特點，就是百感俱來，那跟浪漫主義花園提供的情感很不一樣。在不受控制的大自然中央，依次而來的景觀、形形色色的自然風光的驚喜，讓樂趣橫生。跟隨吉爾平牧師沿著曲折蜿蜒的威河走，他的「擄獲人心」和「嘖嘖稱奇」都只沾到花園妙趣的邊；他寫道：「大自然形塑的鑑賞力出自另一具鑄模[29]。」這樣的鑑賞力會激發各種迥異的感受，像是吉爾平形容為「破壞美感的痛心」感受，因為少了樹木或是看見一棵天生錯置的樹[30]。然而有別於我們說到十九世紀時就會想到的新意，吉爾平仍然像花園愛好者那麼易感，譴責「令人不快的狂野[31]」（*unpleasant wildness*）。讓樹木在廣大的空間裡恣意生長，對旅人來說不見得是賞心樂事。

在十九世紀，樹木帶來的歡愉就跟其他許多領域一樣，一定要兼容並蓄。古代的模式像是慣性一樣，又突然出現在文章內及行為裡。歌德坐在自己種的樹下，享受樹蔭的涼爽並認為「一生都有莊嚴、陰暗的橡樹簇擁的人，必定會長成不同凡響之人[32]」，異於那些鎮日在朦朧的白樺木間信步漫遊的人。葛航在六週的假期中，什麼事也沒做，只是「平躺在樹下」；他說休息的形象正是「人躺在清涼的草上，樹木的遮蔽下[33]」。一八三三年三月二十八日那天，他寫道：「我今天感覺到這股令我驚奇的力量，就是體會到與大自然的靈魂相通，我躺在山毛櫸林中，吸進春日的暖空氣[34]。」在夏多布里昂的《殉道者列傳》中，有關優勝佳地帶來的歡欣描述說也說不完。容我再說一次，他在《基督教真諦》裡以維吉爾式的觀點，描述一位教士神安氣定，晚上在院子的楊樹下用餐。雨果多次提及《農事詩》，在〈維吉爾頌〉（*Ode à Virgile*）中讚揚「樹蔭是涼爽的庇護所」。到了十九世紀末，這個風潮也沒有中斷。埃德蒙·阿布[16]在一八五四年，為拉東河（Le Ladon）岸邊的樹木大書特書：「涼爽又祥和之處就是在這裡。我現在明白為什麼獨居之人會有這種怪念頭，要在拉東河岸邊安家，在美麗的懸鈴木下，身邊有幾位牧羊人，伴著水聲沉睡不起[35]。」一八九六年，這回換年輕的莫拉斯體驗這些樂趣，他寫道：「在克菲索斯河畔找到山楂林或香桃木林並非罕事，它們很能引動人們來這裡放懶身子冥想。我們平躺在它們腳邊，看著澄淨無瑕的天空中，群星明亮的火光在閃爍[36]。」

回到大自然狀態

經由樹木以及通常因鄉間生活而挑動的情感，也有了新的面貌。施南古有一段獻給沙葉爾（Charrières）的短文能讓大家理解那個劃分，他筆下的奧伯曼認為這個地方是理想生活的背景。各位在這裡面對的不再是浪漫主義花園的樹木，也不是吉爾平系統化的郊遊所遇到的樹木。「我住的地方還可以，這裡有一座木造穀倉，菜園的一邊是一條寬河，兩座流出好水的噴水池，幾尊大石，激流的聲響（……），充滿生命力的樹籬，植物豐饒，遼闊的草原一路綿延到四散的山毛櫸下、栗樹下，直到山上的冷杉下，這就是沙葉爾。」種在惡土上的栗林提供「最美的樹蔭和最僻靜的角落〔……〕。那裡的一切是原始、荒廢。我們甚至沒有清除大石夾縫中被風吹倒、擋住淤泥的腐爛樹木〔……〕：幾棵赤楊和榛樹在那裡扎根，堵得這條通道窒礙難行[37]」。

這裡再也沒有提及在啟蒙時代花園體驗到的快樂，也不曾說到沿著威河下溯的歡喜。反觀奧伯曼的喜悅來自獨處、原始的存在、荒廢、大自然；大自然又重獲自由，擋住所有去路。這一整部作品可以獻給十九世紀的人對沼地、原始深谷的迷戀，這些地方的植物紛雜，樹木自由自在，最終無人能踏足。

在十九世紀末，何可律描述他在溪流裡泡水，這次的冒險成為他的作品主題。這裡的水與植物讓他產生回到大自然的感受。何可律急忙「在樹幹後面」脫掉衣服，接著潛入水中。他寫道：「其他作家視線擅闖女子洗浴現場的經典意象，到我這裡就顛倒了，我是從枝葉間隙的蔚藍破洞中，驚訝地看著傾斜在河水上方的樹木……」何可律告訴我們，他因此有一個小時的時間把工具、書本還有儀器都拋在腦後，「回到大自然狀態」，淨想像自己來到石器時代和青銅時代。泡在水裡的這段時間，他覺得自己「彷彿天地初開不久時[38]」的孩子。這段文字呈現的種種情感引進了在這個世紀末萌芽的天然主義。

在樹下散步的樂趣

這裡要提到另一個故事，比較動態的，也就是在散步當中樹木的位置。這在西元一世紀的羅馬相當普遍。當時的菁英習慣沿著步道，在懸鈴木下散步，兩側是難以穿行的樹林[39]，就像穿過小普林尼在土斯庫倫的住所的步道。

很久以後，普呂胥神父認為花園藝術的首要目的是「結合水與綠意的藝術[40]」，「方便散步，提供綠蔭給行人」。在十八世紀的英國菁英當中，享受在樹下散步的樂趣是一種非常普遍的做法。這個做法吻合對植物學、地質學、沿著人行道行走（特別是女性）這些非常鮮明的愛好。

下一個世紀的雨果將自己定義為「在枝繁葉茂的樹下沉思的散步客[41]」。然而在那個時代，散步經常跟上世紀所構思的不同。奧伯曼到樹林裡散步，喜歡刻意迷路，隱藏行蹤，無所事事，光是盡情享受。在他眼裡，這些得天獨厚的地方是優勝佳地的對照；這些地方都是密林暗谷、「搖搖欲坍的岩石」「翻倒的砂岩[42]」，還有最重要的——容我再說一次——沼地。同時夏多布里昂也說自己喜愛漫無目地行走，擁抱風，倚在山毛櫸的樹幹上，「透過大樹光禿禿的樹頂[43]」賞月。

在大西洋的另一邊，在樹下散步等於頌揚戶外生活。梭羅宣告：「我留在戶外，是為了我體內的動物、植物、礦物[44]。」惠特曼說「那些在戶外生活的人」生性浪漫，認為「林中樹木勾起的鮮明感受很適合表達在文學裡（……）[45]」。

對樹木的迷戀引發一種較為明確的步行習俗：去拜訪它，甚至把它當成無關宗教的朝聖地。歌德提到他在義大利的回憶，敘述走在弗拉斯卡蒂（Frascati）的阿多布蘭蒂尼（Aldobrandini）花園裡，「看到品種最為多樣的樹木集中一起」，這些樹木「對任何藝術家及藝術之友來說，是散步的目地的。」歌德接著列舉這群「楷模[46]」中的各個樹種，有絲柏、海岸松、無花果樹及橡樹。

半世紀之後，梭羅認為他在瓦楚塞特山（Wachusett）的健行類似朝聖。據他所言，一旦我們跟樹木產生感情，就非得去拜訪不可[47]。他自己就跟樹木產生感情，這就是為什麼他三不五時去「拜訪」它們，為了觀察、欣賞它們，並體驗與之同化的渴望。

數十年後，繆爾拜訪巨杉時，認為「必須一年四季，孤身去聆聽樹木」，長時間漫步其中。我們已經在巴雷斯的小說《浮萍斷梗》中，看過丹納每天去拜訪傷兵院廣場上的懸鈴木；布爾傑的小說《弟子》中的哲學家亞德里安．西斯特（Adrien Sixte）仿效這個行為。在西斯特眼中，這個重複性的行為只是為了提醒他康德每天都會沿著椴樹小徑散步。拜訪樹木是嘉登的小說《西羅亞》的中心；我們也已經提過海德格經常在他出生的鄉間散步，跟「小路上的樹木」致意。

在疾馳中被樹枝撫摸，恢復靜止

有時候人追尋的是比較微妙的感受，如果以下幾個見證是可信的話：我們可以形容為懷念動蕩的騷亂中經歷過的靜止的感覺。這是由樹木或灌木的樹枝帶來的感覺。樹枝在被挑動甚至經過他人一場狂奔牽動之後，恢復原先的靜止狀態[48]。人在疾馳中被樹枝撫摸，以及恢復靜止後的感受，當然是參考了阿波羅追捕達芙妮，而達芙妮慌亂奔逃，最終永恆固定不動的經過。酒神女祭司、人馬都跟達芙妮一樣變形為月桂樹，在浪漫主義者的想像裡喚起了樹枝撫摸帶來奇妙感受的這一刻。

葛航補捉了這個狂躁與平靜交疊的時刻，品味這個「充滿靜止的動作[49]」被猝然中斷的一刻。他用這個觀點重新詮釋達芙妮的神話及酒神女祭司這個人物。「生物只有為了好好體驗當下，才會在空間中靜止，只有為了理解永恆，才會凍結當下[50]。」他賦予人馬這樣的經驗。葛航讓人馬說：「當我風馳雨驟般疾奔的時候，會冷不妨收住我的步伐〔……〕。那突然的靜止每每讓我覺得方才的激烈令人感動至深。以往我會在森林砍下樹枝，奔跑的時候高舉過頭；奔跑的速度暫停了樹葉的動作，只發出輕微的顫聲；可是我只要稍事休息，風與騷動就會進入枝葉間，於是它又再度呢喃起來[51]。」

在樹下描繪樹木

平躺在樹蔭下，在樹下站立或散步，經常是為了其他目的，而不只是為了舒服。藝術家到這裡來凝視、觀察、描繪樹木。這個地方適合沉思。愛書人喜歡在這個愜意的地方閱讀；作家可以在有需要的時候，坐在樹蔭下撰詩；這是我們現在要探討的。

藝術家經常被規定應該看著樹木來素描或作畫。這種教學方式和實作已行之有年，一個顯著的事實早已突顯：十四世紀藝術作品的植物描繪在視覺上的精細逼真，該世紀是觀察善感的大自然的風氣又隆重回歸的時代。某位西蒙尼．馬提尼[17]圈子裡的無名大師於一三四〇至一三五〇年間，在亞維儂的教皇宮裡被稱為「鹿廳」的房間牆壁上，畫著一片景色，我們可以認出畫上的橙樹、石榴樹、懸鈴木、松樹、無花果樹、月桂樹，全都栩栩如生[52]。我還可以引用無數同時期的泥金裝飾手抄本、壁氈來佐證。十五世紀初，在楊．范艾克[18]繪於一四三二年的《神祕羔羊之禮拜》（*Adoration of the Mystic Lamb*）中央那片木版畫上，我們可以數到至少三十幾種不一樣的樹木，都被一絲不苟地描繪出來。於是繪畫教學的形勢大好。琴尼尼[19]在《藝匠手冊》（*Il libro dell'arte*）中指出橡樹該怎麼畫才對。

對藝術家而言，躬身實踐就是前往大自然研究，或是去畫出最野心勃勃的素描，這種做法自十五世紀末起就有證據顯示。接下來，達文西、杜勒、西蒙．德．弗里格都在戶外寫生畫過樹木。十七世紀，雷斯達爾、「洛林人」[20]、普桑及杜格[21]都曾到鄉間作畫。「洛林人」不只畫素描，也會直接忠於實景作畫[53]。

閱讀教學作品及藝術家的說詞，都坐實了或者呈現這種戶外實作的存在。達文西建議：「別跟某些人一樣，給每個樹種〔……〕同樣的綠色調。」在這方面，「必須經常變換，因為大自然變化無窮，而且不只是樹種間有差別；我們在同一種樹裡也找得到不同的色彩，因為某些樹枝上的樹葉比其他的更漂亮也更大。」達文西就整體而言，強調大自然就是因為多樣性，才會如此豐趣，這麼令人心曠神怡。因此「同一種樹木當中，我們不可能找到兩棵肖似的樹[54]」。樹枝、樹葉和它們發出的聲響也是如此。此外，達文西注意到在山上，越靠近山巔的樹木越小。

藝術史學家亞蘭・梅侯（Alain Mérot）提醒我們，在文藝復興時期，由精密的觀察力揭示的大量細節，以及景色各元素的真實呈現，具有衛道的能力，有助於讚美神的偉大，一種謝主恩的方式。

羅傑・德・皮勒斯[22]在《繪畫的原理》（*Cours de peinture par principes*）中斷定「畫畫的時候，樹木是景色中最困難的部分」，因為樹木是「最大的裝飾品之一[55]」。根據德・皮勒斯的說法，在戶外寫生，藝術家必須捕捉效果。可是事關樹木時就特別困難，因為樹木的形狀和顏色千般萬樣。他在文中說首要之務是區別樹種，以便觀者一眼就能明白。另一方面，藝術家必須傳達「可感的真實」。因此他必須讓樹皮及「歲月造成的裂痕」、彼此相依或閃躲的枝葉的分布，變得歷歷可辨，也必須熟練透視技巧。德・皮勒斯繼續寫道：「樹葉的下方是比上方還要淡的綠色，而且總是快要變成銀色的樣子。因此，因為狂風而拍動的樹葉必須用這個顏色來跟其他葉子區分。但是如果我們從下方看，當葉子被陽光穿透，看起來是一種如此美麗、鮮亮的綠色，讓我們能輕易判斷，在所有綠色中，沒有一種跟它類似。」

在這個古典文化如日中天的時代，描繪樹木與樹木的「教育」沒有兩樣，全都來自一種愉快、平靜的眼光。這種眼光經常落在筆直、健康、樹葉豐美的樹木身上。此外，德・皮勒斯提過的細節的詩意，伴隨著整體的詩意、描繪的物體（也就是樹木）在空間配置上的細心；我們經常把樹木放在理想化的景色中央[56]。因此，瓦倫先[23]稍後在一八〇〇年寫說普桑「畫一棵樹的時候，會把它畫得高大雄偉、健康，而且喜歡自己被種下的地方，沒有傷口、沒有過度成長：健康完整的樹皮證明它的朝氣勃勃和力量；而且樹根把它跟土地牢牢綁在一起，讓它不畏狂風與暴雨[57]」。

畫樹即描繪靈魂

十八世紀時，由於樹木被種在花園中央，因此在象徵上，畫樹木即描繪靈魂。故而樹木也可以在畫作上編排憂鬱、哀傷、歡樂或肉欲酣暢的氣氛。我們期待畫家的動作要「充滿感情」。此外，在景色中央引人矚目的樹木，隨著會影響靈魂並激發欲望或懊悔的宇宙一起循環。樹木在這裡表現出一天當中的許多時刻，就像四季遞嬗。我們已經說過，歷經滄桑的樹木透過對照，會加強當中的暢快歡愉。

一八〇〇年，瓦倫先在一份後來受到廣大歡迎的論著中，革新了樹木描繪法的指示；他亦提倡寫生。他囑咐藝術家要根據一天當中的各個時刻和季節，研究與描繪各式各樣的樹種。他說自己也注重真實的細節。不過新意是要著重片刻與當下的捕捉，尤其是被他稱為「回想的習作」的記憶練習的系統化。他寫道：「要多幫單一或群體的美麗樹木畫幾個習作。留意樹皮、青苔、樹根、樹枝的分叉還有圍繞、附著在樹上的藤蔓等所有細節；尤其要做對選擇，研究木頭、樹皮和樹葉的多樣化，這是最為要緊的。選擇樹木豐美的葉叢，它們呈現給你許多大面積的明暗。看看樹葉如何在一團看似黑色的塊面中恢復淺淡。這些都是必須畫的寫實習作，才能捕捉到藝術家不夠關心的真相〔……〕，這些習作並不會形成一幅畫；可是我們把它們保存在資料夾裡，方便查看，有機會時還可以利用[58]。」

瓦倫先針對為了畫樹木而把小樹枝帶進工作室的做法發出警告。事實上，「樹枝的構形跟整棵樹的構形，大不相同。樹皮的組織跟它所屬的組織是相當不一樣的[59]。」另一方面，瓦倫先建議把注意力放在風還有特別是雨的效果上，雨水帶給大自然中的物體光芒，也會在陣雨過後、葉子都乾了，讓色彩出現光澤。

忠於當時蔚為主流的情感策略，瓦倫先還囑咐藝術家要避免畫出冷冰冰的大自然肖像，必須重現所有大自然打動自己的感受，才能在觀者的靈魂裡挑起「恐懼或憂鬱，平靜或顫慄，哀傷或歡喜，但總是會有讚賞和熱切的感受[60]」。

幾年後的一八一八年，尚－巴提斯特．戴佩特[24]出版《風景論》（*Traité du paysage*），這本書風靡一時，也建議藝術家到戶外去。他囑咐藝術家要像是親眼看見、親身感受到的那樣畫大自然，要專注於風，尤其是「鑽進樹枝間、在樹葉中一閃一爍、為之染上一種祖母綠顏色[61]」的光線效果。

於是樹木在風景畫裡的輝煌世紀開啟了，在這類繪畫裡的人物都退居後方。法國藝術史學家何內・施耐德（René Schneider）根據一個充滿詩意的換置（transposition）過程，寫道：「樹枝繼承了動作的美，樹木承擔起人物才能做的表達工作。」在風景畫家眼裡，「大自然的中心人物是樹木[62]。」

樹木的至上性、戶外作畫經驗及立即的情緒所產生的審美觀，是同一時代的產物，而工作室代表強加文化、先例、理想美及想像影響的地方。

添加法

從那時候起，有數不勝數的資料來源教導我們如何觀察樹木及勾發情感。有些手冊以前所未有的精確，指出一些受到褒揚的做法。在一八〇〇至一八三〇年間的法國，有個非常精確的記錄步驟方興日盛。首先是將一天的四個主要時刻（早晨、中午、傍晚、夜晚）的「大自然裝飾」的描繪存檔。按照一個被稱為「添加法」的方法，藝術家一開始要先累積為大自然各元素畫出的習作，分開研究，之後再重建整體的風景。因此，根據尼可拉・米榭爾・蒙德瓦爾（Nicolas Michel Mandevare, 1759-1829）隨處可見的手冊，出版於一八〇四年的《寫實風景畫原則：法蘭西帝國各區學校專用》，學生首先研究樹葉描繪，換句話說就是樹枝上的樹葉形狀和分布。「在研究完一片樹葉之後〔……〕，接下來要研究數量較多的一簇簇樹葉以及支撐它們的樹枝，再來是樹枝整體和樹幹[63]」，最後再致力於整片風景，例如植物和岩石組成的豐美景色。一八一〇年起，樹木肖像是每位風景畫家都會做的練習。

一八一八年，戴佩特則在《風景論》中教人觀看整棵樹。他指出「特別是如何據實描繪樹木的外形，諸如樹枝的生長方向、枝椏的彈性、葉叢的分布、穿透的日光及光線產生的陰影效果；樹葉的顏色與形狀端看它呈現的是上方還是下方，正面或是側面，還有在畫完所有細節之後，要如何再為每種樹木如法炮製[64]」。事實上，每一種樹都會挑起不同的情感；戴佩特的結論是歸根究柢，一棵樹木的習作「就像人像的習作」。例如楓丹白露森林的畫家，這些人事實上都是令人讚賞的樹木肖像畫家。在鉛筆、墨水、石墨素描，以及後來的油畫、粉彩畫和水彩畫裡，都有樹木肖像的蹤跡。

樹木競賽

羅馬歷史風景繪畫大獎（grand prix de Rome de paysage historique）創始於一八一七年。第二次比賽又稱為「樹木競賽」，參賽者得在沒有資料，也沒有範本的情況下，單憑記憶畫出評審指定的一個樹種。只有這個困難考驗的獲獎者可以進入決賽，進包廂去畫大型的歷史景色。

這個「樹木競賽」必須在大自然中工作兩、三年。在這種情況下，楓丹白露森林就像是個收藏豐富的圖案儲藏室。競賽結束後，楓丹白露森林在風暖日麗的時節，經常被選為作畫和娛樂的地點。

一八三〇年後，樹木繪畫的目標改變了。藝術家不再單純為了完成畫作而把眼光放在它身上，並依照「添加法」進行樹枝與樹葉的片段式習作，再用畫筆整體畫出地點。此後繪畫的重點在於跟大自然的靈魂溝通，讓自己浸淫著情感，與人格化的樹木相互滲透，以便畫出一幅真正的樹木肖像。

在大自然中作畫

讓我們離開教學法，來看看實作方面的遽變。早在一七七六年，尚－喬治．威勒[25]帶上睡袋及錢包，騎上驢子，行遍秀弗赫茲谷（Chevreuse），晚上就睡在農村旅舍[65]。在十八世紀後的數十年，畫家布魯昂德[26]像古人那樣潛進法蘭西島的森林，因而鼎鼎有名。獵人、包括法王路易十六，都曾在樹林裡遇見過他，受荷蘭傳統啟發的他在戶外的樹林中創作。一七九一、一七九三和一七九五年，他都在沙龍展示他的樹木畫作。

從這個時代起，特別是一八二〇年，藝術家與他們的學生，即未來的「樹木競賽」候選人，還有業餘畫家、週日畫家，有時是釣客，都常常造訪聖克魯森林、默東森林、維萊科特雷（Villers-Cotterêts）森林、秀弗赫茲谷。從這個時期起，藝術家越來越傾向於待在楓丹白露森林裡。接近一八五〇年時，人數達到了高峰。早期有米夏隆[27]、比多[28]、瓦倫先和他們的學生，這些人都被視為新古典主義藝術家；接在後面的是（來得有點快）被稱為新荷蘭主義的世代，由性格強悍的胡梭統領。

在這數十年當中，戶外寫生變得更講究。設備、技術都漸臻完善。一七九五年，康泰公司（Conté）製作了色鉛筆，很快就取代了色粉筆。戶外寫生與在工作室繼續作畫的時間分配也改變了。作息系統化了。柯洛描述藝術家的時間表：「我們一大清早起床，凌晨三點，太陽尚未露臉；我們到樹下去坐定，我們看著，然後等著[66]。」據他所說，他們總是得回工作室一趟，令人想到「外光派」（pleinairisme）概念中的曖昧之處。

在一八〇〇至一八二〇年間的英國，眾多藝術家在大自然中作畫。某些人從這個時期起開始到戶外畫油畫。這符合了菁英特有的對植物的愛好。人們想固定一棵樹的形象，像是我們在私人日記中對兒童、朋友甚至僕傭做的一樣。在英國，這代表要記錄每一條路、每一座樹林、每一棵樹，接近總管的思維了。因此在可以稱為英國水彩畫的黃金時期（一七五〇至一八五〇年）中[67]，樹木占據了非同小可的位置。但是聚焦在植物生命力上，並不只牽涉到這個技術。油畫作品都是在戶外還有工作室之間來回完成的康斯塔伯，在一八二四年的沙龍中，對法國藝術家產生重大的影響。

在歌德時代的德國也是，到戶外畫畫的風氣盛極一時[68]。這個做法的目的是取代在習作室裡根據範本完成畫作。但是這個做法受到浪漫主義強烈的影響。一七九八年起，提克[29]與褒贊「洛林人」做法的歌德背道而馳，在文中表示他不想要「描摹樹木和山」，而是想要反映他靈魂的各種狀態，並傳達他的心情。一段時間之後，弗德里希寫下「一幅畫不應該是發明出來的，而是感受出來的」。藝術家努力「畫出他內心所見[69]」。這樣的指令跟何謂卓越的標準息息相關，導致形式擺脫了不確定性。然而當時住在羅馬的德國藝術家還是經常努力要保持客觀，描繪每一棵樹甚至每一根枝椏，無微不至[70]。

這帶來十九世紀兼容並蓄的特色，還有學派的百家齊鳴，甚至每位樹木畫家的目的都不一。此外，不要忘記國情不同，感受到的情感也形形色色，例如美國藝術家感受到的情緒特性是受到超驗主義影響的。在他們眼裡，描繪樹木是為了符合神學及愛國的目的，回應想要捕捉天然無損的創世主的需求[71]。

印象派在法國如日方中的時候，並未入侵各個繪畫領域。塞尚交出一些結構獨特的傑作，這些作品中的樹木傳達出畫家面對大自然的朝榮暮落，追尋恆久的卓越性。再來是梵谷，接著是馬蒂斯，都迷戀樹木[72]。「絲柏不斷霸占我的心思，」梵谷在一八八九年寫信給他的弟弟時，如此強調他的沉迷。

在樹下沉思冥想

有關樹木的風俗並不僅限於平躺在樹蔭下，繼續追求舒適這類自古以來就備受褒揚的做法，或者觀察樹木並加以描繪。貝拿丹寫道：「我不只一次坐在這些遼闊森林（法蘭西島的森林，也就是莫里斯島）中的一棵樹下，放任自己馳騁在最溫柔的沉思之中[73]。」樹木邀人凝想，是十九世紀自傳文章中的一個老套。

雨果在給妻子的信中坦白，僅是凝視濱海蒙特伊城牆邊的大樹，就特別挑起他一種緊靠著什麼東西的感覺，與世界合為一體的感受。他在這些橡樹下豁然開悟[74]。在樹下沉思遐想讓梭羅得以採用他探尋的植物生命節奏[75]。

要在這裡分析佛教對樹下冥想造成的影響將會太長。釋迦牟尼佛一開始就是在菩提樹下悟道；繼他之後，他的弟子們把這棵樹的樹蔭納為冥想的專屬空間。這是赫曼・赫塞的小說《流浪者之歌》的主要題材之一[76]。

馬利歐・里戈尼・斯特恩[30]在為樹木而寫的書中提醒讀者，佛洛伊德喜愛停下腳步，在拉瓦羅內（Lavarone）的冷杉下冥想[77]。讓我借蓬日的一句話來強調，簡言之，有樹木的空間不只有助於也迫使人冥想。依蓬日之見，松樹林是個讓人類獨處，在寂靜中「繼續思考」的空間，因為這裡沒有一片葉子會動。

夏多布里昂在《殉道者列傳》裡告訴讀者，荷馬是在伊利的一棵楊樹下吟詩。這個常見的參考是個指標性畫面。無數作家在私人作品中，指出他們到樹下讀書。尼可萊・卡拉姆金[31]在一七八九或是一七九〇年拜訪費爾內（Ferney）時，坐在栗樹的樹蔭下讀德拉阿爾普[32]的《伏爾泰頌詞》（*Élogie de Voltaire*）。他藉機頌揚「出於感激而被崇拜」的樹木，伏爾泰坐在其下，而破產的農人「哭著」過來乞求他的救濟[78]。

一七九一年，被憂鬱擊垮的詩人古柏到雅德里（Yardley）的橡樹幹裡讀書，啟發他寫下名為〈雅德里橡樹〉（*Yardley Oak*）的詩。很久以後，何可律陳述自己喜愛坐在「柳樹洞開的樹幹裡，隨心所欲閱讀小說，或是高聲朗誦詩句[79]」。

某些作家有好幾部作品都是在樹蔭下準備甚至撰寫而成。伏爾泰喜愛在費爾內的自家花園裡走動，觀察自己種的植物。他偶爾會坐在一棵高大、枝繁葉茂的老椴樹下，這裡既是他的「避難處」又是「小屋」[80]。在聖波安的拉馬丁有時隨身帶著攜帶式文具箱，《喬西林》中的許多內容甚至就是一八三四及一八三五年的夏天裡，在城堡附近的一棵橡樹下完成的[81]。

避難樹：隱蔽的樹屋

除了我們在樹木的催情能力那一章列舉過的情況，樹木本身還是偶然的隱蔽處、避難所、藏身處，但我指的不是建蓋起來的樹屋。這一開始只是一種孩子氣的行為。斯特恩提到「他的落葉松」。他小時候會爬到樹上躲起來，坐在第一次世界大戰的砲彈造成的一根分叉樹枝上，靜靜待著[82]。

當敵人來犯，有能耐的逃亡者會躲到空心樹裡。整個中世紀的人不斷提到六世紀末的多爾主教聖馬格洛瓦（Saint Magloire）的例子。他被異教徒追趕，只好藏身在老蘋果樹的樹幹裡，在裡頭待了三天三夜，靠蘋果飽腹[83]。位於莫比昂省（Morbihan）的康格黑（Concoret）橡樹依然屹立。據稱法國大革命時，這棵橡樹的空心樹幹曾是吉約丹（Guillotin）教士的藏身處，因為他拒絕宣誓「教士的公民組織法」。傳說這位教士與蜘蛛結了盟，蜘蛛織網來藏匿教士[84]。在虛構作品裡，例如拉封丹的寓言集中，避難樹是個老套，〈貓與鼠〉中「腐爛的老樹幹」就是一例。避難處也可以變成監牢。在莎士比亞的《暴風雨》中，愛芮兒（Ariel）向普羅士帕羅（Prospero）指出船難者都「被關在一起……都成了階下囚，主人，在為您的山洞擋風遮雨的椴樹林裡[85]」。

風雨大至時，樹木可供避難。據盧克萊修所說，這就是原始人的第一個家：「若要躲雨或是擋風，他們為遮護自己骯髒的手腳找到的地方就是灌木。夜裡，他們用樹葉、樹枝包覆裸體，等待旭日東升[86]。」

第一位卯足全力提到躲進植物裡、到樹木避難的感受的人，非盧梭莫屬；這件事發生在他去勒沙塞龍山羅貝拉（Robaila）那一側採集植物的時候。愛好植物學的盧梭那時發現一個「藏得如此隱密的巢穴」，模樣原始。「黑色的冷杉與壯觀的山毛櫸間雜，其中有好幾棵山毛櫸因衰老而坍落，七橫八豎，攔擋了隱蔽處，以致無法進入。」盧梭趴下來看，幸好有幾個「這黝暗的圍起物所留下的空隙」，他才得以鑽入。他把植物學拋至腦後，坐在石松及苔蘚靠墊上，寫道：「我開始比較自在地遐想，想著我在那裡，躲藏在被全世界遺忘的地方[87]。」

更普遍說來，盧梭說他在樹下體驗到被保護的感覺。他在其他地方寫道：「自由且安詳，彷彿我再也沒有敵人，或是樹林裡的樹葉保護我不受他們傷害，彷彿樹葉將他們從我的記憶中驅離[88]。」

隱身在天然植物小屋之中令人聯想到避難處、巢穴、孩提時期的藏身處，會想到「野外學校」這個詞的地方；無論是空心樹，還是更為常見的，順著崎嶇不平的路或是暗沉樹籬形成的天然巢穴，全都是會被鄉村或城鎮的孩子選中的遊戲空間，還可以是社交機會。喬治．桑敘述她跟幾位年輕的鄉下女孩一起蜷縮躲藏時品味到的愉悅有多麼強烈，她們的隱身處是順著溝渠和樹籬天然形成的。她寫道：「在老榆樹低垂的樹枝及荊棘的交錯下，我們不必在露天處走路，而且那裡有好幾個乾燥且含沙的洞，邊緣有青苔與乾草，可以讓我們避寒躲雨。我特別喜歡這些巢穴。」喬治．桑有時一個人來，補充道：「我喜歡背著人群溜進樹籬那些天然的天棚裡，像是進入大地精靈的王國[89]。」

葛航說自己對那些不得其門而入的隱蔽處朝思暮想（他認為人類皆如此）；因為在他眼裡，樹木延伸的手臂就跟母親的手臂一樣充滿安全感[90]。何可律也對躲進植物巢穴深有感觸，認為「大自然正是在最小的巢穴裡，最能看出它的偉大[91]」。

上述內容造成人們對植物小屋的迷戀，無論是樹葉、樹木隧道還是植物棚架交纏形成的天棚。躲在植物棚架下的私密感令賀拉斯開心不已，植物棚架會讓他聯想到快樂時光。小普林尼躲到花園的小屋裡去享受寧靜[92]。紀瑪注意到在西元一世紀後的羅馬人家裡，「額外的綠色房間」等同於夏天的臥榻餐室[93]。

之後的幾個世紀，開展樹冠宛如天棚的樹木隧道是啟蒙時代花園的一個重要元素。普呂胥神父則囑咐如何妝點天棚、植物幽徑和青翠的小屋。他建議使用忍冬、茉莉花、鵝耳櫪、椴樹，寫說以前的人在這些空間中會想把四面八方都遮起來，「這些隱蔽處一副厚重陰暗的模樣」。他補充：「我們今天喜歡的是上方開放的小屋，或是側邊全打開、呈門廊狀的天棚，又或是搭在輕盈綠柱上的穹頂[94]。」人在那裡可以呼吸到比較健康的空氣，陽光還有植物的汁液也較為自由地流動，低處的樹葉比高處的樹葉更有生命力，人在這個地方不會遭受樹蔭過濃之苦。華特雷鉅細靡遺描述了在自家花園裡搭起的小屋[95]。香蒂伊城堡村落[33]的樹之家代表這種植物建築的成果[96]。

貝拿丹在《印度茅屋》（*La Chaumière indienne*）中長篇刻畫的幸福所在，在讀者的記憶中留下深刻的印象。在看似無法穿透、像一連串翠綠洞穴的樹林當中，茅屋就藏在一棵葉子密密叢叢的無花果樹下，雨水、暴風雨、颶風也穿不透，保證住在裡面的人及家屬日子平安無事。暫避在這茅屋中的英國訪客向主人表示：「只有在您的小屋裡，我才找到真實與幸福。」

在十八世紀，空心樹與好客相關。亨利・黑斯廷斯（Henry Hastings）在位於伍德蘭茲（Woodlands）的家族宅邸接待賓客，為此命人在一棵橡樹洞裡建造房間宴客[97]。

我們已經看過蓬日在一九四〇年為松樹林寫的長詩中，認為松樹林是個擋風遮陽、阻擋視線的隱蔽處；像個「劃定好範圍的大自然房間」，通常杳無人跡。說得更精準一點，他覺得這座樹林是一個隱蔽性不完全的地方，它並不昏暗，像個光明正大、大度包容的隱蔽處，一個「平躺的時候，身體依然乾燥，不很軟，但是頗舒適」的上等隱蔽處。他激昂的想像力讓他覺得松樹林是寬廣的沉思大教堂，像是音樂廳，一座「天然的療養院」，那裡的「一切都〔……〕恰到好處，為了讓人獨處[98]」。

隱士小屋

除了印度茅屋，前述的那些隱蔽處不盡然屬於在空曠場所結結實實蓋起來供人居住的植物小屋。我們現在必須回到隱士小屋，以及它對西方人的想像所產生的影響。在寫於十二世紀初的《特倫的聖伯爾拿之一生》（*Une vie de Saint Bernard de Tiron*）中，作者敘述「第二個埃及」[34]的眾多隱士當中，一位名為皮耶的人就住在樹林內。他用「樹皮」蓋了座小屋。當聖伯爾拿與同伴相偕去見他時，他出門搜括榛樹及野樹的果實，把採集到的收穫堆在籃子裡。他在樹幹洞中發現蜂群，帶回大量的蜂蠟與蜂蜜[99]。

之後，因為天主教改革而一傳十、十傳百的阿濟西的聖方各影響，確定了隱士在小屋內祈禱的模式歷時不衰。十七世紀末，薩爾瓦特．羅薩[35]描繪了一些鄉間隱者，住在密密層層、暗藏危機的樹林裡；而且我們已經看過，到了下個世紀，富有的花園主人會付錢給隱士，有他們在就可以感動訪客。

搭建植物小屋並非只是為了因應想要建造一個祈禱場所，並過著苦行者生活的欲望。容我再說一次，從十二世紀開始，在樹下暫歇，躲進植物小屋內，在小說裡及壁氈上已是俗套；這無疑反映出一些習俗。小屋是從有壁氈的房間悄悄啟發而來。我們在貝胡爾的《崔斯坦與伊索德》中讀到主角舉劍削下樹枝之後，為自己搭了個油綠的枝葉小屋，還布置了室內，有一塊給伊索德的葉子厚地毯[100]。手持武器的馬克國王就是闖進這間枝葉小屋，嚇到這對戀人。

對散步的人來說，發現木頭與樹葉搭成的小屋是家常便飯，特別是在十九世紀。我已經長篇描述過當時住在貝萊姆森林（Bellême）裡製木鞋工人的小屋[101]。在毗鄰利穆贊的栗林裡，製作箍桶時所需的栗木圈職人（*feuillardier*）也住在這種樹枝搭建的窩裡。在這個空間中央，他們因為人數眾多，歷史學家把該地區納入工人活動的研究場所之列。西方大部分的伐木工及燒炭人都住在植物小屋裡。梭羅在探索緬因森林的隨筆裡，就精確描寫過這種建築，我們可以感受到印第安傳統的影響。深藏在樹林中的小屋是由木塊與木屑組成，滴淌著樹脂，裡面有剖開的樹幹充當長椅，床舖是崖柏葉。這種由圓木柴、樹皮和苔蘚拼湊成的住所看在訪客眼裡，好像另一種空心樹，裡頭住著熊[102]。隱居在瓦爾登湖附近的梭羅，強烈感受到一個需求，要讓植物在他的住處扎根。他在出太陽的日子搬出家具，讓家具享受新鮮空氣，這樣家具的木頭就能回歸大自然一段時間。

這樣的做法似乎是待在樹上的前兆，我們現在需要提一提。對此，何可律描述的行為可以當成一種過渡。這位地理學家回想起一段「大好時光」，那時的樹木就是鄉下的橋，「這座雅致的橋掛滿浸泡在水裡的長春藤飾帶，看起來喜氣洋洋。」他喜愛用自己的雙臂作為平衡棒，站著穿越溪流。他寫道：「我們透過想像，看見自己在人類誕生的初期」，當時「野蠻人」只有這樣的橋可使用。何可律描寫他從這一岸走到另一岸，或是前往一座小島的路程，像是「空中旅行，看著腳下的水迅速退離」。

這段路程為他帶來了獨特的樂趣。但是樂趣還有另一個：就是在一棵半倒、並不連接對岸的樹上冒險，爬上「一下傾，一下起，活人似的」樹幹。何可律坦白自己年輕時經常坐在樹枝分叉的位置上，雙腿在半空中盪啊盪的。在這「晃動的觀景台」上，他看著流水，看到入迷，這在他眼中象徵流向死亡。但是他依靠運轉良好的視覺機械裝置，擺脫了這個不可自拔的境況，何可律補充：「我費力掙脫水對我的吸引力，抬起頭，望向那些全身抖動著生命力的茂樹[103]。」

擁抱樹木

無論男女，只要看到樹木，二話不說就是把背靠上，減輕身體的重量。這個再簡單不過的姿勢很少人認為值得注意，因為它是這麼隨意。葛航提到「任何成天背靠著樹、只專心看著大自然生活的人會有的共同快感[104]」。夏多布里昂強調用這個姿勢入睡的樂趣：「我背靠著木蘭的樹幹，睡著了。」他在《墓畔回憶錄》中陳述過自己在一次漫無目的的散步中，回想起年輕歲月，「我靠在山毛櫸的樹幹上[105]。」

擁抱樹木的意味比較深長，只是這個擁抱並無伴隨撫摸或親吻。首先，擁抱樹木也是個簡單的動作，用雙臂環繞就可以了；這樣就有了肌膚相親的關係。擁抱表示渴望與樹木一起天長地久，有時是希望能嵌入樹幹。把這種擁抱的含意推得最遠的人，無疑是佩諾內。據他所說，把身體嵌入樹裡（但無關親吻）是在創造鮮活的回憶，這樣子樹木就要負責帶著人體印記一起成長，成為過去某一刻令人心神不寧的景象。

擁抱樹木的文字見證或虛構情節比較罕見，但還是有。葛航敘述自己逗留巴黎時，懷念「田野的純樸」，所以去聖歐諾黑－安茹街上的小公園散步。他寫道：「我在丁香樹的樹幹上環繞我的雙臂，」而且還唱著歌[106]。他補充：「噢，我的丁香，在這一刻我緊擁你，彷彿你是世界上唯一的生物，可以讓搖搖欲墜的我倚靠在你身上，好像只有你能忍受我的擁抱，而且足夠有同情心來支持悲慘的我。」重點是這個簡單的動作值得記錄。一個世紀之後，在虛構作品的領域裡，嘉登在《西羅亞》裡提起一樣的擁抱。書中擁抱（因為主人翁經常靠在樹上，有時也會撫摸它）的對象是巨碩的胡桃樹，西蒙想要理解它的凌雲壯志。他一開始先觸摸樹木，漸漸感覺自己變成樹木。接下來，嘉登寫道：「他就要把雙手放在樹皮上，用雙臂抱緊它，〔……〕他將全身貼上去，背靠著背，胸靠著胸，直到他感到激勵這個巨人的一點思想、一點力量通過他的身體〔……〕。他就這樣被裹在它的樹枝裡[107]。」這種轉移的尋求，說真的，並不是新鮮事。我們之後會看到范哈倫已經有過同樣的欲求。

在視覺表現的領域中，馬蒂斯那一系列蒙泰朗[36]的《帕西菲》作品，堪稱是對樹木產生淫欲因而擁抱它的最美妙再現。這位想獻身給公牛的女子因欲發狂，在抱著樹幹的同時，想像自己正抱著牠。

用最熱烈的方式描述這個動作的人當屬莫里亞克[37]。以下這段情節給予他的小說《痲瘋患者之吻》（*Le Baiser au lépreux*）完滿的意義。年輕貌美的女主角諾埃蜜秉持基督精神，犧牲自己，嫁給相貌醜陋的男子，他疑似當時傷透醫學界腦筋的遺傳梅毒患者。在丈夫過世後，諾埃蜜疏遠勾引她的男人，去親吻痲瘋病人，緊擁一棵她丈夫深情眷戀的朗德森林樹木。這一幕很短，但就如我所說，少了這一幕，這本小說就會失去意義：「諾埃蜜跑啊跑，跑過荒地，直到筋疲力盡，皮鞋因沙而沉重，她不得不抱住一棵發育遲緩的橡樹。埋住樹根、多到像粗呢般的枯葉在她火燙的喘息下顫動著，這棵黑黝的橡樹活似尚．佩魯埃[108]，」她的丈夫。

我們可以參考宗教及魔法，一舉賦予擁抱樹木這個舉動較為普通的含意。據說環抱樹木對佛教徒而言，是一種很熟悉的舉動。赫塞在《流浪者之歌》中已經引用過，主角靠在一棵朝他傾斜的椰子樹上，他「肩膀靠在樹上，一隻手臂環抱它，看起腳下流動的綠水來[109]」。

另一個觀點比較詼諧。索黑爾的《弗朗雄趣譚》裡的人物之一華倫丹害怕在新婚之夜洩露自己無能，幾個意圖不軌的搗蛋鬼建議他求助魔法。他們提議他做個換置的動作，就是雙臂環繞一棵樹，模仿跟它交媾。華倫丹來到一棵榆樹下，「雙臂環繞上去」，接著誦唸：「擁抱我妻子〔……〕會跟擁抱這棵榆樹一樣容易[110]。」

親吻樹的七種情感

我在本書頗常提到親吻樹木這個舉動，但是其意涵會隨著時代不同而改變。在每種情況裡，它回應的衝動並不相同。驅使人做出這個舉動的情感、感受，會隨著時間而異，也會根據宗教信仰、情色的標準、個人的感覺結構或是詩人的靈感而有所區別。讓我們試著捉住這條線。我們需要區分出七個類別，當中的親吻乍看之下非常普通，但負擔著不同的意義。

❶ 我們已經看過奧維德的《變形記》中有親吻樹木的橋段。當樹木是男性或更常是女性變形而成，抑或變形過程啟發自人類與該植物種類的近似的時候，親吻樹木是可以理解的。

祝歐珮帶孩子來摘花時不巧摘到神的花，是格外有意義的悲劇。她的妹妹試圖阻止變形過程卻徒勞無功，只能眼睜睜看著悲劇發生，無力營救，為失敗而痛苦，她親吻不幸的祝歐珮。漸漸地，她的吻變成給樹木的吻。她說：「只要我還有能力，我會試著用親吻來推遲樹幹與樹枝的變形進程。」祝歐珮的父親和丈夫安德萊蒙也匆匆趕來，「他們吻遍依然溫熱的木頭；趴伏在這棵親愛的樹木樹根上，環臂緊抱著它。」有一刻，祝歐珮只有臉還維持人樣，她懇求：「站到我身邊來，趁你們還能夠觸碰我的唇，過來接受我的吻。」但這只持續了一瞬[111]。

❷ 另一個親吻樹木（是木材，不是活樹）的模式是為了展現對基督的愛，是一種宗教舉動：就是跪在十字架腳邊的信徒親吻十字架。這個舉動多到無法細數，以至於出版於一八六一年的貝許瑞爾（Bescherelle）字典裡，我們可以讀到「親吻十字架之木」是一個習俗，也是當時常

見的短語。

❸在文藝復興時期，神話、奧維德、賀拉斯、維吉爾的影響強力回歸，還有大自然及景物帶來的喜樂，詩人再度言說給樹木的親吻。容我再說一次，在龍沙為刺柏寫的第二首哀歌中，他與刺柏分享對他們「女士」的愛，就已經昭告自己一再親吻這棵樹。他還讓角色互動：「親吻我，或者我親吻你／稍微彎下你的樹冠，讓我的手臂無數次／纏住你的樹枝，我親吻你的膚，擁抱你的身[112]。」

替代式的性遐想衝動在距離我們很近的時代開始顯露，就在普魯斯特的一段短文裡。我們已經見過沿著斯萬家花園的白色柵欄生長的丁香，看在《追憶似水年華》的主角眼裡，這些花似乎是年輕的「天堂女神」（houri）。他寫道：「儘管我渴欲擁抱它們有彈性的腰枝，把它們一球球星形、芬馥的頭拉到我身旁，還是走過而沒有停下來[113]。」

❹我摘錄華倫丹・賈梅黑－杜瓦爾[38]的《回憶錄》中的一段情節，那時他正值青春年少，換句話說就是十八世紀初，這段情節一直都是絕無僅有的例子，而且有一點神祕。在那個時代，親吻樹木並不是會出現在虛構詩作以外的習慣。杜瓦爾因為惡作劇，他的僱主把他趕走，要離開這心愛的地方讓他痛不欲生。如果他說的話不假，那麼他走到草原與溪流那裡，在心中向它們道別。「我也去向樹林、野兔林及附近所有小樹林告別。我對當中幾棵樹有奇怪的眷戀，像極了友情。我不知道自己是否相信它們能回應我，但我記得很清楚我親吻了它們很多次，而且用眼淚灌溉樹皮[114]。」杜瓦爾質疑起這個因大自然而萌生的感受，容我再說一次，這個感受依然神祕無

解。

專研十八世紀文化的學者尚－馬利．古勒莫（Jean-Marie Goulemot）建議讀者不要按照字面意義詮釋《回憶錄》。杜瓦爾在描述我摘引的那段情節時，已經過了很多年。他進一步說「我記得很清楚」，讓人以為他親吻樹木是確有其事；由於這個舉動對他來說很奇怪，也就保證了真實性。作者會質疑對大自然動情的可能性，無疑因為他撰寫《回憶錄》的時代背景。我則想要強調杜瓦爾說的不是愛情，也不是情欲衝動，而是友情。我們知道在那個世紀，這種感受具有非同小可的重要性。

❺就在浪漫主義方興日盛之時，親吻樹木是參考兒童的亢奮、與舊人相逢、回故里朝聖、追根情懷，這就是拉馬丁多次表達的。喬西林回憶起他離開出生的家：「我從一棵樹走到另一棵，一一親吻它們。」他感到「朋友的心臟在樹皮下跳動[115]」，還有他母親彌留時，她感覺自己需要觸摸果園裡的每一棵樹木，希望它們「在看著它們出生的眼睛下」顫動。毫無疑問，拉馬丁的用字遣詞就實行面來說，比杜瓦爾的見證更沒有說服力，但是考慮到拉馬丁作品受到廣泛歡迎的程度，我們可以認為是拉馬丁把親吻樹木這個與追根回憶相關的舉動，推廣了出去。

❻另外就是驅使梭羅親吻樹木的情感。對梭羅而言，此舉等於在言說人樹之間的相似感，他與植物之間的類同。他讚頌矮橡時傳達的就是這種感覺，這棵橡樹是他的冬天標誌。他在日記裡寫道：「我喜歡，而且也可以親吻這棵穿著輕薄的葉子外套的灌木，它聳立在雪上，對我低語，向我傾訴寒冬的思緒，近似日落與所有美德[116]。」

❼觸發范哈倫的衝動就不一樣了。一九〇六年，他在名為〈樹木〉的詩中，在親吻樹木的回想中引入能量轉換的題材，與友情、懷鄉情結或是相似感的那些題材不一樣。透過手的接觸、擁抱和親吻，范哈倫渴望感受到力量、植物的生長節奏竄過全身；這個植物在四周的平原上「讓人感受到它巨大無比且無上的生命」、它的「壯麗非凡」。

我觸碰它，用我的手指，用我的手，
我感到它在移動，直探泥土深處的動作
超乎常人的大；
我把冒失的胸膛壓上去，
以這樣的愛，這樣的熱情，
它深處的節奏和全部的力量
不得不通過我，直入我的心臟。
我親吻樹疤斑斕的樹幹，情深意濃的[117]……

有別於龍沙對刺柏的感受，梵樂希的《與樹木對話》賦予親吻樹木這個舉動感官愉悅的價值，是專為親吻樹木而寫的文字中的翹楚。龍沙的哀詩是在彌補情人不在身邊，並親吻一個代替品，而在梵樂希充滿異教文化的文章裡完全是另外一回事。狄迪若向樹木告白愛意，莊重地說出他的情感，比對花朵或女性的情感還要強烈。他宣告：「亭亭如蓋的樹啊，我愛你，我為你的四肢感到驕傲。」他補充道：「你很清楚，我的樹啊，天剛破曉，我就來吻你：我用雙唇親吻你苦澀卻光滑的樹皮，我感到我們是同樣土壤孕育出來的孩子[118]。」

梵樂希重新詮釋的狄迪若，與薛西斯、接著是西元一世紀羅馬帝國的羅馬人的行為重新連結，羅馬人喜愛樹木到只會把親吻留給它們，甚至每天早上過來用酒餵養。

在樹上：隱身與偷窺

爬樹也是個有歷史的習俗，受各種急切或強烈的欲望驅使。根據情況，樹木可以避難，是鳥巢的前廳，也是准許視線擅闖甚至偷窺的觀測站。登上高枝是向危險挑戰、證明勇氣的行為。待在樹上帶來隱身的樂趣，還有與下方世界隔絕的懸空的不安感。有需要的話，這個姿態可以滿足人對原始樹林生活的懷念。我們必須審視的是這個傳遞欲望的複雜媒介。

仔細觀看中世紀的圖像學就能發現，樹木似乎先是躲避威脅（特別是野獸）的避難處，因此賈斯頓三世的狩獵書中許多人物會爬到樹上，躲避熊的血盆大口或山豬的利牙；《十日談》（1349-1353）的第五天說了一個故事，一對逃家的年輕情人在森林裡迷了路，躲進一棵樹裡過夜；桑丘碰到危險時，會爬到高處的樹枝間；拉封丹的寓言集裡經常出現爬樹的情節。

現在讓我們離開虛構作品。貝里鄉間的孩子會爬到樹上去躲避凶暴的豬；喬治・桑聲稱自己也做過同樣的事。

樹木同時也做可觀測站之用。尤里庇狄斯[39]筆下的潘修斯[40]打扮成酒神信徒，高高爬上一棵松樹去窺看狂歌亂舞的酒神女祭司。此舉罪無可恕，因為這些女祭司徒手就把樹木連根拔起，壓死這個倒楣鬼。貝胡爾提到的馬克國王爬到松樹頂，在那裡偷聽崔斯坦和伊索德的對話。看這對情人那麼天真無邪，他還險些因為同情而掉下樹來。接下來，樹木觀測站的題材成為巴洛克小說的意象。很久以後，我們在大仲馬的《三劍客》中可以看到：達太安就是爬到樹頂去監視波那瑟（Bonacieux）太太的綁匪動向。

虛構情節之所以會採用這種舉動，是因為樹木觀測站出現在無數預防措施裡。歷史學家侯貝・蒙德魯（Robert Mandrou）就指出在現代的法國，穿過森林的商人一來到森林邊緣，就會爬到樹上去確認沒有盜賊暗藏在他準備穿越的平原裡。到了十九世紀中葉，梭羅敘述探勘緬因森林的探勘者也會爬到樹上。

至於偷窺，高踞枝頭只是讓人透過葉隙飽覽其他景觀罷了，例如偷看洗浴女性的裸體，這是另一個現代詩作裡的意象。

偷鳥巢的人

同時間還有另一個普遍的習俗：爬到樹上偷鳥巢。巴什拉強調，樹木既是鳥兒快樂的家，也是鳥巢的前廳。「偷鳥巢的人」是熱門的繪畫題材。我們已經在一三四〇年的亞維儂教皇宮注意過。老布勒哲爾[41]重新採用，很久以後的哥雅[42]也是。

這個孩子氣、少不更事的作為深入民間，於十八世紀末在社會上傳播開來。夏多布里昂還有之後的雨果，都吹噓自己偷過鳥巢；梭羅說自己迷戀鳥巢。一八五六年，他分析偷來的鳥巢使用什麼植物，重新連結築巢行為和飼養地盤。在他眼裡，這是為了「在大世界裡觀看微世界[119]」。

然而在十九世紀，偷走鳥巢變成飽受抨擊的事，從學校散播到整個鄉間。老師要求不要把獵殺有害動物的行動，與偷走鳥兒的蛋這種令人厭惡的行為混為一談。據夏多布里昂所說，在他多勒（Dol）的寄宿學校裡是禁止偷鳥巢的。

爬到樹上打落果實，而不是用長竿打落果實，是一種確實比較無辜，但類似偷鳥巢的行為。這個習慣似乎在十八世紀，隨著對大自然有感的情勢蒸蒸日上，在社會上傳布；特別當它是一棵「有益」的樹木，人們一個勁想打落它的果實。盧梭陳述自己癟腳的摘蘋果經驗：「我坐在大樹高處，把圍在身上的袋子裝滿水果[120]。」在虛構作品裡，歌德描寫維特坐在夏洛特的果樹上，打落最高的梨子，讓夏洛特去接。

爬樹：空中之亭

在十八世紀末，待在樹上與藏身植物之中的欲望逐增，以及對植物的棚架、青翠小屋和樹葉穹頂下的隧道的愛好相一致；因為貝拿丹認為上天構築樹木的方式，就是要讓人類輕易攀爬[121]。

上述內容跟單純的攀登行為的樂趣不同，後者是藉由攀高的挑戰行為，來展現能力和靈活度。與這個危險行為相關的樂趣已經在《墓畔回憶錄》開頭幾頁中長篇詳述了。為了競技的樂趣而登高的情況類似鄉間慶典時，豎立彩竿讓民眾搶奪的習俗。

在浪漫主義如日方中之時，爬樹之於大人而言，還有其他樂趣，跟敏感靈魂的激情及對大自然產生感情有關。隱藏在樹木上，隨著樹冠搖曳，鳥巢近在眼前，懸空營造孤獨感，遠離塵囂，這個被動的沉思空間有助於「高處遐想」。在尚．保羅43的《泰坦》中，主角坐在蘋果樹頂，享受在這空中之亭裡搖蕩的感覺，那裡因為風勁，晃得更厲害；這種種感受促成「用想像力深愛植物的現象[122]」。年輕的夏多布里昂把柳樹當作鳥巢，待在裡面好幾個小時聆聽聲響，幻想仙女（sylphide）陪伴著他[123]。跨坐在連接樹幹的樹枝上沉思變得越來越普遍。我們在這個搖籃中讀書，有需要的話還可以朗誦，同時聆聽樹木的話語。

梭羅悲嘆：「我們壓迫得了大地，但是來到高處，卻很少敵得過！（……）我有一次爬到一棵樹上，獲益不淺。那是山丘頂上的一棵松樹；我爬得相當辛苦，但是我的努力得到回報，因為我在地平線另一邊發現新的山，（……）這世界有很大一部分盡收我眼底。我很可能會在這棵樹下來回走動六十幾年，卻從來看不見那些山[124]。」梭羅在樹冠上發現一些迷你小花，一直以來「都在人類頭上，他們卻絲毫沒有注意過」。

莫爾是一八七四年十二月內華達山那場暴風雨的目擊證人，他登上高峻的山脊頂端，接著決定爬到針葉樹上，寫道：「為了就近聽見最高處針葉的風聲樂音。」他東尋西覓一棵既容易爬又夠堅固的樹，而且樹幹是可以讓他的手腳抱緊的，這樣就可以輕鬆爬上去。他選了一棵三十公尺高的花旗松，樹冠柔軟又茂密，他坐在那裡搖擺、打旋，充滿「癲狂歡喜」。

莫爾在修習植物學的那幾年就已習慣爬樹，輕輕鬆鬆就能攀到樹冠上。他說：「我從未體驗過同樣的狂喜，能令我感動如斯。」「當我緊繃每一條神經，抓緊樹枝，」樹枝就會打在一起。儘管在那麼高的地方，莫爾卻覺得安全，還說能自由隨風擺動，恣意享受森林，在他那「冠絕古今的觀景台」上陷入狂喜。

他一直都稱呼這個地方是他的棲息處，一待就是好幾個小時，凝神傾聽有聲景色中的對比成分：「摩娑樹葉的劈啪聲」「樹枝與光禿樹幹的深沉低音」，尖銳的嘯聲或松針「絲綢般的呢喃」。莫爾經常閉上眼睛，就為了享受音樂或「靜靜品味這美好的氣味」，這是大海的風挾帶來的「滿載著最能長精神的香料芬芳」。

從他的棲息處凝視「水流、瀑布、懸泉和漩渦，在每一棵樹周圍唱歌」，一直到隨著暴風雨擺盪那天之前，他都從未察覺這些樹木經歷過無數的旅程，儘管是短程。

在這場暴風雨中，在我們所能想像最能提神的風之吹襲下，每棵樹木都有各自的表達方式、自己的手勢和「熱切的動作」。它「每根纖維都在振動」「因為歡愉和興奮」。在莫爾眼中，每棵樹歡樂無比，「既非狂喜也非恐懼」。他從來沒見過樹木「這麼開心，這麼永生不死」。

這些年少輕狂的簡單行為中，有一些沒那麼普遍，也不怎麼被仔細分析過，但同樣衝動與歡愉兼而有之。何可律就提過和一票人在林蔭大道、接著是「大樹上的鳥巢」所體驗到的神祕感。他寫下：「我們跳了幾下就來到小島上的大橡樹下，它的樹皮因為我們頻頻攀爬而磨損。」從這個孤島的高處看去，「磨坊、樹木、溪流、瀑布、老牆呈現出最迷人的一面[125]。」

一八九八年，羅馬尼亞的瑪麗皇后訂作了一座樹上豪華小屋，想要的時候就可以躲到這裡來。她把主持工作交給建築師勒貢特．杜努依（André Lecomte du Noüy）。這座裝潢考究的小屋的設計圖全被保存下來。這座建築顯然預示了今日觀光用的樹屋。

樹上的奇異生活

二十世紀末，對人在樹上的想像有了新的一面，恰好符合當時的人類學發展。對於退化的幻想多了起來，同時間又有對異國情調的迷戀。進化論啟發人類起源的場面，同時人們想貼近樹木的欲望也加劇了。赤道非洲的探險家對林冠（canopy）的描述、史前史的研究進展，都加深了「原始」的魅力。

有四本受歡迎的小說說明這個空間行為的吸引力，相較於不久前，這種行為的目的更加清晰：追求懸空及衝勁的感受，還有與樹林和融無間。凡爾納的《空中村莊》描繪一群住在樹上的「野人」的部落生活。布洛創造泰山這個人物，令人想到空中移動的魅力、衝刺的歡快、與野生動物的溫柔關係（西方獵人看到野生動物，眼中只有野味），還有我們先前提過的把家安置在樹上的情色意味，此舉復原了「文明」的存在。

四分之一個世紀之後，傑克．倫敦在《亞當之前》中，選擇描寫史前時代從樹上生活到地面生活的這段過程。他描寫的樹上生活可說是一個人的返祖回憶，曾經順從於樹枝間跳躍的激烈欲望，在空中移動。

他邀請讀者隱匿在樹木中，感受當中的原始恐懼；重新體驗祖先住在樹木裡的感受，還有他們夢想的下墜滋味；去感受童年時坐在樹上的激動，讓自己既害怕在空中移動，卻又熱烈渴望向前衝。傑克．倫敦讓樹木生活到地面生活的過程再度活靈活現，並且染上年老家樹所激起的懷舊色彩[126]。

一九五七年，卡爾維諾在《樹上的男爵》中，集結了迄今四散的題材。他敘述一位深具文化涵養的貴族放棄地上生活，渴望登高，過著懸空的生活[127]。他避世離群，卻又胸懷奇志，是在跟現實唱反調，質疑社會，重新解讀世界。男爵嘗試融入樹林，住到高處來體驗以前未曾留意過的感受：對會膨脹的木材加工是什麼感受，讓樹木膨脹的霉斑、流動的芳香樹液、安睡的鳥兒的輕顫又會帶來什麼樣的感覺。男爵希望藉此獲得新的靈魂，甚至改變天性。卡爾維諾描述該如何讓這個物我合一的境界得以成真：「持續觸摸樹皮，觀察羽毛、獸毛、鱗片的動作，森林遍地的繽紛色彩，樹葉裡順暢流動的異於人血的綠色血液，與我們人類天差地別的各色各樣元氣淋漓的形體，如樹幹及斑鶇的喙[128]。」

註解

1 希斯亞德（Hesiod），希臘詩人，作品多著墨平民生活。
2 西菲洛（Zephyros），西風之神。
3 阿爾克諾厄斯（Alcinous），古希臘神話中的人物，住處富麗堂皇。
4 馬提亞（Martial），古羅馬詩人。
5 阿納卡西斯（Anacharsis），古希臘哲學家。
6 提梭（Samuel Auguste Tissot, 1728-1797）是瑞士名醫，因為手淫傷身的理論而聲名大噪。
7 康狄亞克（Étienne Bonnot de Condillac, 1714-1780），法國哲學家、作家。
8 威廉・肯特（William Kent, 1685-1748），十八世紀英國建築師、景觀設計師。
9 尚－馬利・莫黑爾（Jean-Marie Morel, 1728-1810），法國建築師、景觀設計師、畫家及音樂家，在法國設置了多座英式園林。
10 霍爾巴赫（Paul Thiry d'Holbach, 1723-1789），德國博學家、哲學家，早年即入籍法國，並以法文寫作。
11 赫西菲爾德（Magnus Hirschfeld, 1868-1935），德國醫生，創立了第一個為同性戀爭取人權的組織。
12 胡歇（Jean-Antoine Roucher, 1745-1794），法國詩人，在法國大革命期間的恐怖統治時期被誣陷而走上斷頭台。
13 吉拉丹（Émile de Girardin, 1802-1881），法國記者、政治家。
14 幽居（thébaïde）原是埃及一處沙漠地區——忒巴伊德，是隱士修道之地。
15 愛麗舍（Élysée）是希臘神話中的淨土，屬於冥府的一部分，品德高尚的人死後會到這裡享福。
16 埃德蒙・阿布（Edmond About, 1828-1885），法國作家、記者，也是法蘭西學院院士。
17 西蒙尼・馬提尼（Simone Martini, 1284-1344），生於錫耶納的畫家、泥金裝飾手抄本畫家。
18 楊・范艾克（Jan Van Eyck, 1390-1441），後哥德裝飾主義的法蘭德斯畫家。《神祕羔羊之禮拜》是《根特祭壇畫》（*Ghent Altarpiece*）的別名。
19 作者註：琴尼尼（Cennino Cennini, 1360-1440），義大利畫家，他的繪畫指南《藝匠手冊》在專研十四世紀藝術的專家眼中是非常珍貴的著作。這本書也包含了樹木繪畫方法的發展。
20 「洛林人」（Le Lorrain）指的是克羅德・哲雷（Claude Gellée, 1600-1682），又稱為克羅德・洛林（Claude Lorrain），是十七世紀洛林公國的畫家、版畫家。

21 杜格（Gaspar Dughet, 1615-1675），出生在羅馬的法國畫家，也是普桑的小舅子。

22 羅傑・德・皮勒斯（Roger de Piles, 1635-1709），法國畫家、版畫家，也是外交官。

23 瓦倫先（Pierre-Henri de Valenciennes, 1750-1819），法國新古典主義畫家，以風景畫見長。

24 尚－巴蒂斯特・戴佩特（Jean-Baptiste Deperthes, 1761-1833），畫家、風景理論家。

25 尚－喬治・威勒（Jean-Georges Wille, 1715-1808），生於德國的法國版畫家。

26 布魯昂德（Lazare Bruandet, 1755-1804），法國畫家、版畫家。

27 米夏隆（Achille-Etna Michallon, 1796-1822），法國畫家，曾獲一八一七年羅馬繪畫大獎。

28 比多（Jean-Joseph-Xavier Bidauld, 1758-1846），第一位進入法蘭西學會的風景畫家。

29 提克（Ludwig Tieck, 1773-1853），德國詩人、小說家。

30 馬利歐・里戈尼・斯特恩（Mario Rigoni Stern, 1921-2008），義大利作家。

31 尼可萊・卡拉姆金（Nicolaï Karamzine, 1766-1826），俄國作家、詩人也是歷史學家，著有不朽的《俄羅斯帝國史》（*Histoire de l'Empire de Russie*），在現代俄國文學的制訂中扮演決定性的角色。

32 德拉阿爾普（Jean-François de La Harpe, 1739-1803），來自瑞士的法國作家。

33 香蒂伊城堡村落（hameau de Chantilly），十八世紀建於香蒂伊城堡內的造景村莊。

34 特倫的聖伯爾拿離開修道院，前往位在法國西部曼恩省（Maine）的「沙漠」隱修，此地被稱為「第二個埃及」（seconde Egypte）。這一帶有占地龐大的森林，在十一世紀末有大大小小的隱修院雲集。

35 薩爾瓦特・羅薩（Salvator Rosa, 1615-1673），義大利畫家及詩人。

36 蒙泰朗（Henry de Montherlant, 1895-1972），法國小說家、劇作家。

37 莫里亞克（François Mauriac, 1885-1970），法國小說家、法蘭西學院院士，也是諾貝爾文學獎得主。

38 華倫丹・賈梅黑－杜瓦爾（Valentin Jamerey-Duval, 1695-1775），法國古物學家。

39 尤里庇狄斯（Euripides）與埃斯庫羅斯（Aeschylus）、索福克勒斯（Sophocles），合稱雅典古典悲劇三大作家。

40 潘修斯（Pentheus），希臘神話中的底比斯國王，他不相信酒神戴奧尼索斯的力量，也嚴禁國內女性參加酒神儀式，觸怒了酒神。酒神偽裝自己，將潘修斯騙到一棵樹上參觀崇拜儀式過程，於是潘修斯遭到殺害。

41 老布勒哲爾（Pieter Bruegel the elder, 1530-1569），重要的法蘭德斯畫家，題材多圍繞在農村生活及大自然上，他的兒子小布勒哲爾也是名畫家。

42 哥雅（Francisco de Goya, 1746-1828），著名的西班牙畫家，主要作品有《裸體瑪哈》《一八〇八年五月三日的槍殺》等。

43 作者註：尚·保羅（Johann Paul Friedrich Richter, 1763-1825），德國小說家，受過神學訓練，也是主要的德國浪漫主義作家之一，迷戀夢的世界。他的教育小說《泰坦》在十九世紀初（1800-1803）問世。

參考文獻

引言

1. Charles Péguy, « Victor-Marie, comte Hugo », « *Solvuntur objecta* », in *Œuvres en prose*, 1909-1914, Paris, Gallimard, coll. « Bibliothèque de la Pléiade », 1961, p. 746.
2. Théophraste, *Recherches sur les plantes*, livres III et IV, Paris, Les Belles Lettres, coll. « Guillaume Budé », 2003, p. 72-73, et Pline l'Ancien, *Histoire naturelle*, Paris, Les Belles Lettres, coll. « Guillaume Budé », 2003, livre XII, p. 22, et livre XVI, p. 83 et 84. Pour faciliter le recours aux textes cités, nous avons indiqué les pages des ouvrages de cette Collection des Universités de France, et non les paragraphes et les versets des œuvres.
3. Sur tous ces points, cf. Barbara Maria Stafford, *Voyage into Substance. Art, Science, Nature, and the Illustrated Travel Account, 1760-1840*, Cambridge Mass./Londres, MIT Press, 1984.
4. Charles Darwin, *Voyage d'un naturaliste autour du monde*, Paris, La Découverte, 2003, p. 31 et 27, trad. de *Journal of the Voyages of the Adventure and Beagle* et Alexandre de Humboldt, *Cosmos. Essai d'une description physique du monde*, Utz, 2000, t. I, p. 346-347.
5. Sur les éléments de cette distinction, cf. Dominique Château, « Les deux modèles de l'arbre en peinture », *in* Jean Mottet (dir.), *L'Arbre dans le paysage*, Seyssel, Champ Vallon, coll. « Pays-paysages », 2002, p. 16 *sq*.
6. Roger Caillois, *Les Arbres de Lapa. Les impostures de la poésie*, Paris, Gallimard, 1943.
7. William Gilpin, *Le Paysage de la forêt*, Saint-Maurice, Premières pierres, 2010, p. 27, traduction par Joël Cornuault de *Remarks on Forest Scenery and other Woodland Views, relative chiefly to Picturesque Beauty*, Londres, 1791(composé en 1781), p. 50.
8. Paul Gadenne, *Siloé*, Paris, Le Seuil, 1974, p. 467-468 et 469.
9. Gaston Bachelard, *L'Air et les songes. Essai sur l'imagination du mouvement*, Paris, José Corti, 1943 et Le Livre de poche, 2007, chap. X : « L'arbre aérien », p. 287.
10. Étienne Pivert de Senancour, *Oberman*, Paris, G.F. Flammarion, 2003, p. 245.
11. Henry David Thoreau, « Histoire naturelle du Massachusetts », 1842, in *Essais*, recueil présenté par Michel Granger, Paris, Le Mot et le Reste, 2007, p. 55.
12. Yves Bonnefoy, « Aux arbres », *Du mouvement et de l'immortalité de Douve*, Paris, Gallimard, 1953.
13. William Gilpin, *Le Paysage de la forêt*, *op. cit.*, p. 33.
14. Bernardin de Saint-Pierre, *Études de la nature*, Saint-Étienne, Publications de l'université de Saint-Étienne, 2007, p. 409 *sq* et 85.
15. Marcel Proust, *À la recherche du temps perdu*, t. I : « Du côté de chez Swann », Paris, Gallimard, coll. « Bibliothèque de la Pléiade », 1954, p. 422.

第1章　寫在樹上

1. Andrée Corvol, *Éloge des arbres*, Robert Laffont, 2004, p. 193.
2. Plutarque, *La Vie des hommes illustres*, Paris, Gallimard, coll. « Bibliothèque de la Pléiade », t. I, 1951, « Pyrrhus », p. 867.
3. Pline l'Ancien, *Histoire naturelle*, *op. cit.*, livre XVI, p. 33.
4. Robert Dumas, *Traité de l'arbre. Essai d'une philosophie occidentale*, Arles, Actes Sud, 2002, p. 48-49.
5. *Ibid.*, p. 49.
6. Cf. Sarah Kay, « L'art et la greffe dans le *Breviari d'amor* de Matfre Ermengaud », *in* Valérie Fasseur, Danièle James-Raoul et Jean-René Valette (dir.), *L'Arbre au Moyen Âge*, Paris, PUPS, 2010, p. 170-171.
7. Francis Gingras, « De branche en branche : aux racines des coupes romanesques », *in L'Arbre au Moyen Âge*, *op. cit.*
8. Danièle Alexandre-Bidon, « L'arbre à alphabet », *Cahier du Léopard d'or*, no 2, *L'Arbre. Histoire naturelle et symbolique de l'arbre, du bois et du fruit au Moyen Âge*, Paris, 1993, p. 133.
9. *Ibid.*, p. 134.
10. Keith Thomas, *Dans le jardin de la nature*, Paris, Gallimard (éd. originale 1983), 1985, p. 283-286.
11. Alain Corbin, *Archaïsme et modernité en Limousin*, Paris, Marcel Rivière, 1975, et Limoges, PULIM, 2000, t. II, p. 505.
12. Alexandre de Humboldt, *Tableaux de la nature*, 1808 (traduction 1874), p. 448.
13. *Ibid.*, p. 449.
14. Mme de Sévigné, *Correspondance*, Paris, Gallimard, coll. « Bibliothèque de la Pléiade », t. II, 1974, p. 138 et 121.
15. Sophie Le Ménahèze, *L'Invention du jardin romantique en France, 1761-1808*, Spiralinthe, 2001, p. 380.
16. Claude Henri Watelet, *Essai sur les jardins*, éd. Gérard Montfort, s.d., p. 46.

17. *Ibid.*, p. 59.
18. *Ibid.*, p. 61 et 65.
19. Virgile, *Bucoliques*. *Géorgiques*, éd. bilingue, Paris, Gallimard, coll. « Folio classique », 1997. Trad. Paul Valéry, « Cinquième bucolique », p. 87.
20. *Ibid.*, « Dixième bucolique », p. 129.
21. L'Arioste, *Roland furieux*, Paris, Gallimard, coll. « Folio classique », 2003, t. I, p. 411.
22. *Ibid.*, p. 412.
23. *Ibid.*, p. 505.
24. *Ibid.*
25. Cf. l'interprétation d'Alain Mérot, *Du paysage en peinture dans l'Occident moderne*, Paris, Gallimard, 2009, p. 213.
26. Pierre de Ronsard, *Œuvres complètes*, Paris, Garnier-Flammarion, 2e livre des *Amours*, sonnet LVIII, t. I, p. 225.
27. Pierre de Ronsard, *ibid.*, « Pour Hélène », t. I, p. 383.
28. Honoré d'Urfé, *L'Astrée*, éd. Jean Lafond, Paris, Gallimard, coll. « Folio classique », 1984, p. 118.
29. Madeleine et Georges de Scudéry, *Artamène ou le Grand Cyrus*, Paris, Garnier-Flammarion, 2005, p. 233.
30. Mme d'Aulnoye, *Contes de fées*, Paris, Champion, 2008, « Le Rameau d'or », p. 325.
31. Titre du beau livre de Bernard Kalaora, *Le Musée vert*. *Radiographie du loisir en forêt*, Paris, L'Harmattan, coll. « Environnement », 1993.
32. Cf. Jean-Claude Polton, Philippe Ariès et Georges Duby (dir.), *Histoire de la vie privée*, Paris, Le Seuil, 1987, t. IV : *De la Révolution à la Grande Guerre*, p. 421.
33. Paula Cossart, *Vingt-cinq ans d'amours adultères*. *Correspondance sentimentale d'Adèle Schunck et d'Aimé Guyet de Fernex, 1824-1849*, Paris, Fayard, 2005, p. 290.
34. *Ibid.*, p. 223.
35. Cf. Ségolène Le Men, *Courbet*, Paris, Mazenod, 2007, p. 80.
36. Victor Hugo, « *Magnitudo parvi* », *Les Contemplations*, Paris, Le Livre de poche, coll. « Classiques », 2002, p. 261.
37. Hervé Mazurel, *Désirs de guerre et rêves d'ailleurs*. *La croisade philhellène des volontaires occidentaux de la guerre d'Indépendance grecque, 1821-1830*, thèse, université Paris-I, juin 2009, p. 764.
38. Chateaubriand, *Atala*, Paris, Gallimard, coll. « Folio », 1971, p. 91.
39. Henry David Thoreau, *Journal, 1837-1861*, présentation de Kenneth White, Paris, Denoël, 2001, février 1841, p. 46.

第2章　逝去時光的老證人

1. À ce propos, cf. Jean Mottet, *L'Arbre dans le paysage*, *op. cit.*, p. 29.
2. Alphonse de Lamartine, *La Chute d'un ange*, in *Œuvres poétiques complètes*, Paris, Gallimard, coll. « Bibliothèque de la Pléiade », 1963, *passim*.
3. Alphonse de Lamartine, *Le Chêne*, in *Œuvres*, *op. cit.*, p. 368.
4. Jules Michelet, *La Montagne*, facsimilé de l'édition de 1868, Éditions d'aujourd'hui, coll. « Les introuvables », p. 203.
5. Sur le sens du végétal dans la ruine aux yeux de Diderot, sur la nature bourgeonnante, vitale, se régénérant, voir Barbara Maria Stafford, *Voyage into Substance…*, *op. cit.*, p. 289.
6. Bernardin de Saint-Pierre, *Études de la nature*, *op. cit.*, p. 157.
7. Jacques Lacarrière, *La Grèce des dieux et des hommes*, Paris, 1965, cité par Hervé Duchêne, *Le Voyage en Grèce*, Paris, Robert Laffont, coll. « Bouquins », 2003, p. 1050.
8. *Ibid.*, p. 833-834.
9. Théophraste, *Recherches sur les plantes*, *op. cit.*, p. 106 et 291.
10. *Ibid.*, p. 107.
11. Pline l'Ancien, *Histoire naturelle*, livre XVI, *op. cit.*, p. 94.
12. *Ibid.*, p. 95 et 96.
13. Stendhal, *Œuvres intimes*, Paris, Gallimard, coll. « Bibliothèque de la Pléiade », t. II, 1981, p. 1035.
14. Jules Michelet, *La Montagne*, *op. cit.*, p. 203.
15. À propos de l'immortalité de ces essences, cf. Angelo de Gubernatis, *La Mythologie des plantes*, 1878, rééd. Connaissance et mémoires européennes, 1996, Seconde partie : « Botanique spéciale », p. 52, 277, 295.
16. Alexandre de Humboldt, *Tableaux de la nature*, *op. cit.*, p. 447.
17. Bernardin de Saint-Pierre, *Études de la nature*, *op. cit.*, p. 401.
18. Jules Michelet, *La Montagne*, *op. cit.*, p. 203.
19. Linda Nochlin, « Le chêne de Flagey de Courbet : un motif de paysage et sa signification », *1848-1914*, no 1, 1989, p. 15-26.
20. Alexandre de Humboldt, *Tableaux de la nature*, *op. cit.*, p. 452-453.
21. Abbé Pluche, *Le Spectacle de la nature ou Entretiens sur les particularités de l'histoire naturelle qui ont paru les plus propres à rendre les jeunes gens curieux et à leur former l'esprit*, Paris, 1737, t. I, p. 426.
22. Alexandre de Humboldt, *Tableaux de la nature*, *op. cit.*, p. 452.
23. Nous avons traité, naguère, plus longuement, de ce bouleversement, dans notre livre intitulé *Le Territoire du vide*. *L'Occident et le désir de rivage*, Paris, Aubier, 1988 et Flammarion, coll. « Champs », 1988.

24. Cf. Andrée Corvol, *Éloge des arbres*, *op. cit.*, p. 26.
25. À ce propos, voir Jacqueline Carroy, Nathalie Richard, *Alfred Maury, érudit et rêveur. Les sciences de l'homme au milieu du XIXe siècle*, Rennes, PUR, 2007.
26. Lamartine, *Voyage en Orient*, *in* Jean-Claude Berchet (dir.), *Le Voyage en Orient*, Paris, Robert Laffont, coll. « Bouquins », 1985, p. 740.
27. Leconte de Lisle, « La forêt vierge », *Poèmes barbares* (1862), Paris, Gallimard, coll. « Poésie », 1985, p. 166-168.
28. Paul Valéry, « Dialogue de l'arbre », in *Œuvres*, Paris, Gallimard, coll. « Bibliothèque de la Pléiade », 1960, t. II, p. 190-191.
29. John Muir, *Célébrations de la nature*, Paris, José Corti, 2012, p 255. Julien Gracq, *Carnets du grand chemin*. Cité par Robert Dumas, *Traité de l'arbre*, *op. cit.*, p. 69.
30. Simon Schama, *Le Paysage et la mémoire*, Paris, Le Seuil, 1999, p. 218.
31. Citations extraites de Sophie Bruneau et Marc-Antoine Roudil, « Comment filmer l'arbre », *in* Jean Mottet (dir.), *L'Arbre dans le paysage*, *op. cit.*, p. 263-264.

第3章　地獄與天堂間的使者

1. Des bibliothèques ont été consacrées à ce personnage dont il serait impossible d'analyser ici les complexes rituels. À titre d'exemple : l'ouvrage fondamental de Mircea Eliade, *Le Chamanisme et les techniques archaïques de l'extase*, Paris, Payot, 1983. Cette édition augmentée d'un ouvrage paru en 1968 comporte une bibliographie sur les divers chamanismes, sibérien, indonésien, océanien, nord et sud-américains.
2. Cf. Andrée Corvol, *Éloge des arbres*, *op. cit.*, p. 72.
3. Bernardin de Saint-Pierre, *Harmonies de la nature*, Paris, Ledentu, 1840, p. 86.
4. *Ibid.*, p. 65-66.
5. Saint-John Perse, *Œuvres complètes*, Paris, Gallimard, coll. « Bibliothèque de la Pléiade », 1972, « Vents », p. 180.
6. Cf. Andrée Corvol, *L'Arbre en Occident*, *op. cit.*, p. 64.
7. *Ibid.*, p. 62.
8. Bernardin de Saint-Pierre, *Harmonies de la nature*, *op. cit.*, p. 240.
9. Paul Valéry, *Dialogue de l'arbre*, *op. cit.*, p. 181.
10. Gaston Bachelard, *L'Air et les songes*, *op. cit.*, p. 270.
11. Francis Ponge, *La Rage de l'expression*, Paris, Gallimard, coll. « NRF Poésie », 1976, p. 71.
12. Jean Borie, *Une forêt pour les dimanches. Les romantiques à Fontainebleau*, Paris, Grasset, 2003, p. 246 et 247.
13. Jules Michelet, *Journal*, Paris, Gallimard, t. II, 1962, p. 345.
14. Victor Hugo, *Quatrevingt-treize*, édition d'Yves Gohin, Paris, Gallimard, coll. « Folio classique », 1979, livre quatrième, « Tellmarch », p. 118.
15. Martin Heidegger, *Questions* III et IV, Paris, Gallimard, coll. « Tel » (1966), rééd. 2008. « Sérénité », p. 138 et 144.
16. Robert Graham, « Animal, végétal, minéral : les actes de succession de Michel Campeau », *Territoires. Michel Campeau, Photographies, Photographes*, Montréal, 2007, p. 14 *sq.*
17. Novalis, *Heinrich von Ofterdingen*, in *Romantiques allemands*, Paris, Gallimard, coll. « Bibliothèque de la Pléiade », t. I, 1963, p. 510.
18. Senancour, *Oberman*, *op. cit.*, p. 177.
19. François René de Chateaubriand, *Génie du christianisme*, Paris, Gallimard, « Bibliothèque de la Pléiade », 1978, p. 1305, et John Muir, *Célébrations de la nature*, *op. cit.*, p. 29.
20. Henry David Thoreau, « Teintes d'automne », in *Essais*, *op. cit.*, p. 283.
21. *Ibid.*, p. 278.
22. *Ibid.*, p. 282.
23. Henry David Thoreau, *Walden*, p. 138, cité par Michel Granger, « Le détour par le non-humain », *in* Michel Granger (dir.), *Henry D. Thoreau*, Cahiers de l'Herne, 1994, p. 234.
24. Sandra Laugier, « Du silence à la langue paternelle. Thoreau et la philosophie du langage », *Cahier de l'Herne* cité, p. 166.
25. Henry David Thoreau, *Journal, 1837-1861*, *op. cit.*, octobre 1853, p. 128.
26. Voir Andy Goldsworthy, *Bois*, Arcueil, Anthèse, coll. « Land Art », 1996, p. 5.
27. Réflexions d'Andy Goldsworthy, *ibid.*, février 1996.
28. Voir *Territoires. Michel Campeau, Photographies, Photographs*, Montréal, Les Quatre cents coups, 2007, notamment l'article de Robert Graham, « Animal, végétal, minéral : les actes de succession de Michel Campeau ».
29. Francis Ponge, *Le Parti pris des choses*, Paris, Gallimard, coll. « Poésie », 1942, p. 80.
30. Senancour, *Oberman*, *op. cit.*, p. 350.
31. Henry D. Thoreau, *Cap Cod*, Paris, Imprimerie nationale, 2000, présenté par Pierre-Yves Pétillon, p. 57.
32. Cf. le commentaire de ce tableau et de celui de Poussin par Alain Mérot, *Du paysage en peinture…*, *op. cit.*, p. 288 et 298.
33. Alphonse de Lamartine, *Jocelyn*, in *Œuvres poétiques complètes*, Paris, Gallimard, coll. « Bibliothèque de la Pléiade », 1963, p. 649.
34. Cf. Colette Garraud, *François Méchain. L'Arbre de Cantobre*, Arles, Actes Sud, 1998. Voir aussi François Méchain, *L'Exercice des choses*, Paris, Somogy, 2002

(texte de Colette Garraud).
35. De l'immense bibliographie consacrée à Attis, retenons seulement de Jacques Brosse, *Mythologie des arbres*, Paris, Payot, 1989 et 2011, p. 169-170, 173-184.
36. Théophraste, *Recherches sur les plantes*, *op. cit.*, p. 38.
37. Francis Ponge, *Le Parti pris des choses*, *op. cit.*, p. 48.
38. Paul Gadenne, *Siloé*, *op. cit.*, p. 541.
39. Robert Dumas, *Traité de l'arbre*, *op. cit.*, p. 144 *sq.*
40. Francis Ponge, *Le Parti pris des choses*, *op. cit.*, p. 84.
41. Cité par Chateaubriand, *Génie du christianisme*, *op. cit.*, p. 1193.
42. *Ibid.*, p. 934.
43. Emmanuel Fureix, *La France des larmes. Deuils politiques à l'âge romantique*, Paris, Champ Vallon, 2009, p. 78 *sq.*
44. Voir, notamment, Arnold Van Gennep, *L'Arbre et rites funéraires*, t. II, vol. II du *Manuel*, p. 770.
45. Robert Bourdu, *Histoires de France racontées par les arbres*, Paris, éd. Eugen Ulmer, 1999, p. 55-57.
46. Pierre de Ronsard, *La Franciade*, in *Œuvres complètes*, t. I, Paris, Gallimard, coll. « Bibliothèque de la Pléiade », 1993, p. 1091-1092.
47. François René de Chateaubriand, *Atala*, *op. cit.*, 1971, p. 128-129.
48. *Ibid.*, p. 91-92. Les funérailles dans les arbres et les bocages de la mort sont aussi décrites dans *Génie du christianisme*.
49. Pierre de Ronsard, « De l'élection de son sépulcre », dans 4e tome du Livre des odes, *Œuvres complètes*, cité t. I, p. 796.
50. *Ibid.*, p. 877. À ce propos, voir F. Joukovsky, *Tombeaux et offrandes rustiques*, Bibliothèque d'humanisme et Renaissance, 1965.
51. François de Malherbe, *Œuvres*, Paris, Gallimard, coll. « Bibliothèque de la Pléiade », 1971, p. 7.
52. Bernardin de Saint-Pierre, *Harmonies de la nature*, *op. cit.*, p. 100 *sq.*
53. *Ibid.*
54. *Ibid.*
55. Bernardin de Saint-Pierre, *Études de la nature*, *op. cit.*, p. 470.
56. Goethe, *Romans*, Paris, Gallimard, coll. « Bibliothèque de la Pléiade », 1954, *Les Souffrances du jeune Werther*, p. 119.
57. Lamartine, « Le saule pleureur », 1823, in *Œuvres*, *op. cit.*, p. 1723.
58. Emmanuel Fureix, *La France des larmes…*, *op. cit.*, p. 430.
59. George Sand, *Histoire de ma vie*, Paris, Gallimard, coll. « Bibliothèque de la Pléiade », 1970, t. I, p. 593 et 594.
60. *Ibid.*
61. Victor Hugo, *Les Contemplations*, *op. cit.*, p. 422.
62. « Le vieil if », *in Memoriam. Enoch Arden. Le Ruisseau. Ulysses. Les Mangeurs de lotus*, Paris, Aubier-Montaigne, 1938.
63. Cf. Robert Bourdu, *Histoires de France racontées par les arbres*, *op. cit.*, p. 60-63.
64. *Ibid.*
65. *Ibid.*, p. 64.

第4章　因樹木而起的神聖情懷

1. Chateaubriand, *Les Martyrs*, Paris, Larousse, 1934, livre XXIV, p. 85.
2. Chateaubriand, *Génie du christianisme*, *op. cit.*, p. 719.
3. Angelo de Gubernatis, *La Mythologie des plantes*, *op. cit.*, seconde partie, p. 337. Sur cet aspect de notre sujet, se reporter aux beaux livres de Jacques Brosse, notamment *Mythologie des arbres*, Paris, Plon, 1989 et Payot Rivages, 2001.
4. Cf. Mircéa Eliade, *Le Chamanisme…*, *op. cit.*, *passim*, et Jacques Brosse, *Mythologie des arbres*, *op. cit.*, p. 14-24.
5. Cf. Jean-Louis Brunaux, *Les Druides. Des philosophes chez les Barbares*, Paris, Le Seuil, 2006.
6. Pline l'Ancien, *Histoire naturelle*, livre XVI, *op. cit.*, p. 99.
7. Notons, tout d'abord, que la présence de l'arbre est obsédante dans l'ensemble de l'ouvrage. Nous nous en tenons, ici, à un épisode dans lequel il s'impose avec une intensité particulière. Cf. Honoré d'Urfé, *L'Astrée*, *op. cit.*, p. 129 *sq*, notamment p. 132.
8. *Ibid.*, p. 141.
9. Chateaubriand, *Les Martyrs*, *op. cit.*, p. 52.
10. Andrée Corvol, *L'Arbre en Occident*, *op. cit.*, *passim.*
11. Voir aussi Robert Harrison, *Forêts, essai sur l'imaginaire occidental*, Paris, Flammarion, 1992, *passim.*
12. On trouvera la liste des chênes sacrés de Grèce et d'Italie *in* Jacques Brosse, *Mythologie des arbres*, *op. cit.*, p. 100 *sq.*
13. Lysias, *Discours I-XV*, Paris, Les Belles Lettres, 1967, « Sur l'olivier sacré », p. 107-121.
14. Pierre Grimal, *Les Jardins romains*, Paris, PUF, 1969, p. 53 (1ère édition, 1943).
15. Sur tout ce qui précède, voir Pierre Grimal, *Les Jardins romains*, *op. cit.*, p. 165-171.
16. Sur Sénèque et le *locus terribilis*, *ibid.*, p. 416.
17. Pline l'Ancien, *Histoire naturelle*, *op. cit.*, livre XII, p. 20.
18. *Ibid.*, livre XV, p. 45 et 46. Sur le ficus Ruminalis, cf. F. Coarelli, *Il foro romano*, t. 2,

éd. Quasar, Rome, 1985, p. 29-38.

19. *Ibid.*, p. 58-60.
20. *Ibid.*, p. 64.
21. Cf. Werner Hofmann, *Caspar David Friedrich*, Paris, Hazan, 2000, p. 63.
22. Jean-Paul Bouillon, *Maurice Denis*, Skira, 1993, notamment p. 42, *L'Échelle dans le feuillage* (1892).
23. Cf. George Sand, *Histoire de ma vie*, *op. cit.*, p. 819-821.
24. Arnold Van Gennep, *Manuel*, *op. cit.*, III, dossier consacré à l'éventualité d'un culte des arbres en France, contenant une abondante bibliographie.
25. Notation qui résulte de conversations que j'eus naguère avec Louis Bonnaud. En ce qui concerne la survivance du culte des arbres, se reporter à Jacques Brosse, *Mythologie des arbres*, *op. cit.*, p. 261.
26. Chateaubriand, *Atala*, *op. cit.*, p. 66.
27. Henry David Thoreau, *Journal*, *op. cit.*, septembre 1857, p. 186.
28. Henry David Thoreau, *Journal*, *op. cit.*, janvier 1858, p. 193.
29. Très nombreux sont les ouvrages concernant l'histoire des arbres du paradis terrestre, la légende de la croix, l'arbre de Jessé… Parmi eux, citons outre les références qui suivent : Jacques Brosse, *Mythologie des arbres*, *op. cit.*, p. 364 *sq*, Jean Delumeau, *Une histoire du paradis*, I. *Le Jardin des délices*, Paris, Fayard, 1992, et G. Dufour-Kowalska, *L'Arbre de vie et la Croix*, Genève, Éditions du Tricorne, 1985.
30. Nicole Lemaître, *De l'arbre du Paradis au bois d'infamie. Les arbres bibliques et leur usage symbolique dans l'histoire*, manuscrit non publié.
31. Notamment, saint Augustin, *La Cité de Dieu*, XIII 20 et XIV 26.
32. Apocalypse, XXII, 1, 2 et 14.
33. Cf. Fulcran Grégoire Vigouroux, *Dictionnaire de la Bible*, Paris, Letouzey & Ané, 1995, article « Arbre ».
34. Chateaubriand, *Les Martyrs*, *op. cit.*, p. 31.
35. Cf. Chantal Labre, *Dictionnaire biblique, culturel et littéraire*, Paris, Armand Colin, 2002, article « Arbre », p. 37 *sq*.
36. Nicole Lemaître, manuscrit cité, p. 6 et 7.
37. Déjà évoqué à propos des temporalités de l'arbre. Lamartine, *La Chute d'un ange*, in *Œuvres*, *op. cit.*, p. 814.
38. Simon Schama, *Le Paysage et la mémoire…*, *op. cit.*, p. 608. L'auteur s'inspire de John Prest, *The Garden of Eden: the Botanic Garden and the Recreation of Paradise*, New Haven-Londres, 1981.
39. Andrée Corvol, *L'Arbre en Occident*, *op. cit.*, p. 155 et Robert Dumas, *Traité de l'arbre*, *op. cit.*, p. 32-33. Christiane Klapisch-Zuber, « La genèse de l'arbre généalogique », *Cahiers du Léopard d'or*, no 2, *op. cit.*
40. Chateaubriand, *Génie du christianisme*, *op. cit.*, p. 976-977.
41. Lamartine, *La Chute d'un ange*, in *Œuvres*, *op. cit.*, p. 813-829.
42. Gérard de Nerval, *Scènes de la vie orientale*, « La forêt de pierre », cité par Jean-Claude Berchet (dir.), *Le Voyage en Orient. Anthologie des voyageurs français dans le Levant au XIXe siècle*, Paris, Robert Laffont, coll. « Bouquins », 1985, p. 893.
43. Cf. Michel Pastoureau, « Introduction à la symbolique médiévale du bois », *L'Arbre. Histoire naturelle et symbolique…*, *op. cit.*, p. 27.
44. Simon Schama, *Le Paysage et la mémoire…*, *op. cit.*, p. 251 *sq*.
45. Robert Dumas, *Traité de l'arbre*, *op. cit.*, p. 33.
46. Simon Schama, *Le Paysage et la mémoire…*, *op. cit.*, p. 245-247.
47. Chantal Labre, article « Croix, crucifixion » cité dans *Dictionnaire biblique, culturel et littéraire*, *op. cit.*, p. 90.
48. *Ibid.*
49. Kenneth Clark, *L'Art du paysage*, Paris, R. Julliard (*Landscape into art*, trad. André Ferrier et Françoise Falcou), 1962, p. 1-4.
50. Cf. ainsi que pour ce qui suit, le très beau texte de Michel Pastoureau in Frank Horvat, *Figures romanes*, Le Seuil, 2001-2007, *passim*.
51. Sophie Albert, « L'arbre et le sens de la lignée : l'exemple du Roman de Guiron », in *L'Arbre au Moyen Âge*, *op. cit.*, p. 153.
52. Sophie Albert, article cité, p. 153.
53. Andrée Corvol, *Éloge des arbres*, *op. cit.*, p. 164 et comme source : Jacques de Voragine, *La Légende dorée*, Paris, Gallimard, coll. « Bibliothèque de la Pléiade », 2004, présentation d'Alain Boureau, p. 560 et Roland Bechmann, *Des arbres et des hommes… La forêt au Moyen Âge*, Paris, Flammarion, 1984, p. 330.
54. Jacques Le Goff, *Un autre Moyen Âge*, Paris, Gallimard, 1999, et « Culture savante et culture populaire », p. 223-224. Certains ont toutefois appelé à la précaution et souligné la relative rareté des témoignages concernant le refus de la culture folklorique par l'Église.
55. Pierre Gallais, Joël Thomas, *L'Arbre et la forêt dans l'Énéide et l'Eneas. De la psyché antique à la psyché médiévale*, Paris, Champion, 1997, *passim*.
56. Gaston Phébus, *Le Livre de chasse*, Paris, musée de la Chasse et de la Nature, 2002.
57. Jacques Le Goff, « L'Occident médiéval et l'océan Indien : un horizon onirique », *Un autre Moyen Âge*, *op. cit.*, p. 269-286.
58. Madeleine Jeay, « L'exégèse de l'Apocalypse par une illettrée du XIVe siècle : l'arbre de vie de Constance de Rabastens », in *L'Arbre au Moyen Âge*, *op. cit.*, p. 81.
59. Cf. Alain Mérot, *Du paysage en peinture…*, *op. cit.*, p. 219-220.
60. Abbé Pluche, *Le Spectacle de la nature…*, *op. cit.*, tome II, p. 393, 396 et 447.
61. Cité par Robert Dumas, *Traité de l'arbre*, *op. cit.*, p. 22-23.
62. Le « bois » contribue, en outre, à faire du jardin un espace exemplaire et patriotique.

Mieux qu'ailleurs peut s'y déployer le culte des grands hommes.
63. Chateaubriand, *Génie du christianisme*, *op. cit.*, p. 558.
64. Philippe Roger, « Vivant pilier. La figure de l'arbre chez Jean-Pierre Denis », *in* Jean Mottet (dir.), *L'Arbre dans le paysage*, *op. cit.*, p. 124 et 122.
65. Charles Darwin, *Voyage d'un naturaliste…*, *op. cit.*, p. 71 et 72.
66. Jules Michelet, *La Montagne*, *op. cit.*, p. 197.
67. À titre d'exemples, en ce qui concerne la France : Georges Feterman, *Arbres extraordinaires de France*, Éditions Dakota, 2008, et Robert Bourdu, *Histoires de France racontées par les arbres*, *op. cit.*
68. Jacques Le Goff, « Le désert-forêt dans l'Occident médiéval », *Un autre Moyen Âge*, *op. cit.*, p. 495-500.
69. Samuel Taylor Coleridge, *La Ballade du vieux marin*, Poésie, Paris, Gallimard, 2007, « Le bon ermite », p. 79.
70. Cf. commentaire de Roger Van Schoute et Monique Verboomen, *Jérôme Bosch*, Paris, La Renaissance du livre, 2007, p. 103.
71. Robert Bourdu, *Histoires de France racontées par les arbres*, *op. cit.*, p. 72-85.
72. Alexandre de Humboldt, *Tableau de la nature*, *op. cit.*, p. 445.
73. Jean-Guy Gouttebroze, *Le Précieux Sang de Fécamp. Origine et développement d'un mythe chrétien*, Paris, Honoré Champion, 2000.
74. *Les Lais de Marie de France*, publiés par Jean Rychner, Paris, Honoré Champion, 2004, « Le Frêne », p. 41-50.
75. Alphonse de Lamartine, *Jocelyn*, *op. cit.*, p. 755.
76. À titre d'exemple, Keith-Thomas, *Dans le jardin de la nature*, *op. cit.*, p. 282.
77. Chateaubriand, *Atala*, *op. cit.*, p. 96.
78. Marc Leproux, *Dévotions et saints guérisseurs*, Paris, PUF, 1967. Voir aussi une synthèse sur cet aspect *in* Andrée Corvol, *L'Arbre en Occident*, *op. cit.*, p. 200-204.
79. Robert Bourdu, *Histoires de France racontées par les arbres*, *op. cit.*, chapitre intitulé « Les arbres hagiographiques », p. 87 *sq.*
80. Cf. *infra*, p. 197.
81. Sur tous ces points, Robert Bourdu, *Histoires de France racontées par les arbres*, *op. cit.*, chapitre cité.
82. Lamartine, cité par Jean-Claude Berchet (dir.), *Le Voyage en Orient…*, *op. cit.*, 740.
83. François René de Chateaubriand, *Génie du christianisme*, *op. cit.*, p. 914.
84. Marcel Proust, *À la recherche du temps perdu. Du côté de chez Swann*, *op. cit.*, p. 139, 140.
85. Bernardin de Saint-Pierre, *Études de la nature*, *op. cit.*, p. 540 et 543.
86. Paul-François Barbault-Royer cité dans Jean-Marie Goulemot *et alii* (dir.), *Le Voyage en France*, Paris, Robert Laffont, coll. « Bouquins », 1995, p. 987.
87. Cf. *supra*, p. 174.
88. Marcel Proust, *À la recherche du temps perdu, Du côté de chez Swann*, *op. cit.*, p. 138.
89. Marcel Proust, *Jean Santeuil*, Paris, Gallimard, coll. « Quarto », 2001, p. 219, 224.
90. Roland Bechmann, *Des arbres et des hommes…*, *op. cit.*, p. 225.
91. Cf. Simon Schama, *Le Paysage et la mémoire*, *op. cit.*, p. 270, 271, et Colette Garraud, *L'Artiste contemporain et la nature. Parcs et paysages européens*, Paris, Hazan, 2007, p. 153.
92. Propos qui ont frappé Andy Goldsworthy qui les cite dans son ouvrage cité, *Bois*, p. 47.
93. Chateaubriand, *Génie du Christianisme*, *op. cit.*, p. 802.
94. Henry David Thoreau, *Les Forêts du Maine*, Paris, José Corti, 2002, p. 130.
95. Sur toutes ces réalisations, cf. Colette Garraud, *L'Artiste contemporain et la nature. Parcs et paysages européens*, *op. cit.*, p. 152-155.
96. Francis Ponge, *La Rage de l'expression*, *op. cit.*, « Le carnet du bois de pin », p. 103, 105 et 107.
97. René Fallet, *Les Pieds dans l'eau*, Paris, Le Cherche Midi, 2009, p. 91.

第5章　樹木：從害怕到恐懼

1. Sermon « sur l'ambition » de la quatrième semaine du Carême du Louvre, 19 mars 1662. *Œuvres oratoires de Bossuet*, Paris, Desclée de Brouwer, t. IV, p. 256-257. Ce texte fut prononcé avant la publication du *Chêne et le Roseau*, dans lequel La Fontaine reprenait, inspiré de Virgile cette fois, le thème de la fragilité de la puissance.
2. Cf. le beau texte de Michel Pastoureau, « Bonum, Malum, Pomum. Une histoire symbolique de la pomme », *Cahiers du Léopard d'or*, no 2, *L'Arbre…*, *op. cit.*, p. 155-212.
3. Voir à titre d'exemples : Nils Büttner, *L'Art des paysages*, Paris, Citadelles & Mazenod, 2007 (exemplaire original, allemand, 2006), p. 60. Roger Van Schoute et Monique Verboomen, *Jérôme Bosch*, *op. cit.*, p. 109-115 et 156. Hans Belting, *Bosch, le Jardin des délices*, 2002 (2005 pour l'édition française), commentaire du panneau « enfer » et de l'« homme-arbre ».
4. *L'Arbre au Moyen Âge*, *op. cit.*, p. 9-10.
5. Cf. Angelo de Gubernatis, *La Mythologie des plantes*, *op. cit.*, 1re partie, p. 193.
6. Frank Horvat et Michel Pastoureau, *Figures romanes*, *op. cit.*, p. 131.
7. Victor Hugo, *La Fin de Satan*, II, « Le Gibet », « Jesus Christ », partie 17, v. 15-18, *in* Paris, Gallimard, « Bibliothèque de la Pléiade », 1950.
8. Jacques de Voragine, *La Légende dorée*, *op. cit.*, p. 921.

9. *Ibid.*, p. 718.
10. Sur tous ces points, cf. Joséphine Le Foll, *L'Atelier de Mantegna*, Paris, Hazan, 2008, p. 97-363.
11. Jacques de Voragine, *La Légende dorée*, *op. cit.*, p. 36-370. Voir le dossier sur ce thème, figurant en note, p. 1228 et sur la manière dont Jacques de Voragine effectue une compilation.
12. Théophraste, *Recherches sur les plantes*, *op. cit.*, p. 30.
13. Pline l'Ancien, *Histoire naturelle*, *op. cit.*, livre XVI, p. 55.
14. Lucrèce, *De la nature des choses*, Paris, Le Livre de poche, 2002, p. 655.
15. Michel Pastoureau, « Introduction à la symbolique médiévale du bois », *L'Arbre. Histoire naturelle et symbolique…*, *op. cit.*, p. 37-38.
16. Robert Bourdu, *Histoires de France racontées par les arbres*, *op. cit.*, p. 60.
17. Cité par Robert Bechmann, *Des arbres et des hommes*, *op. cit.*, p. 15.
18. Angelo de Gubernatis, *La Mythologie des plantes*, *op. cit.*, p. 242-253.
19. Dictionnaire Bescherelle, 1861, article « Mancenillier ».
20. Homère, *L'Odyssée*, chant XII, Paris, Le Livre de poche, coll. « Classiques en poche », 1996 (trad. Victor Bérard), v. 430-435, p. 310.
21. Pline l'Ancien, *Histoire naturelle*, livre XVI, *op. cit.*, p. 55.
22. Georges Feterman, *Arbres extraordinaires*, *op. cit.*, p. 115.
23. Robert Bourdu, *Histoires de France racontées par les arbres*, *op. cit.*, p. 220.
24. Walter Scott, *Quentin Durward*, dans *Ivanhoé et autres romans*, Paris, Gallimard, coll. « Bibliothèque de la Pléiade », 2007, p. 602-610.
25. George Sand, *Histoire de ma vie*, t. I, *op. cit.*, p. 646 et 647.
26. Charles Darwin, *Voyage d'un naturaliste…*, *op. cit.*, p. 136.
27. Jules Verne, *Cinq semaines en ballon*, 2005, chapitre XX, p. 170.
28. Jean-Marie Seillan, « Le gore colonial. Aspects du corps supplicié dans la littérature d'aventures africaines à la fin du XIXe siècle », *in* Frédéric Chauvaud (dir.), *Corps saccagés*, Rennes, PUR, 2009, p. 269.
29. Solange Vernois, « Le corps martyrisé et la curiosité dévoyée dans le *Journal des voyages (1877-1896)*, *in* Frédéric Chauvaud (dir.), *Corps saccagés*, *op. cit.*, p. 251. L'article illustré, ici cité, n'est pas le seul consacré à l'arbre anthropophage de Madagascar paru dans le *Journal des voyages*.
30. Cf. Anna Caiozzo, « Les monstres dans les cosmographies illustrées de l'Orient médiéval », *in* Anna Caiozzo et Anne-Emmanuelle Demartini, *Monstre et imaginaire social*, Paris, Créaphis, 2008, p. 55 *sq*.
31. Charles Sorel, *Histoire comique de Francion*, dans *Romanciers du XVIIe siècle*, Paris, Gallimard, coll. « Bibliothèque de la Pléiade », 1958, p. 69-70.
32. Céline Gilard, « La violence des bandits dans l'Espagne de l'Ancien Régime. Entre réalité et imaginaire », *in* Frédéric Chauvaud (dir.), *Corps saccagés*, *op. cit.*, p. 177-196.
33. En 1871, encore, les assassins d'Alain de Moneys sont décapités au centre de la petite commune de Hautefaye. Cf. Alain Corbin, *Le Village des cannibales*, Paris, Aubier, 1990 et Flammarion, coll. « Champs », 1995.
34. Daniel Serceau, « Le paysage et le deuil, le destin d'un cyprès », *in* Jean Mottet (dir.), *Les Paysages du cinéma*, Seyssel, Champ Vallon, 1999, p. 185.
35. Lucain, *La Guerre civile* (*La Pharsale*), Paris, Les Belles Lettres, 1962, (trad. A. Bourgery), livre III, p. 81-83.
36. Buffon, *Œuvres*, textes choisis, présentés et annotés par Stéphane Schmitt, avec la collaboration de Cédric Crémière, préface de Michel Delon, coll. « Bibliothèque de la Pléiade », 2007, p. 990 et 991.
37. Henry David Thoreau, *Les Forêts du Maine*, *op. cit.*, p. 79 et 80.
38. Bernardin de Saint-Pierre, *Études de la nature*, *op. cit.*, p. 319.
39. Cf. Kenneth Clark, *L'Art du paysage*, *op. cit.*, p. 44.
40. Hinrich Sieveking (dir.), *L'Âge d'or du romantisme allemand. Aquarelles et dessins à l'époque de Goethe*, Paris, musée de la Vie romantique, catalogue de l'exposition mars-juin 2008, p. 178.
41. Cf. Simon Schama, *Le Paysage et la mémoire*, *op. cit.*, p. 125 et 120 *sq*.
42. Maurice de Guérin, *Le Cahier vert*, p. 47. Les références de toutes les citations figurant ici et plus loin sont celles des *Œuvres complètes* de Maurice de Guérin, Paris, Garnier, 2012.
43. Victor Hugo, *Les Misérables*, Paris, Le Livre de Poche, coll. « Classique », présentation de Guy Rosa, t. 1, 1998, p. 545.
44. Horace, *Odes*, Paris, Gallimard, coll. « Poésie », 2004 (préface de Claude-André Tabart), XIII, p. 213 et 215.
45. Stendhal, *Œuvres intimes*, *op. cit.*, t. II : « Vie de Henry Brulard », p. 674.
46. Cf. ce que dit du tronc qui barre la route à la continuité, à l'écoulement de la vie Philippe Ragel, « Les rêveries d'un cinéaste solitaire. À propos de *Nouvelle vague* de Jean-Luc Godard », *in* Jean Mottet (dir.), *L'Arbre dans le paysage*, *op. cit.*, p. 193.
47. Goethe, *Les Souffrances du jeune Werther*, *op. cit.*, p. 51-52.
48. Barbey d'Aurevilly, *Un prêtre marié*, Paris, Robert Laffont, 2010, p. 663. Ces quelques lignes évoquent *Le Centaure* de Maurice de Guérin.
49. Victor Hugo, *Correspondance*, Paris, Robert Laffont, coll. « Bouquins », 1991, t. II : *1828-1839*, p. 462.
50. Joseph Conrad, *Au bout du rouleau*, Paris, Gallimard, coll. « L'imaginaire », 1931 et 1985, p. 96.
51. Henry David Thoreau, *Les Forêts du Maine*, *op. cit.*, p. 256.
52. Charles Darwin, *Voyage d'un naturaliste…*, *op. cit.*, p. 302.
53. Élisée Reclus, *Histoire d'un ruisseau*, Actes Sud, coll. « Babel », 1995, p. 179.

54. *Ibid.*, p. 180 et 181.
55. *Ibid.*, p. 182.
56. Louis-Ferdinand Céline, *Casse-pipe*, in *Romans*, t. III, Paris, Gallimard, coll. « Bibliothèque de la Pléiade », 1988, p. 13.

第6章 夢幻神奇的不可思議之樹

1. Théophraste, *Recherches sur les plantes*, *op. cit.*, p. 79, 82, 83 et 86.
2. Cf. Pline l'Ancien, *Histoire naturelle*, *op. cit.*, livre XII, p. 92 et 47.
3. Ovide, *Les Métamorphoses*, Paris, Gallimard, coll. « Folio classique », 1992, présentation de Jean-Pierre Néraudau, p. 323-324 et 352.
4. *Ibid.*, p. 458 et 460.
5. Jacques Brosse, *La Mythologie des arbres*, *op. cit.*, commentaire des *Métamorphoses* d'Ovide, p. 237 *sq.*
6. Ovide, *Les Métamorphoses*, *op. cit.*, p. 301-302.
7. *Ibid.*, p. 465.
8. Cf. *infra*, p. 73 et p. 82.
9. Chrétien de Troyes, *Le Chevalier au lion* (Yvain), Paris, Honoré Champion, 1999, p. 10.
10. *Ibid.*, p. 11-12. En ce qui concerne l'arbre dans les romans de Chrétien de Troyes, voir Sylvie Roustant, « Le chêne et le charme : en forêt hors les lois dans l'œuvre de Chrétien de Troyes », *Otrante*, Kimé, nos 27-28, automne 2010.
11. Le Tasse, *La Jérusalem délivrée*, Paris, Classiques Garnier, 1990, éd. Jean-Michel Gardair, p. 957-958.
12. Cf. interprétation du dessin à la plume intitulé *La Forêt des oreilles et la forêt des yeux* de Jérôme Bosch, *in* Hans Belting, *Bosch. Le Jardin des délices*, *op. cit.*, p. 69.
13. La Fontaine, *Fables*, Paris, Le Livre de poche, 1985, édition de Marc Fumaroli, p. XCVIII. Sur la parole de l'arbre, cf. *infra*, p. 184 *sq.*
14. Cf. *infra*, p. 127.
15. Hinrich Sieveking (dir.), *L'Âge d'or du romantisme allemand*, *op. cit.*, p. 182.
16. Hans Christian Andersen, *Œuvres*, Paris, Gallimard, coll. « Bibliothèque de la Pléiade », t. I, 1992, p. 562-567.
17. Voir le commentaire de Pierre Albouy dans son édition des *Voix intérieures* de Hugo, Paris, Gallimard, 1970, p. 398. On notera qu'au cœur du XXe siècle c'est la présence de l'orme qui s'impose dans les cauchemars que Hermann Broch prête au poète au cours de la deuxième partie de son roman *La Mort de Virgile*, intitulée « Le feu ».
18. Henry David Thoreau, *Histoire naturelle du Massachusetts* (1842), in *Essais*, *op. cit.*, 2007, p. 56.
19. Henry David Thoreau, *Les Forêts du Maine*, *op. cit.*, p. 134.
20. Marcel Proust, *Jean Santeuil*, *op. cit.*, p. 213.
21. Colette Garraud, *L'Idée de nature dans l'art contemporain*, Paris, Flammarion, 1994, p. 25. Il convient de se reporter à cet ouvrage remarquable pour tout ce qui suit, cf. notamment le chapitre intitulé : « Un objet de Nature : l'Arbre ».
22. Frank Doriac, *Le Land Art… et après. L'émergence d'œuvres géoplastiques*, Paris, L'Harmattan, 2005, p. 16-18.
23. Alain Roger, « Des essences végétales aux essences idéales, *in* Jean Mottet (dir.), *L'Arbre dans le paysage*, *op. cit.*, p 54.

第7章 樹木的靈魂

1. Platon, *Timée*, Paris, Les Belles Lettres, 1963, p. 208.
2. *Ibid.*
3. Sur tous ces points et sur ce qui suit, cf. Dominique Brancher, *La Fabrique équivoque de la pudeur (1390-1630)*, thèse, université de Genève, 24 mars 2012. Notamment la 3e partie.
4. Souligné et développé par Dominique Brancher dans la thèse citée, 3e partie, « L'Éden en luxure. Le Péché, l'arbre et le corps », p. 533-717.
5. Dominique Brancher, thèse citée, p. 657.
6. Blaise Pascal, *Œuvres complètes*, Paris, Gallimard, coll. « Bibliothèque de la Pléiade », 1954, t. I, p. 1156.
7. Cf. Dominique Brancher, thèse citée, p. 659 *sq.*
8. *Ibid.*, p. 667.
9. *Le Voyage souterrain de Niels Klim*, Paris, José Corti, coll. « Merveilleux, no 14 », 2001.
10. Buffon, *Histoire naturelle*, in *Œuvres*, Paris, Gallimard, coll. « Bibliothèque de la Pléiade », « Histoire des animaux », p. 137.
11. *Ibid.*, p. 138.
12. *Ibid.*
13. Schelling, *Idées pour une philosophie de la nature* (1797) et l'*Âme du monde* (1798).
14. *Les Souffrances du jeune Werther*, *op. cit.*, p. 48.
15. Roger Ayrault, dans Goethe, *Poésies/Geidichte*, vol. II, Paris, Aubier, 1982, p. 74.
16. Novalis, *Heinrich von Ofterdingen*, *op. cit.*, p. 511.
17. Maurice Regard, *in* Chateaubriand, *Génie du christianisme*, *op. cit.*, p. 1604.

18. Victor Hugo, « À Albert Dürer », *Les Voix intérieures* (1837), *op. cit.*, p. 179.
19. Alphonse de Lamartine, *La Chute d'un ange*, *op. cit.*, p. 814.
20. Maurice de Guérin, *Le Cahier vert*, *op. cit.*, p. 46.
21. Gérard de Nerval, « Chimères », in *Les Filles du Feu, Les Chimères et autres textes*, Paris, Le Livre de poche, 1999, p. 372.
22. Walt Whitman, *Feuilles d'herbe* (1855), Paris, José Corti, 2008, p. 205.
23. Pour tout le paragraphe qui précède, Robert Dumas, *Traité de l'arbre*, *op. cit.*, p. 136-138.
24. Henri Miller, extrait de *Regards sur la Grèce* (1971), cité par Hervé Duchêne, *Le Voyage en Grèce*, *op. cit.*, p. 980.
25. Paul Valéry, *Dialogue de l'arbre*, *op. cit.*, p. 184.
26. Philippe Descola, *Les Lances du crépuscule. Relations Jívaros-haute Amazonie*, Paris, Plon, coll. « Terre humaine », 1993, *passim*.

第8章　樹木的類比與個體化

1. Pour ce qui suit : musée Matisse, Le Cateau-Cambrésis, *Matisse et l'arbre*, Paris, Hazan, 2003, p. 109-108 et 155. Tout ce catalogue développe le sentiment d'analogie et d'identification. Voir aussi, à ce propos, *Matisse, une seconde vie*, Paris, Hazan, 2005.
2. Philippe Ragel, « Les rêveries d'un cinéaste solitaire… », art. cité, p. 189.
3. Pline l'Ancien, *Histoire naturelle*, *op. cit.*, livre XVI, p. 77-78 et 79.
4. La Mettrie, *L'Homme-plante*, cité par Robert Dumas, *Traité de l'arbre*, *op. cit.*, p. 55.
5. *Matisse et l'arbre*, *op. cit.*, p. 153.
6. Cf. Pierre Schneider, « Matisse et Daphné », in *Matisse et l'arbre*, *op. cit.*, p. 148-174. Citation : p. 153.
7. Cf. *supra*, p. 43.
8. Santos Zunzunegui, « En accompagnant l'arbre », *in* Jean Mottet (dir.), *L'Arbre dans le paysage*, *op. cit.*, p. 103 *sq.*
9. Souligné par Philippe Roger, article cité.
10. Alain Roger, « Des essences végétales aux essences idéales », article cité, p. 41.
11. *Ibid.*
12. *Conversations de Goethe avec Eckermann*, Paris, Gallimard, 1949-1988, mercredi 11 avril 1827, p. 221.
13. Robert Dumas, *Traité de l'arbre*, *op. cit.*, p. 191.
14. À ce propos, Alain Mérot, *Du paysage en peinture…*, *op. cit.*, p. 43-44.
15. Cf. *supra*, p. 000.
16. Théophraste, *Recherches sur les plantes*, *op. cit.*, p. 6.
17. Pline l'Ancien, *Histoire naturelle*, *op. cit.*, livre XVI, p. 46.
18. Sannazaro, *L'Arcadie*, cité *in* Ronsard, *Œuvres complètes*, t. II, « Bergerie », note p. 1346.
19. Ronsard, *Œuvres*, « Bergerie », poème cité in *Œuvres complètes*, *op. cit.*, t. II, p. 143.
20. Senancour, *Oberman*, *op. cit.*, p. 103.
21. *Ibid.*, p. 104.
22. *Ibid.*, p. 264, 278.
23. *Ibid.*, p. 279.
24. Pierre-Yves Pétillon, présentation de Henry David Thoreau, *Cap Cod*. Sur tous ces points, conférence de Henry David Thoreau intitulée « Marcher » in *Essais*, *op. cit.*, notamment p. 196.
25. Henry David Thoreau, « Les pommes sauvages », in *Essais*, *op. cit.*, p. 348.
26. *Ibid.*, p. 358.
27. *Ibid.*, p. 359.
28. *Ibid.*, p. 360.
29. Robert Dumas, *Traité de l'arbre*, *op. cit.*, p. 53-54. Roland Bechmann,

Des arbres et des hommes, *op. cit.*, p. 14.

30. Duhamel du Monceau, *Traité des arbres et arbustes qui se cultivent en France en pleine terre*, Paris, 1755, p. 7.
31. Robert Dumas, *Traité de l'arbre*, *op. cit.*, p. 53.
32. Alain Suberchicot, « Massachusetts, 1837-1861. Henry David Thoreau et la fabrication du paysage rural », *in* Odile Marcel (dir.), *Le Défi du paysage. Un projet pour l'agriculture*, Paris, Champ Vallon, 2004.
33. Francis Ponge, *La Rage de l'expression*, *op. cit.*, p. 146.
34. Peter Breman, « Paysage et perception », *in* Jean Mottet (dir.), *L'Arbre dans le paysage*, *op. cit.*, p. 75-76.
35. George Eliot, *Le Moulin sur la Floss*, Paris, Gallimard, coll. « Folio classique », p. 155. Sur le bocage : Odile Marcel, « Art et réalité. Le Berry de Jacques Vilet », in *Bocage-Regards croisés, Cahier de la compagnie du paysage*, no 2, 2000 ; et surtout « Décrire le paysage de Saint-Benoît-du-Sault, du style à la légende », in *Territoire du bocage, Cahier de la compagnie du paysage*, no 1, 2002, p. 35-45, *passim* ; et Philippe Pointereau, « L'art du bocage et des vergers… », in *Le Défi du paysage*, Seyssel, Champ Vallon, 2004, *passim*.
36. Cité par Robert Dumas, *Traité de l'arbre*, *op. cit.*, p. 135.
37. Goethe revient souvent sur l'attrait de l'arbre isolé. L'exemple figurant dans le texte est extrait des commentaires de Goethe sur les idylles de Wilhelm Tischbein, *Poésies*, *op. cit.*, p. 773.

38. Bernardin de Saint-Pierre, *Harmonies de la nature*, *op. cit.*, p. 58.
39. Senancour, *Oberman*, *op. cit.*, p. 104.
40. Jean Borie, *Une forêt pour les dimanches*, *op. cit.*, p. 206.
41. Cf. *infra*, p. 211.
42. Fromentin, *Un été dans le Sahara*, in *Œuvres complètes*, Paris, Gallimard, coll. « Bibliothèque de la Pléiade », 1984, p. 172.
43. Henry David Thoreau, « Teintes d'automne », in *Essais*, *op. cit.*, p. 274.
44. *Ibid.*
45. Il ne s'agit pas ici de la parole de l'arbre à un interlocuteur mais à soimême.
46. Ludovic Cortade, « Charisma : l'arbre de la non-substance (film de Kiyoshi Kurosawa) », *in* Jean Mottet (dir.), *L'Arbre dans le paysage*, *op. cit.*, p. 137-151.
47. Robert Dumas, *Traité de l'arbre*, *op. cit.*, p. 172-173.
48. Cf. Simon Schama, *Le Paysage et la mémoire*, *op. cit.*, p. 178, 185 et 188.
49. Cf. pour toute cette page, Florent Quellier, *Des fruits et des hommes. L'arboriculture fruitière en Île-de-France (vers 1600-vers 1800)*, Rennes, PUR, 2003.
50. Ce qui rappelle l'ouvrage de Maurice Halbwachs, *Les Cadres sociaux de la mémoire*, *passim*.
51. Cf. Alain Corbin, *Le Monde retrouvé de Louis-François Pinagot, sur les traces d'un inconnu*, Paris, Flammarion, 1998, *passim* et coll. « Champs », 2001.
52. Cité par Sophie Le Ménahèze, *L'Invention du jardin romantique…*, *op. cit.*, p. 526.
53. Michelle Perrot, « Une maison romantique : le Nohant de George Sand », *in* Évelyne Cohen, Pascale Goetschel, Laurent Martin, Pascal Ory (dir.), *Dix ans d'histoire culturelle*, Lyon, Presses de l'Ensib, 2011, p. 140.
54. Angelo de Gubernatis, *La Mythologie des plantes*, *op. cit.*, p. XXVIII, 40, 116, 286.
55. William Gilpin, *Trois essais sur le beau et le pittoresque*, Paris, Éditions du Moniteur, 1982 (préface de Michel Conan) p. 42 et 90.
56. William Gilpin, *Observations sur la rivière Wye*, Pau, Presses universitaires de Pau, 2009. Traduction de Frédéric Ogée, p. 149.
57. Henry David Thoreau, *Journal*, *op. cit.*, p. 182-183.
58. Michel Racine, *Arbres. Carnet de dessins*, Bibliothèque de l'image, 2007, p. 9.
59. Marcel Proust, *Jean Santeuil*, *op. cit.*, p. 159.
60. Lamartine, *La Chute d'un ange*, in *Œuvres*, *op. cit.*, p. 824.
61. Yves Bonnefoy, Alexandre Hollan, *L'Arbre au-delà des images*, William Blake and Co, 2003, p. 17, 22.

第9章　樹木的感覺及人類同理心

1. Théophraste, *Recherches sur les plantes*, *op. cit.*, p. 110-117.
2. Pline l'Ancien, *Histoire naturelle*, *op. cit.*, livre XVI, p. 51 et 63 et XV, p. 63.
3. Michel Pastoureau, « Introduction à la symbolique médiévale du bois », art. cité, *Cahiers du Léopard d'or*, *op. cit.*, p. 26.
4. Le Tasse, *La Jérusalem délivrée*, *op. cit.*, p. 741.
5. Cf. Anja-Franziska Eichler, *Albrecht Dürer*, Könemann, 1999, *passim*. Voir aussi Erwin Panofsky, *La Vie et l'art d'Albrecht Dürer*, Paris, 1987 ; Pierre Vaisse, *Albrecht Dürer*, Paris, 1995 et le catalogue de l'exposition de 1996 au Petit Palais à Paris.
6. Daniel Mornet, *Le Sentiment de la nature en France de Jean-Jacques Rousseau à Bernardin de Saint-Pierre*, Genève, Slatkin, 1980, p. 338.
7. Bernardin de Saint-Pierre, *Les Harmonies de la nature*, *op. cit.*, p. 77.
8. Maurice de Guérin, *Le Cahier vert*, *op. cit.*, p. 64.
9. *Ibid.*, p. 65.
10. *Ibid.*, p. 66.
11. *Ibid.*, p. 127.
12. Victor Hugo, *Les Rayons et les ombres*, Paris, Gallimard, coll. « Poésie », 1964, p. 280.
13. Cf. Pierre Albouy, in *ibid.*, p. 436.
14. Edmond et Jules de Goncourt, *Manette Salomon*, cité par Jean Borie, *Une forêt pour le dimanche*, *op. cit.*, p. 289.
15. Francis Ponge, *Le Parti pris des choses*, *op. cit.*, p. 84.
16. *Ibid.*, p. 91.
17. Francis Ponge, *La Rage de l'expression*, *op. cit.*, p. 150.
18. *Ibid.*, p. 151.
19. Affirmation exprimée en 1984, citée dans le catalogue de l'exposition de 1994, *Joseph Beuys*, Paris, Musée national d'Art moderne.
20. Théophraste, *Recherches sur les plantes*, livres V et VI, Paris, Les Belles Lettres, p. 7 et 8 et livre IV, p. 112 *sq.*
21. William Gilpin, en revanche, vante la beauté de l'arbre torturé, tordu, qui renoue avec l'art flamand de Patinier, car il correspond à ce qui définit le pittoresque, c'est-à-dire le rugueux et le brisé.
22. Cf. Monique Sicard, « L'arbre dans l'ouragan ou les images brisées », *in* Jean Mottet (dir.), *L'Arbre dans le paysage*, *op. cit.*, p. 218-227.
23. Cf. Michel Racine, *Arbres. Carnet de dessins*, *op. cit.*, p. 25.
24. Angelo de Gubernatis, *La Mythologie des plantes*, *op. cit.*, consacre des pages aux formes de souffrance de l'arbre (arbre qui saigne, arbre sec, souche, arbre du

tonnerre…), 1re partie, p. 284-294.
25. Cf. Ovide, *Les Métamorphoses*, *op. cit.*, p. 281-283.
26. Sur tous ces points, Michel Pastoureau, « Introduction à la symbolique médiévale du bois », art. cité, *Cahiers du Léopard d'or*, *op. cit.*, p. 30 *sq.*
27. Dante, *La Divine Comédie*, Paris, Flammarion, 1985, traduction de Jacqueline Risset, « L'Enfer », chant XIII, « La forêt des suicidés », p. 127.
28. *Ibid.*, p. 131.
29. L'Arioste, *Roland furieux*, *op. cit.*, t. I, chant VI, p. 144-146.
30. Le Tasse, *La Jérusalem délivrée*, *op. cit.*, p. 737.
31. *Ibid.*
32. Ronsard, Élégie XXIII, 1584, « Contre les bûcherons de la forêt de Gastine » (titre apocryphe), in *Œuvres complètes*, *op. cit.*, t. II, p. 408.
33. Cf. Keith Thomas, *Dans le jardin de la nature*, *op. cit.*, p. 289-291.
34. Andrée Corvol, *L'Arbre en Occident*, *op. cit.*, p. 65-67.
35. Élisée Reclus, *Histoire d'une montagne*, Arles, Actes Sud, coll. « Babel », 1998, p. 132.
36. Chateaubriand, *Génie du christianisme*, *op. cit.*, p. 778.
37. Jules Michelet, *La Mer*, Paris, Calmann-Lévy, s.d., p. 8.
38. Élisée Reclus, *Le Ruisseau*, *op. cit.*, p. 115-116.
39. Jean Mottet (dir.), *L'Arbre dans le paysage*, *op. cit.*, p. 10-11.
40. Henri Cueco, « Abattages », *in* Jean Mottet (dir.), *L'Arbre dans le paysage*, *op. cit.*, p. 245.
41. Cf. *supra*, p. 113.
42. Henry David Thoreau, *Cap Cod*, *op. cit.*, p. 91.
43. Victor Hugo, *Correspondance familiale et écrits intimes*, t. II, *op. cit.*, p. 521 (21 août 1838).
44. Marcel Proust, *Jean Santeuil*, *op. cit.*, p. 215.
45. *Ibid.*, p. 222 et 223.
46. Paul Claudel, « Le cocotier », *Connaissance de l'Est*, 1895.
47. Bernardin de Saint-Pierre, *Harmonies de la nature*, *op. cit.*, p. 114 *sq.*
48. *Ibid.*, p. 77.
49. *Ibid.*, p. 147.
50. Maurice de Guérin, *Le Cahier vert*, *op. cit.*, p. 74.
51. Cf. *infra*, p. 226 *sq.*
52. Ronsard, « Le houx », in *Les Hymnes*, *Œuvres*, t. II, *op. cit.*, p. 792.
53. Paul Valéry, *Dialogue de l'arbre*, *op. cit.*, p. 177.
54. Henry David Thoreau, *Teintes d'automne*, « L'érable rouge », in *Essais*, *op. cit.*, p. 274.

第10章　樹木的品德

1. Émile Zola, *La Faute de l'abbé Mouret*, in *Les Rougon-Macquart*, Paris, Gallimard, coll. « Bibliothèque de la Pléiade », t. I, 1960, p. 1404 et le texte de Virgile traduit *in* Pierre Gallais, Joël Thomas, *L'Arbre et la forêt…*, *op. cit.*, p. 48.
2. Senancour, *Oberman*, *op. cit.*, p. 129.
3. Théodore de Banville, « À la forêt de Fontainebleau » et Murger, « La Mare aux fées », cités par Jean Borie, *Une forêt pour les dimanches*, *op. cit.*, p. 209 et 210.
4. Jean Borie, *Une forêt pour les dimanches*, *op. cit.*, p. 213.
5. Cf. Roland Tissot, « L'écriture extravagante », *in* Michel Granger (dir.), *Henry D. Thoreau*, *op. cit.*, p. 300.
6. Henry David Thoreau, *Journal* (éd. Denoël), *op. cit.*, p. 155-156 et 184.
7. Cf. Paule Petitier, préface à Jules Michelet, *La Montagne*, *op. cit.*
8. Jules Michelet, *La Montagne*, *op. cit.*, p. 336, 341 et, plus largement, le chapitre intitulé « L'arolle, décadence de l'arbre et de l'homme », p. 334-344.
9. *Ibid.*, p. 216-217.
10. Cf. Jules Michelet, *La Mer*, *op. cit.*, p. 7-8.
11. Élisée Reclus, *Histoire d'une montagne*, *op. cit.*, p. 137-138.
12. R.L. Stevenson, *Voyages avec un âne dans les Cévennes*, Paris, coll. « 10/18 », 1978, p. 146 *sq.*

第11章　樹木作為說話對象、知己和心靈導師

1. Bernardin de Saint-Pierre, *Études de la nature*, *op. cit.*, p. 538.
2. Ralph Waldo Emerson, *Essais*, Paris, Michel Houdiard, 2010, « Nature » (1836), p. 19 et 20.
3. Cité par Gaston Bachelard, *L'Air et les songes*, *op. cit.*, p. 277.
4. Cf. Roland Tissot, « Un étrange frisson de délices sauvages : l'animalité », *in* Michel Granger (dir.), *Henry David Thoreau*, *op. cit.*, p. 224.
5. Kenneth White, « Le journal de Thoreau : un chantier de géopoétique », *ibid.*, p. 280.
6. Cité par Kenneth White, *ibid.*, p. 279-280.
7. Cf. Christian de Mérindol, « De l'emblématique et de la symbolique de l'arbre à la fin du Moyen Âge », *Cahiers du Léopard d'or*, no 2, *op. cit.*, *passim.*
8. Cf. *infra*, p. 193.
9. H.G.N. Lebrun, *Essai sur le paysage. Pouvoir des sites sur l'imagination*, 1822.
10. Maurice de Guérin, *Le Cahier vert*, *op. cit.*, p. 112.
11. *Ibid.*, p. 127.

12. Rainer Maria Rilke, *Fragments en prose*, cité par Gaston Bachelard, *L'Air et les songes*, *op. cit.*, p. 267.
13. Paul Gadenne, *Siloé*, *op. cit.*, p. 490.
14. *Ibid.*, p. 472.
15. Esquissé par Angelo de Gubernatis, *La Mythologie des plantes*, *op. cit.*, 1re partie, p. 266 *sq*.
16. Pline l'Ancien, *Histoire naturelle*, livres XVI, 32 et XVIII 18, *op. cit.*, p. 63.
17. Sur Dodone, se reporter à Jacques Brosse, *La Mythologie des plantes*, *op. cit.*, p. 839 *sq*.
18. Ovide, *Les Métamorphoses*, *op. cit.*, p. 357.
19. Du Bellay, « Le songe », in *Œuvres poétiques*, Paris, coll. « Classiques Garnier », 2009, t. II.
20. Cyrano de Bergerac, *Les États et Empires du Soleil*, in *Libertins du XVIIe siècle*, Paris, Gallimard, coll. « Bibliothèque de la Pléiade », t. I, 1998, p. 1062.
21. *Ibid.*, p. 1063.
22. Bernardin de Saint-Pierre, *Harmonies de la nature*, *op. cit.*, p. 147.
23. Saint John Perse, *Vents* (1954), « c'étaient de très grands vents », in *Œuvres complètes*, *op. cit.*, p. 180.
24. Chateaubriand, *Génie du christianisme*, *op. cit.*, p. 558.
25. Lamartine, *La Chute d'un ange*, *op. cit.*, p. 822 et 823.
26. *Ibid.*
27. *Ibid.*, p. 825.
28. Chateaubriand, *Génie du christianisme*, *op. cit.*, p. 1358.
29. *Ibid.*, p. 1360.
30. Alain Mons, « Le bruit-silence ou la plongée paysagère », *in* Jean Mottet (dir.), *Les Paysages du cinéma*, *op. cit.*, p. 246.
31. Julien Gracq, « Éléments du paysage des Landes », *Lettrines*, Corti, 1967.
32. Marcel Proust, *Du côté de chez Swann*, *op. cit.*, p. 719.
33. Marcel Proust, *Jean Santeuil*, *op. cit.*, p. 159.
34. Bernardin de Saint-Pierre, *Études de la nature*, *op. cit.*, p. 81.
35. Chateaubriand, *Génie du christianisme*, *op. cit.*, p. 718.
36. Chateaubriand, *Mémoires d'outre-tombe*, *op. cit.*, p. 137 et 145.
37. Senancour, *Oberman*, *op. cit.*, p. 175, 289 et 534.
38. Lamartine, *Jocelyn*, *op. cit.*, p. 606.
39. Henry David Thoreau, *Journal* (Denoël), *op. cit.*, p. 69.
40. Henry David Thoreau, *Les Forêts du Maine*, *op. cit.*, p. 114.
41. Ronsard, « Second discours à Genèvre en forme d'élégie », *Œuvres complètes*, t. II, *op. cit.*, p. 327.
42. *Ibid.*
43. *Ibid.*
44. Honoré d'Urfé, *L'Astrée*, *op. cit.*, p. 105.
45. Lamartine, *Harmonies poétiques et religieuses*, in *Œuvres poétiques complètes*, *op. cit.*, « Le chêne », p. 367 et *Jocelyn*, *op. cit.*, p. 588.
46. Maurice de Guérin, *Le Cahier vert*, *op. cit.*, p. 92.
47. Victor Hugo, *Les Contemplations*, « Aux arbres », *op. cit.*, p. 230.
48. *Ibid.*, p. 229.
49. Jules Michelet, *La Montagne*, *op. cit.*, p. 344-345.
50. Élisée Reclus, *Histoire d'une montagne*, *op. cit.*, p. 133.
51. Paul Valéry, *Dialogue de l'arbre*, *op. cit.*, p. 178.
52. Paul Gadenne, *Siloé*, *op. cit.*, p. 520.
53. Roland Bechmann, *Des Arbres et des hommes*, *op. cit.*, p. 339.
54. Maurice Barrès, « L'arbre de Monsieur Taine », *Les Déracinés*, Paris, Bartillat, 2010, p. 152-153.
55. Paul Gadenne, *Siloé*, *op. cit.*, p. 468 et 519.
56. Jules Renard, « Une famille d'arbres », in *Histoires naturelles*, 1896, 1904, cité par Eryck de Rubercy, *Des poètes et des arbres*, Paris, La Différence, 2005, p. 42.
57. Yves Bonnefoy, Alexandre Hollan, *L'Arbre au-delà des images*, *op. cit.*, p. 18.
58. Claude Simon, *L'Acacia*, Paris, Les Éditions de Minuit (1989), 2003, p. 380.
59. Cf. *infra*, p. 204 et 245.
60. Cyrano de Bergerac, *Les États et Empires du Soleil*, *op. cit.*, p. 1071.
61. Sur cet épisode, cf. le commentaire de Pierre Grimal, *Les Jardins romains*, *op. cit.*, p. 141.
62. Tacite, *Annales* XI, 3, Paris, Gallimard, 1993, éd. de Pierre Grimal, p. 243.
63. Pierre Grimal, *Les Jardins romains*, *op. cit.*, p. 423.
64. Jean-Jacques Rousseau, *Les Confessions*, Paris, Garnier-Flammarion, 1968, t. I, p. 60.
65. Bernardin de Saint-Pierre, *Harmonies de la nature*, *op. cit.*, p. 87.
66. Chateaubriand, *Mémoires d'outre-tombe*, *op. cit.*, p. 154.
67. Senancour, *Oberman*, *op. cit.*, p. 104.
68. Charles Darwin, *Voyage d'un naturaliste*, *op. cit.*, p. 193.
69. Victor Hugo, « Halte en marchant », *Les Contemplations*, *op. cit.*, p. 109.
70. Henry David Thoreau, *Journal*, *op. cit.*, p. 166.
71. Cité par Eryck de Rubercy, *Des poètes et des arbres*, *op. cit.*, p. 256.
72. Marcel Proust, *Jean Santeuil*, *op. cit.*, p. 223.
73. *Ibid.*, p. 159.
74. *Ibid.*, p. 160.
75. Paul Valéry, *Dialogue de l'arbre*, *op. cit.*, p. 178.
76. *Ibid.*, p. 183.

77. Novalis, *Les Disciples à Saïs* (écrit en 1792, publié en 1802), in *Romantiques allemands*, t. I, *op. cit*., p. 364.
78. Henry David Thoreau, *Les Forêts du Maine*, *op. cit*., p. 134.
79. Paul Gadenne, *Siloé*, *op. cit*., p. 490 et 491.
80. Sur tous ces points, cf. Jean-François Louette, « Existence, dépense : Bataille Sartre », *Temps modernes*, no 602, 54e année, déc. 1998-janv. 1999.
81. Cf. Robert Dumas, *Traité de l'arbre*, *op. cit*., p. 68.
82. *Ibid.*
83. *Ibid*., p. 69.
84. *Ibid*., p. 72-73.
85. *Ibid*., p. 72.
86. Jean-François Louette, « Existence, dépense : Bataille Sartre », article cité.
87. Jean Borie, *Une forêt pour les dimanches*, *op. cit*., p. 211-212.
88. Patrick Prado, « Paysages avec et sans oiseaux », *in* Jean Mottet (dir.), *L'Arbre dans le paysage*, *op. cit*., p. 206.
89. Keith Thomas, *Dans le jardin de la nature*, *op. cit*., p. 278-291 : chapitre essentiel pour notre propos.
90. Cf. Florent Quellier, *Des fruits et des hommes*, *op. cit*., p. 168.
91. Arnold Van Gennep, *op. cit*., t. II, vol. II : *L'Arbre et rites funéraires*, p. 679.
92. Sur cet épisode, Simon Schama, *Le Paysage et la mémoire*, *op. cit*., p. 592-593.
93. Jean Borie rédige un état de la question dans *Une forêt pour les dimanches*, *op. cit*., voir aussi Anne Vallaeys, *Fontainebleau, la forêt des passions*, Paris, Stock, 2000.
94. Cité par Jean Borie, *op. cit*., p. 174.
95. George Sand, *Impressions et souvenirs*, 1873, cité par Jean Borie, *op. cit*., p. 178.
96. Cf. Jacqueline Carroy, Nathalie Richard, *Alfred Maury*, *op. cit*., les craintes exprimées par Alfred Maury, p. 62 *sq*.
97. Cf. Simon Schama, *Le Paysage et la mémoire*, *op. cit*., p. 217-218.

第12章　樹木與回憶

1. Homère, *L'Odyssée*, *op. cit*., p. 487.
2. Mme de Sévigné, *Correspondance*, *op. cit*., t. III, p. 368.
3. *Ibid*., 29 mai 1869, p. 604.
4. *Ibid.*
5. Jean-Jacques Rousseau, *Les Confessions*, *op. cit*., t. I, p. 61.
6. *Ibid.*
7. Bernardin de Saint-Pierre, *Études de la nature*, *op. cit*., p. 433.
8. *Ibid*., p. 531.
9. *Ibid*., p. 560.
10. Bernardin de Saint-Pierre, *Les Harmonies de la nature*, *op. cit*., p. 87.
11. Claude Henri Watelet, *Essai sur les jardins*, cité par Sophie Le Ménahèze, *L'Invention du jardin romantique…*, *op. cit*., p. 301.
12. Cité par Sophie Le Ménahèze, *op. cit*., p. 290.
13. Novalis, *Heinrich von Ofterdingen*, *op. cit*., p. 511.
14. *Ibid*., p. 512.
15. Senancour, *Oberman*, *op. cit*., p. 348.
16. Cf. *supra*, p. 48.
17. Cf. Jean-Pierre Richard, *Littérature et sensation*, Paris, Le Seuil, 1954, « Paysages des Fromentin », p. 227 *sq*.
18. Fromentin, *Dominique*, in *Œuvres complètes*, *op. cit*., variante, p. 1442.
19. Sur cet épisode, et sur la citation de Stendhal, cf. Philippe Berthier, « Love ? ou le chèvrefeuille et l'acacia », *in* Daniel Sangsue (dir.), *Persuasions d'amour. Nouvelles lectures de* De l'Amour *de Stendhal*, Genève, Droz, 1999, p. 101-110.
20. Goethe, *Les Souffrances du jeune Werther*, *op. cit*., p. 69.
21. Maurice de Guérin, *Le Cahier vert*, *op. cit*., p. 37.
22. Gérard de Nerval, *Les Filles du feu*, *op. cit*., « Sylvie », p. 260.
23. Victor Hugo, *Les Rayons et les ombres*, *op. cit*., p. 316.
24. *Ibid*., « La statue », p. 331.
25. George Eliot, *Le Moulin sur la Floss*, *op. cit*., p. 214.
26. *Ibid*., p. 69.
27. *Ibid*., p. 697.
28. Marcel Proust, *Jean Santeuil*, *op. cit*., p. 159 et 160.
29. Yves Tadié, préface, *ibid*., p. 25-26.
30. Marcel Proust, *Jean Santeuil*, *op. cit*., p. 465.
31. Martin Heidegger, « Le chemin de campagne », in *Questions III et IV*, *op. cit*., p. 11, 12 et 13.

第13章　樹木與春夢

1. Marcel Proust, *Du côté de chez Swann*, *op. cit*., p. 156-158.
2. *Ibid*., p. 423-424.
3. Alain Roger, « Des essences végétales aux essences idéales », article cité, p. 42.
4. Théophraste, *Recherches sur les plantes*, *op. cit*., p. 27, 31 et 34.
5. *Ibid*., p. 25.
6. *Ibid*., p. 21.
7. Pline l'Ancien, *Histoire naturelle*, *op. cit*., livre XVI, p. 36.

8. *Ibid.*, p. 36-37.
9. Andrée Corvol, *Éloge des arbres*, *op. cit.*, p. 109 et Angelo de Gubernatis, *La Mythologie des plantes*, *op. cit.*, p. 142.
10. Michel Pastoureau, *in* Frank Horvat, *Figures romanes*, *op. cit.*, p. 88.
11. Cf. Alain Mérot, *Du paysage en peinture…*, *op. cit.*, p. 62.
12. Sur tous ces points, l'ouvrage essentiel est celui de Dominique Brancher, *La Fabrique équivoque de la pudeur (1390-1630)*, thèse, Genève, 2012, notamment p. 690-703.
13. *Ibid.*
14. Henry David Thoreau, *Essais*, « Histoire naturelle du Massachusetts », *op. cit.*, p. 55.
15. Théophraste, *Recherches sur les plantes*, *op. cit.*, p. 118.
16. Michel Pastoureau, *in* Frank Horvat, *Figures romanes*, *op. cit.*, p. 100-101 et 180.
17. Ovide, *Les Métamorphoses*, *op. cit.*, p. 61 et 62.
18. Sur tout cela, cf. Dominique Brancher, *La Fabrique équivoque de la pudeur…*, thèse citée, p. 649-650.
19. Alice Planche, « La Belle était sous l'arbre », *Cahiers du Léopard d'or*, no 2, *op. cit.*, p. 94.
20. *Ibid.*, p. 95-96.
21. Dominique Boutet, « L'arbre et l'Orient, entre mythe et réalité : des sources livresques aux récits des voyageurs », in *L'Arbre au Moyen Âge*, *op. cit.*, p. 56.
22. Le Tasse, *La Jérusalem délivrée*, *op. cit.*, p. 959.
23. Pierre de Ronsard, *Œuvres complètes*, *op. cit.*, t. I, 4e livre des odes, ode XVIII, p. 821.
24. *Ibid.*, t. II, p. 740.
25. *Ibid.*
26. *Ibid.*, t. II, p. 790.
27. John Keats, *Ode à un rossignol et autres poèmes*, La Délirante, 2009, p. 35.
28. George Eliot, *Le Moulin sur la Floss*, *op. cit.*, p. 439.
29. James Joyce, *Ulysse*, Paris, Gallimard, 1948, trad. Valery Larbaud, p. 501.
30. *Ibid.*, p. 502.
31. Paul Gadenne, *Siloé*, *op. cit.*, p. 271.
32. *Ibid.*, p. 549.
33. Cf. George Eastman House, *Histoire de la photographie de 1839 à nos jours*, Taschen, 2000, p. 212.
34. Dante, *op. cit.*, *Le Purgatoire*, p. 299.
35. Cf. Alice Planche, « La Belle… », *op. cit.*, *passim*, notamment p. 100.
36. Yvonne Verdier, « Chemins dans la forêt. Les contes », in *Société et forêts*, numéro spécial de la *Revue forestière française*, 1980, p. 349.
37. Cf. le gros dossier consacré à l'arbre de mai, aux « mais collectifs et aux mais individuels » dans Arnold Van Gennep, manuel cité, t. IV, vol. II, p. 1519-1569. L'essentiel concerne ce qui lie ces rituels et les « déclarations de sentiments » aux jeunes filles de la paroisse.
38. Jacques Le Goff, *Un autre Moyen Âge*, *op. cit.*, « L'Occident médiéval et l'océan Indien : un horizon onirique », p. 279. Cela dit, selon Dominique Boutet (article cité dans *L'Arbre au Moyen Âge*, *passim*), il existe un écart entre les sources classiques, livresques, celles que constituent les encyclopédistes, et les récits des voyageurs.
39. Sur tous ces points, cf. Anna Caiozzo, « Les monstres dans les cosmographies illustrées de l'Orient médiéval », article cité, notamment p. 56-57, *in* Anna Caiozzo et Anne-Emmanuelle Demartini (dir.), *Monstre et imaginaire social*, Paris, Créaphis, 2008, *passim*.
40. Cf. Alain Mérot, *Du paysage en peinture…*, *op. cit.*, notamment p. 193-214.
41. *Ibid.*, p. 210.
42. Cité par Kenneth Clark, *L'Art du paysage* (*Landscape into Art*), *op. cit.*, p. 66.
43. Cf. *supra*, p. 22 *sq.*
44. Pierre de Ronsard, *Œuvres complètes*, *op. cit.*, ode XIII, t. I, p. 893.
45. Cf. l'introduction de Nadine Jasmin, *in* Mme d'Aulnoye, *Contes de fées*, *op. cit.*, notamment, p. 47-68.
46. Samuel Taylor Coleridge, « Christabel » (1797), in *La Ballade du vieux marin et autres textes*, *op. cit.*, p. 285.
47. Stendhal, *Vie de Henry Brulard*, *op. cit.*, p. 689.
48. *Matisse et l'arbre*, *op. cit.*
49. Cf. Charles Avery, *Bernin, le génie du baroque*, Paris, Gallimard, 1998, p. 58-65.
50. Cf. Alain Mérot, *Poussin*, Paris, Hazan, 1990 et 1994, p. 228-237.
51. *Ibid.*, p. 243.
52. Pierre Schneider, « Matisse et Daphné », *Matisse et l'arbre*, *op. cit.*, p. 148.
53. Goethe, *Les Affinités électives*, in *Romans*, *op. cit.*, p. 213.
54. Paul Gadenne, *Siloé*, *op. cit.*, p. 367 et 454.
55. Pierre de Ronsard, *La Franciade*, in *Œuvres complètes*, *op. cit.*, t. I, p. 1116 et t. II, p. 327.
56. Interprétation de Linda Nochlin, « Le chêne de Flagey », article cité, p. 24.
57. Cf. *supra*, p. 24.
58. Chateaubriand, *Génie du christianisme*, *op. cit.*, p. 656.
59. Prince de Ligne, *Contes immoraux*, Paris, Lattès, 1980, p. 77 et 78.
60. Cité par Daniel Mornet, *Le Sentiment de la nature en France*, *op. cit.*, p. 317.
61. Columelle, *Les Arbres*, Paris, Les Belles Lettres, 2002, p. 65.
62. V. 106-107.
63. *Les Lais de Marie de France*, *op. cit.*, p. 135.

64. Stoyan Atanassov, « Arbres complices dans les récits de Tristan et Iseut », in *L'Arbre au Moyen Âge*, *op. cit.*, p. 118-119.
65. Selon Heinrich de Freiberg, *ibid.*, p. 120. Voir aussi de Pierre Gallais, « Les arbres entrelacés dans les "romans" de Tristan et le mythe de l'arbre androgyne primordial », in *Mélanges P. Le Gentil*, Paris, Sedes, 1973, p. 295-310.
66. L'Arioste, *Roland furieux*, *op. cit.*, t. I, p. 161.
67. Pierre de Ronsard, *Œuvres complètes*, *op. cit.*, t. II, p. 177.
68. *Ibid.*, p. 1362.
69. Pierre de Ronsard, *Œuvres complètes*, *op. cit.*, t. II, p. 341.
70. Pierre de Ronsard, *Amours*, Paris, Garnier-Flammarion, 1981, p. 281.
71. Brantôme, *Recueil des Dames, poésies et tombeaux*, Paris, Gallimard, coll. « Bibliothèque de la Pléiade », 1991, p. 890.
72. Bernardin de Saint-Pierre, *Harmonies de la nature*, *op. cit.*, p. 324.
73. Bernardin de Saint-Pierre, *La Chaumière indienne*, *op. cit.*, p. 288.
74. Chateaubriand, *Atala*, *op. cit.*, p. 52.
75. Chateaubriand, *Génie du christianisme*, *op. cit.*, p. 510.
76. *Ibid.*, p. 1312.
77. Jean-Pierre Lassalle, *Alfred de Vigny*, Paris, Fayard, 2010, p. 399.
78. Rebecca Rogers, *Les Demoiselles de la Légion d'honneur*..., Paris, Plon, 1992.
79. Marcel Proust, *Jean Santeuil*, *op. cit.*, p. 215.
80. La Fontaine, « Philémon et Baucis », *Fables*, *op. cit.*, p. 760.
81. Cf. Arnold Van Gennep, *Manuel*..., *op. cit.*, t. II, vol. III. À propos du mariage, p. 426 *sq.*
82. Lamartine, *Jocelyn*, *op. cit.*, p. 633.
83. André Breton, *Nadja*, in *Œuvres complètes*, Paris, Gallimard, coll. « Bibliothèque de la Pléiade », 1988, t. I, p. 648.
84. *Ibid.*, p. 1524.
85. Cf. Angelo de Gubernatis, *La Mythologie des plantes*, *op. cit.*, 2e partie, p. 242.
86. Bernardin de Saint-Pierre, *Harmonies de la nature*, *op. cit.*, p. 325.
87. Victor Hugo, *Les Rayons et les ombres*, *op. cit.*, « Tristesse d'Olympio », p. 316 et note de Pierre Albouy, p. 431.
88. Cf. *supra*, p. 170.
89. Cyrano de Bergerac, *Les États et Empires du Soleil*, *op. cit.*, p. 1063.
90. Émile Zola, *La Faute de l'abbé Mouret*, *op. cit.*, p. 1404. Cf. *supra*, p. 171.
91. Edgar Rice Burroughs, *Tarzan*..., 1912, traduit en français chez Fayard en 1926, et, tout récemment, les cinq premiers romans, Paris, Omnibus, 2012.
92. Jack London, *Avant Adam*, Paris, Phébus, 2002.
93. Italo Calvino, *Le Baron perché*, Paris, Seuil, coll. « Points », 2001, p. 240.
94. Claude Lévi-Strauss, *Histoire de lynx*, in *Œuvres*, Paris, Gallimard, coll. « Bibliothèque de la Pléiade », 2008, p. 1382-1394.
95. Angelo de Gubernatis, *La Mythologie des plantes*, *op. cit.*, 2e partie, p. 341.
96. Goethe, *Les Souffrances du jeune Werther*, *op. cit.*, p. 96.
97. Cité par Daniel Mornet, *Le Sentiment de la nature*..., *op. cit.*, p. 317.

第14章　樹蔭與風俗習慣

1. Hésiode, *Théogonie*, *Les Travaux et les jours*, *Le Bouclier*, Paris, Les Belles Lettres-Guillaume Budé, 1967, p. 107-108.
2. Platon, *Phèdre*, 230b et 230c. Cela dit, Socrate précise que les champs et les arbres ne veulent rien lui enseigner.
3. Yves Bonnefoy, *L'Inachevable*, Paris, Gallimard, 2010, p. 164.
4. Pierre Gallais, Joël Thomas, *L'Arbre et la forêt*, *op. cit.*, p. 76.
5. Horace, par exemple, *Odes*, *op. cit.*, livre troisième, p. 268.
6. *Ibid.*, Odes 3, 22, p. 337.
7. *Ibid.*, Odes I, 1, v. 21, p. 39.
8. À ce propos, Claude-André Tabart, préface de l'ouvrage cité, p. 11 *sq*, notamment p. 13-14.
9. Virgile, *Bucoliques. Géorgiques*, *op. cit.*, p. 51, 55, 57, 85.
10. Lucrèce, *De la nature des choses*, *op. cit.*, p. 579.
11. Pierre Grimal, *Les Jardins romains*, *op. cit.*, p. 433-434.
12. Jacques Le Goff, *Un autre Moyen Âge*, *op. cit.*, « Les paysans et le monde rural dans la littérature du haut Moyen Âge (Ve-VIe siècle), p. 131-132.
13. Cf. Pierre Gallais, Joël Thomas, *L'Arbre et la forêt*..., *op. cit.*
14. Cf. *supra*, p. 239-240
15. L'Arioste, *Roland furieux*, *op. cit.*, t. I, p. 144.
16. Malherbe, *Œuvres*, *op. cit.*, p. 105.
17. Cervantès, *Don Quichotte de la Manche*, Paris, Le Seuil, 1997, t. 2, p. 541.
18. Mme d'Aulnoye, *Contes de fées*, *op. cit.*, p. 470.
19. Cf. le largo de Serse : « ombra mai fu ».
20. Que l'on songe à celui au sein duquel Saint-Preux commence de séduire Julie dans *La Nouvelle Héloïse*.
21. Cf. Robert Mauzi, *L'Idée du bonheur dans la littérature et la pensée françaises au XVIIIe siècle*, Paris, Albin Michel, 1994 ; Horace Walpole, *Essai sur l'art des jardins modernes*, Paris, Mercure de France, 2002, p. 39, et Maurice Daumas, *Le Ménage amoureux. Histoire du lien conjugal sous l'Ancien Régime*, Paris, Armand Colin, 2004.
22. Henri Watelet, *Essai sur les jardins*, *op. cit.*, p. 4. Ce qui suit s'inspire du texte de

Watelet, p. 3-5.

23. Cf. Alain Corbin, *Le Miasme et la jonquille, l'odorat et l'imaginaire social*, Paris, Aubier, 1982, et Flammarion, coll. « Champs », 1986.
24. Prince de Ligne, cité par Daniel Mornet, *Le Sentiment de la nature en France…, op. cit.*, p. 238, 241.
25. Daniel Mornet, *Le Sentiment de la nature en France…, op. cit.*, p. 250-252.
26. Jean-Marie Morel, cité par Daniel Mornet, *Le Sentiment de la nature en France…, op. cit.*, p. 376.
27. Cf. Horace Walpole, *Essai sur l'art des jardins, op. cit.*, p. 39.
28. Pour ce qui suit et les citations, cf. Henri Watelet, *Essai sur les jardins, op. cit.*, p. 10-20.
29. William Gilpin, *Observations sur la rivière Wye, op. cit.*, p. 141.
30. *Ibid.*, p. 53.
31. *Ibid.*, p. 83.
32. Cf. *Conversations de Goethe avec Eckermann, op. cit.*, jeudi 2 avril 1829, p. 288.
33. Maurice de Guérin, *Le Cahier vert, op. cit.*, p. 107.
34. *Ibid.*, p. 52.
35. Edmond About, *La Grèce contemporaine*, cité par Hervé Duchêne, *Le Voyage en Grèce*, Paris, Robert Laffont, coll. « Bouquins », 2003, p. 697.
36. Charles Maurras, *Anthinéa, d'Athènes à Florence*, 1901, cité par Hervé Duchêne, *Le Voyage en Grèce, op. cit.*, p. 863.
37. Senancour, *Oberman, op. cit.*, p. 87 et 88.
38. Élisée Reclus, *Le Ruisseau, op. cit.*, p. 132, 133, 137, 138.
39. À ce propos, Pierre Grimal, *Les Jardins romains, op. cit.*, p. 251 *sq.*
40. Abbé Pluche, *Le Spectacle de la nature, op. cit.*, t. II, p. 93.
41. Victor Hugo, *Les Rayons et les ombres, op. cit.*, « Dans le cimetière de… », p. 278.
42. Senancour, *Oberman, op. cit.*, p. 103.
43. Chateaubriand, *Mémoires d'outre-tombe, op. cit.*, p. 147.
44. Henry David Thoreau, *Journal*, cité par Roland Tissot *in* Michel Granger (dir.), *Henry David Thoreau*, Cahiers de l'Herne, 1994, p. 229.
45. Walt Whitman, *Feuilles d'herbe, op. cit.*, p. 21 et 25.
46. Goethe, *Poésies. Du voyage en Italie jusqu'aux derniers poèmes, op. cit.*, p. 771.
47. À ce propos, Michel Granger, « Le détour par le non-humain », *in* Michel Granger (dir.), *Henry David Thoreau*, Cahiers de l'Herne, p. 239. En ce qui concerne John Muir : *Célébrations de la Nature, op. cit.*, p. 261.
48. À ce propos, cf. Marie-Catherine Huet-Brichard, *Maurice de Guérin*, Paris, Champion, 1998, *passim* ainsi que Jean-Pierre Richard, « Maurice de Guérin », *in* NRF, 1969.
49. Voir Marie-Catherine Huet-Brichard, *Maurice de Guérin, op. cit.*, p. 109.
50. Maurice de Guérin, *Le Centaure*, commenté par Marie-Catherine Huet-Brichard, *Maurice de Guérin, op. cit.*, p. 117.
51. Maurice de Guérin, *Le Centaure*, in *Œuvres complètes, op. cit.*, p. 330.
52. Cf., notamment, Nils Büttner, *L'Art des paysages*, Paris, Citadelles-Mazenod, 2007, p. 45.
53. Il ne faut donc pas s'étonner d'une certaine stabilité de la représentation des troncs, des branches et des rameaux au cours de ces siècles.
54. Cf. Alain Mérot, *Du paysage en peinture…, op. cit.*, p. 43-44 ; citations et interprétation.
55. Roger de Piles, *Cours de peinture par principes*, préface de Jacques Thuillier, rééd. Paris, Gallimard, 1989, p. 114, 116, 117, 124.
56. À ce propos, cf. Alain Mérot, *Du paysage…, op. cit.*, p. 81-82.
57. Pierre Henri [de] Valenciennes, *Réflexions et conseils à un élève sur la peinture et particulièrement sur le genre du paysage*, La Rochelle, Rumeur des âges, p. 15.
58. *Ibid.*, p. 35.
59. *Ibid.*
60. *Ibid.*, p. 15.
61. Jean-Baptiste Deperthes, *Traité du paysage…*, p. 6, cité par Vincent Pomarède, « Songe à Barbizon, cette histoire est sublime », in *L'École de Barbizon, peindre en plein air avant l'impressionnisme*, Paris, Réunion des musées nationaux, 2002, p. 44.
62. Cité par Vincent Pomarède, « Songe à Barbizon… », in *L'École de Barbizon…, op. cit.*, p. 60. René Schneider, *Le Paysage romantique*, 1928, notamment p. 191-193.
63. Cité par Vincent Pomarède, « Songe à Barbizon… », in *L'École de Barbizon…, op. cit.*, p. 50.
64. Deperthes, cité par Vincent Pomarède, « Songe à Barbizon… », in *L'École de Barbizon…, op. cit.*, p. 50.
65. Cf. Philippe et France Schubert, *Les Peintres de la vallée de Chevreuse, vallées de la Bièvre, de l'Yvette et des Vaux de Cernay*, Éditions de l'Amateur, 2001, p. 16-17.
66. Cité par Philippe et France Schubert, *Les Peintres de la vallée de Chevreuse…, op. cit.*, p. 81.
67. Sur tous ces points, cf. Gérald Bauer, *Le Siècle d'or de l'aquarelle anglaise, 1750-1850*, Paris, Bibliothèque de l'image, 2001.
68. Cf. Hinrich Sieveking (dir.), *L'Âge d'or du romantisme allemand, op. cit.*, *passim.*
69. Nils Büttner, *L'Art des paysages, op. cit.*, p. 260 et 261.
70. Mémoires de Ludwig Richter, cités par Nils Büttner, *L'Art des paysages, op. cit.*, p. 266.
71. Cf. *supra*, p. 211.
72. Cf. Kenneth Clark, *L'Art du paysage, op. cit.*, p. 143-145.

73. Bernardin de Saint-Pierre, *Harmonies de la nature*, *op. cit.*, p. 78.
74. Victor Hugo, *Correspondance familiale et écrits intimes*, *op. cit.*, lettre à sa femme, 5-6 septembre 1837, p. 467-468.
75. Michel Granger, *Henry David Thoreau*, *op. cit.*, « le détour par le nonhumain », p. 239.
76. Hermann Hesse, *Siddhartha*, Paris, Grasset, 1950 (1re éd. 1925) ; ainsi, p. 25 : « Govinda, dit Siddhartha, Govinda mon bien cher, viens avec moi sous le banyan, nous nous y livrerons à la méditation. » Siddhartha reste souvent assis « à l'ombre du bocage de la méditation » (p. 23).
77. Mario Rigoni Stern, *Arbres en liberté*, Lyon, La Fosse aux ours, 1998, p. 23.
78. Jean-Marie Goulemot *et alii*, *Le Voyage en France*, Paris, Robert Laffont, coll. « Bouquins », 1995, p. 883.
79. Élisée Reclus, *Le Ruisseau*, *op. cit.*, p. 131.
80. Roger Baury, « Les châtelains des lettres françaises, XVIe-XXe siècle », *in* Anne-Marie Cocula et Michel Combet, *Châteaux, livres et manuscrits, IXe-XXIe siècle*, Bordeaux, Ausonius éditions, 2006, p. 95.
81. *Ibid.*, p. 96.
82. Mario Rigoni Stern, *Arbres en liberté*, *op. cit.*, p. 17.
83. Michel Pastoureau, « "Bonum, Malum, Pomum". Une histoire symbolique de la pomme », in *L'Arbre…*, *op. cit.*, *Cahier du Léopard d'or*, no 2, 1993, p. 164.
84. Bourdu, *op. cit.*, p. 221.
85. William Shakespeare, *La Tempête*, acte V, scène 1.
86. Lucrèce, *De la nature des choses*, *op. cit.*, p. 543. Sur les pentes de l'Etna, un chêne devint une attraction touristique parce qu'on rapportait que Jeanne d'Aragon s'y était abritée avec son escorte, alors qu'elle était surprise par un véritable déluge (Andrée Corvol, *Éloge des arbres*, *op. cit.*, p. 65).
87. Jean-Jacques Rousseau, *Rêveries du promeneur solitaire*, Paris, Le Livre de poche classique, 2001, p. 145.
88. *Ibid.*, p. 144.
89. George Sand, *Histoire de ma vie*, t. I, *op. cit.*, p. 817 et 818.
90. Marie-Catherine Huet-Brichard, *Maurice de Guérin*, *op. cit.*, p. 66.
91. Élisée Reclus, *Le Ruisseau*, *op. cit.*, p. 69.
92. Pline le Jeune, *Lettres*, Paris, Flammarion, 1933, Pline à Gallus, p. 57.
93. Pierre Grimal, *Les Jardins romains*, *op. cit.*, p. 200.
94. Abbé Pluche, *Le Spectacle de la nature*, *op. cit.*, t. II, p. 88.
95. Cf. *supra*, p. 19-20.
96. Cf. Sophie Le Ménahèze, *L'Invention du jardin romantique*, *op. cit.*, p. 84.
97. Cf. Simon Schama, *Le Paysage et la mémoire*, *op. cit.*, p. 157.
98. Francis Ponge, *La Rage de l'expression*, « Le carnet du bois de pins », *op. cit.*, p. 105-106.
99. Cf. Jacques Le Goff, « Le désert-forêt dans l'Occident médiéval », in *Un autre Moyen Âge*, *op. cit.*, p. 502-503.
100. Béroul, *Le Roman de Tristan*, Paris, Champion, 1999, p. 74.
101. Alain Corbin, *Le Monde retrouvé de Louis-François Pinagot*, Paris, Aubier-Flammarion, 1998, et coll. « Champs », 2002, *passim*.
102. Henry David Thoreau, *Les Forêts du Maine*, *op. cit.*, p. 24 et 136-137.
103. En ce qui concerne toutes les citations qui précèdent, cf. Élisée Reclus, *Le Ruisseau*, *op. cit.*, p. 117, 118, 119 et 120.
104. Maurice de Guérin, *Le Cahier vert*, *op. cit.*, p. 105.
105. Cf. *supra*, p. 272. Chateaubriand, *Mémoires d'outre-tombe*, *op. cit.*, p. 147.
106. Maurice de Guérin, *Le Cahier vert*, *op. cit.*, p. 97-98.
107. Paul Gadenne, *Siloé*, *op. cit.*, p. 317.
108. François Mauriac, *Le Baiser au lépreux*, Paris, Le Livre de poche, 1991, p. 132.
109. Hermann Hesse, *Siddhartha*, *op. cit.*, p. 100.
110. Sorel, *Histoire comique de Francion*, *op. cit.*, p. 69.
111. Série de citations dans Ovide, *Les Métamorphoses*, *op. cit.*, p. 301 et 302.
112. Ronsard, *Œuvres*, *op. cit.*, t. II, p. 326.
113. Marcel Proust, *Du côté de chez Swann*, *op. cit.*, p. 135-136.
114. Valentin Jamerey-Duval, *Mémoires*, Paris, Minerve, 2011, présentés par Jean-Marie Goulemot, p. 100.
115. Alphonse de Lamartine, *Jocelyn*, *op. cit.*, p. 588 et 712.
116. Henry David Thoreau, *Journal, 1837-1861*, *op. cit.*, p. 166.
117. Émile Verhaeren, « L'arbre », in *La Multiple Splendeur*, 1906.
118. Paul Valéry, *Dialogue de l'arbre*, *op. cit.*, p. 176.
119. Alain Suberchicot, article cité, p. 95.
120. Jean-Jacques Rousseau, *Rêveries d'un promeneur solitaire*, *op. cit.*, p. 109.
121. Bernardin de Saint-Pierre, *Harmonies de la nature*, *op. cit.*, p. 94.
122. Cf. Gaston Bachelard, *L'Air et les songes*, *op. cit.*, p. 271.
123. Chateaubriand, *Mémoires d'outre-tombe*, livres I-XII, *op. cit.*, p. 144.
124. Henry David Thoreau, « Marcher », in *Essais*, *op. cit.*, p. 213-214.
125. John Muir, *Célébrations de la Nature*, *op. cit.*, p. 198-203. Élisée Reclus, *Histoire d'un ruisseau*, *op. cit.*, p. 163.
126. Jack London, *Avant Adam*, *passim*.
127. *Supra*, p. 256.
128. Italo Calvino, *Le Baron perché*, Paris, Seuil, p. 120.

樹蔭的溫柔

第一本關於樹的情感年表，看樹如何撩撥想像、觸動心靈、成為生命永恆的連結

La Douceur de l'ombre : L'arbre, source d'émotions, de l'Antiquité à nos jours

---

作者	阿蘭·柯爾本（Alain Corbin）
譯者	張喬玟
封面設計	莊謹銘
內頁排版	高巧怡
行銷企劃	林瑀、陳慧敏
行銷統籌	駱漢琦
業務發行	邱紹溢
營運顧問	郭其彬
責任編輯	溫芳蘭
總編輯	李亞南
出版	漫遊者文化事業股份有限公司
地址	台北市松山區復興北路331號4樓
電話	(02) 2715-2022
傳真	(02) 2715-2021
服務信箱	service@azothbooks.com
網路書店	www.azothbooks.com
臉書	www.facebook.com/azothbooks.read
營運統籌	大雁文化事業股份有限公司
地址	台北市松山區復興北路333號11樓之4
劃撥帳號	50022001
戶名	漫遊者文化事業股份有限公司
初版一刷	2022年9月
定價	台幣480元

ISBN 978-986-489-682-0

國家圖書館出版品預行編目 (CIP) 資料

樹蔭的溫柔 : 第一本關於樹的情感年表, 看樹如何撩撥想像、觸動心靈、成為生命永恆的連結/ 阿蘭. 柯爾本(Alain Corbin) 著 ; 張喬玟譯. -- 初版. -- 臺北市 : 漫遊者文化事業股份有限公司出版 : 大雁文化事業股份有限公司發行, 2022.09

面； 公分

譯自 : La douceur de l'ombre : l'arbre, source d'émotions, de l'Antiquité à nos jours

ISBN 978-986-489-682-0(平裝)

1. 文化史 2. 樹木 3. 自然崇拜 4. 文學與自然

713　　111010965